KB231689

병법에서 경영의 지혜를 배우다

병법에서 경영의 지혜를 배우다

샹루 지음 · 황보경 옮김

| 목차 |

제1장 상도(商道) : 비즈니스 병법에는 정도와(正道) 사도(邪道)가 모두 있다

- 전쟁에서는 정공법뿐 아니라 기만술도 필요하다 • 10
- 정확한 전략은 비범한 성공을 이끈다 • 14
- 경영자의 역할은 직원이 성과를 내도록 환경을 조성하는 것이다 • 18
- 빠른 목표 달성을 위해서는 자원을 집중하라 • 23
- 리더의 가장 중요한 자질은 평정심을 유지하는 것이다 • 27
- 상업전쟁에서도 허를 찌르는 전략이 필요하다 • 31
- 정도를 지키는 속임수는 좋은 결과를 부른다 • 35

제2장 전략(戰略) : 기회는 만드는 것이다

- 승리의 기회는 오는 것이 아니라 만드는 것이다 • 40
- 책략은 효율을 높이는 지렛대와 같다 • 46
- 기발한 상술은 성공을 이끄는 비결이다 • 50
- 사물의 양단을 헤아리는 유연한 사고를 해야 한다 • 55
- 성공할 조건을 갖추면 성공은 당연한 결과다 • 59
- 치밀한 기획과 철저한 준비가 사업의 성패를 좌우한다 • 63
- 변화의 추세에 발 빠르게 대처해 성공의 기운을 만들라 • 73

제 3 장 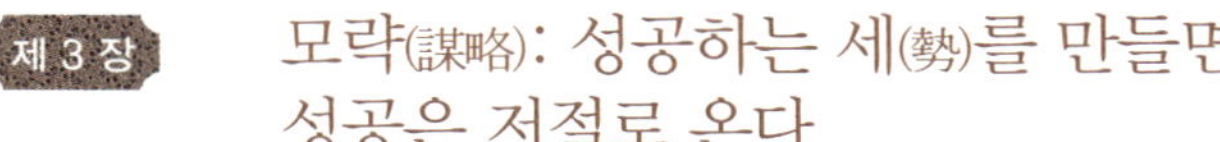

모략(謀略): 성공하는 세(勢)를 만들면
성공은 저절로 온다

- 상대의 자원을 빌려 새것을 창조하는 것이 효율을 극대화하는 길이다 • 78
- 인지도를 높이는 전략이 곧 매출을 높이는 전략이다 • 86
- 성공은 더 많은 성공을 부른다 • 89
- 상황에 따라 전략을 달리해 기회를 만들라 • 93

제 4 장

경영(經營): 리더의 깊은 사고와 정확한 전략이
기업을 성공으로 이끈다

- 상황의 정확한 분석은 성공을 위한 전제다 • 98
- 조직의 규모에 따라 경영 방식은 달라야 한다 • 102
- 정확한 정보를 얻을 수 있는 루트를 확보할수록 경쟁력은 강화된다 • 105
- 정보는 경쟁을 위한 중요한 무기다 • 109
- 가장 큰 정보원은 사람이다 • 114
- 넘볼 수 없는 실력이 곧 최상의 무기다 • 121
- 성공할 수 있는 환경이 조성되면 성공은 저절로 온다 • 125
- 합리적인 의사결정은 CEO의 필수요건이다 • 131

제 5 장

관리(管理): 상과 벌을 공정히 하면
조직의 기강이 바로 선다

- 사람은 인덕으로, 조직은 권위로 이끌어야 한다 • 138
- 보상은 인재 관리를 위한 필수조건이다 • 145
- 배려와 이해가 가장 큰 리더십이다 • 151

제 6 장

혁신(革新): 경직된 조직은 언제라도 무너질 수 있다

- 시장과 상대의 틈새를 찾으면 그곳에 기회가 있다 • 156
- 경쟁에서 정보 파악은 실력 이상으로 중요하다 • 161
- 끊임없이 혁신하지 않으면 언제라도 무너질 수 있다 • 169
- 정석과 편법이 조화를 이루면 큰 성공을 얻을 수 있다 • 175
- 효율의 제고는 혁신을 낳는다 • 180

제 7 장

마케팅(MARKETING): 변화의 흐름을 방향타로 잡으라

- 유리한 조건을 활용하는 것이 성공하는 마케팅의 지름길이다 • 186
- 제품은 충실하게 마케팅은 과감하게 해야 시장을 사로잡을 수 있다 • 190
- 마케팅은 이론보다 행동력이 성공을 좌우한다 • 194
- 정확한 상황 판단은 기회를 만드는 초석이다 • 198
- 실패를 발판으로 더 큰 성공을 만들라 • 203

제 8 장

비전(VISION): 공생은 더 큰 성공으로 이끄는 최상의 방법이다

- 많은 의견을 수렴하면 더 정확한 판단에 이를 수 있다 • 210
- 정성을 다해 고객의 마음을 얻는 것이 최고의 마케팅이다 • 214
- 경쟁보다는 공생을 할 때 더 큰 이익을 얻게 된다 • 218
- 경쟁에서 상호 손해를 최소화한 승리가 최고의 승리다 • 221
- 크게 얻고자 한다면 먼저 주라 • 226
- 조직에서 조화는 성공을 위한 초석이다 • 229

제 9 장

경쟁(競爭): 자원의 효과적인 활용이 경쟁력을 높인다

- 핵심에 집중하는 것이 성공 확률을 높이는 길이다 • 236
- 상대의 심리를 좌우하는 것은 전략의 핵심이다 • 238
- 위험에 처하지 않도록 하는 것도 하나의 전략이다 • 242
- 기존의 자원을 잘 활용하는 것은 경쟁에서 앞서기 위한 주요 전략이다 • 245
- 자신의 강점을 발휘할 수 있는 곳에서 경쟁하라 • 249
- 시장의 선점은 최상의 방어다 • 252
- 대중의 수요를 읽으면 그 안에 성공이 있다 • 257
- 유연함이 변화무상함을 극복하는 열쇠다 • 260

제 10 장

환경(環境): 주어진 것은 활용하고 없는 것은 얻어 내라

- 잘못된 전략은 기업의 생존을 한순간에 무너뜨릴 수 있다 • 264
- 천시와 지리를 활용하는 사람은 하늘이 내리는 성공을 잡을 수 있다 • 269
- 남들이 가지지 않은 장점을 최대한 부각하라 • 272
- 상대의 심리를 장악하는 것이 유리한 고지에 서는 길이다 • 275
- 투지는 경쟁에서 승리를 이끄는 견인차다 • 279
- 명분이 아닌 실리를 따라 행동하라 • 284
- 상대를 속속들이 파악할수록 경쟁에서의 승산은 높아진다 • 287
- 불가능은 못 하는 것이 아니라 안 하는 것이다 • 290

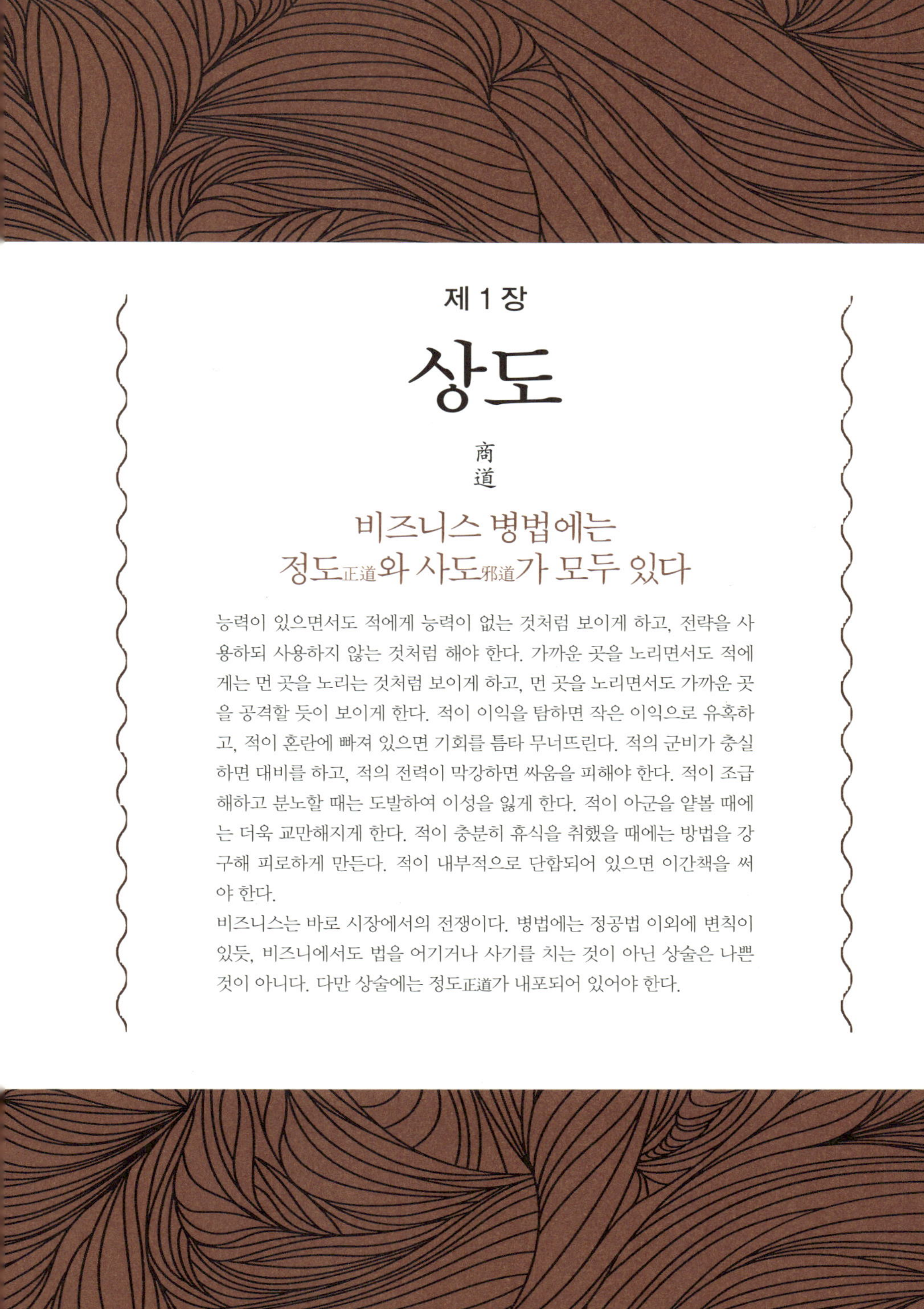

제 1 장

상도

商道

비즈니스 병법에는
정도正道와 사도邪道가 모두 있다

능력이 있으면서도 적에게 능력이 없는 것처럼 보이게 하고, 전략을 사용하되 사용하지 않는 것처럼 해야 한다. 가까운 곳을 노리면서도 적에게는 먼 곳을 노리는 것처럼 보이게 하고, 먼 곳을 노리면서도 가까운 곳을 공격할 듯이 보이게 한다. 적이 이익을 탐하면 작은 이익으로 유혹하고, 적이 혼란에 빠져 있으면 기회를 틈타 무너뜨린다. 적의 군비가 충실하면 대비를 하고, 적의 전력이 막강하면 싸움을 피해야 한다. 적이 조급해하고 분노할 때는 도발하여 이성을 잃게 한다. 적이 아군을 얕볼 때에는 더욱 교만해지게 한다. 적이 충분히 휴식을 취했을 때에는 방법을 강구해 피로하게 만든다. 적이 내부적으로 단합되어 있으면 이간책을 써야 한다.

비즈니스는 바로 시장에서의 전쟁이다. 병법에는 정공법 이외에 변칙이 있듯, 비즈니에서도 법을 어기거나 사기를 치는 것이 아닌 상술은 나쁜 것이 아니다. 다만 상술에는 정도正道가 내포되어 있어야 한다.

전쟁에서는 정공법뿐 아니라 기만술도 필요하다

손자가 말했다. "전쟁이란 적을 기만하는 것이다."

(孫子曰, 兵者, 詭道也)

― 《손자병법》 '시계始計' 편에서

　　손자는 군사를 일으켜 전쟁을 하는 것은 일종의 적을 기만하는 행위라고 보았다. 다시 말해, 용병술의 핵심은 은밀한 속임수와 기발한 꾀로 적을 제압하는 것이다. 그러므로 병법에서는 승리를 위해 적을 기만하는 행동을 수치스럽게 여기거나 꺼리지 않았다. 실제로 모든 전쟁에는 다양한 기만술이 동원되었다.

　　한漢의 소무제昭武帝 유총劉聰이 인가麟嘉 원년(316년)에 서진의 도읍인 장안을 공격하여 멸망시켰다. 나라를 잃은 후 승상이자 낭야왕琅琊王이었던 사마예司馬睿가 건강建康에 동진을 건국하고 황제의 자리에 올랐다.

유총은 북방에 잔존하는 서진의 세력을 제거하기 위해 동생 유창劉暢에게 군사 3만을 지휘하여 영양滎陽에 주둔하고 있던 진나라 태수 이구李矩의 군대를 굴복시킬 것을 명했다. 유창은 보병과 기병을 이끌고 한왕韓王의 근거지인 회안淮安에 이르러 진을 치고 싸움을 준비했다. 이로써 한나라 군대와 진나라 군대는 7리 거리를 두고 대치하게 되었다.

유총은 장거리를 이동한 뒤이지만 월등한 전력을 자신하여 사신을 보내 이구에게 항복을 요구했다. 이구는 수적으로 밀리고, 군대의 사기도 높지 않은 터라 승리할 가능성이 거의 없었다. 설상가상으로 유창의 군대가 갑자기 들이닥쳤으므로 전쟁을 준비할 겨를도 없었다. 불리한 상황을 충분히 인식한 이구는 유창의 사신을 정중하게 맞이하면서 기지를 발휘했다. 정예 군사는 숨기고 나이 많은 군사와 허약해 보이는 병사들을 도열시키고, 자신의 군대는 전투를 치를 능력이 없으므로 투항할 의사가 있다고 표명한 것이다.

사신이 돌아와서 자신이 보고 들은 것과 이구의 투항 의사를 보고하자 유창은 뛸 듯이 기뻐했다. 게다가 이구는 성의를 표시하기 위해 사신 편에 한나라 군사들을 먹일 술과 고기를 보내왔다. 조공이나 다름없는 술과 고기를 받고 유창은 경계심이 풀렸다. 이구가 틀림없이 항복할 것이라고 믿은 그는 잔치를 열어 밤새도록 술을 마셨고, 장수들과 병사들은 술에 취해 곯아떨어졌다.

한나라 군대가 어떤 상태일지 꿰뚫어 본 이구는 밤이 깊어지자 병사들을 집합시켜 기습 공격을 준비하도록 명령을 내렸다. 그러자 병사들은 겁에 질렸다. 한나라의 전력과 비교해 아군의 전력이 턱없이 부족하다는 사실을 잘 알고 있었기 때문이다. 병사들의 두려움을 이미 눈치채고 있던 이구는 장군 곽송郭誦에게 부하들을 데리고 인근에 있는 자산(子産, 춘추시대 정(鄭)나라의 명신)의 사당에 가서 승리를 기원하는 제를 올리도록 했다. 이와 동시에 무당에게는 "자산이 신의 군사를 보내 우리를 도울 것이다"라는 점괘를 발표하도록 했다. 이구가 예상한 대로 병사들은 무당의 점괘에 사기가 충천해서 한나라 군대와 싸울 준비를 했다.

이구는 곽송과 도독 양장楊璋에게 날쌘 병사 1,000명을 선발하여 깊은 밤에 한나라 군영을 급습하도록 했다. 이구의 군대가 도착했을 때, 한나라 군사들은 술에 취해 깊은 잠에 빠져 있었다. 결국 한나라의 3만 대군은 1,000명의 기습에 속수무책으로 당하고 말았다. 유총은 가까스로 도망쳤지만, 군사 수천 명이 죽음을 당했다. 더욱이 이구의 군대는 막대한 전리품까지 챙길 수 있었다.

1,000명의 진나라 군사가 한나라의 3만 대군을 무찌른 영양 싸움은 전쟁 역사에서 보기 드문 기적으로 꼽힌다. 싸움에 앞서 이구의 군대와 한나라 군대는 수적으로 현저한 차이를 보였고, 이구는 준비도 없이 전투를 치러야 하는 급박한 상황에 몰렸다. 하지만 이구는 열세를 만회하기 위해 우월감에 빠진 한나라 군대에게 투항을 가장하여 그들의 경계심을 없애고, 술을 보내서 한나라 군사들이 잠에 취해 있을 때 급습해 무찔렀다. 그는 '전쟁은 기만술'이라는 이치를 철저히 이용해 기적을 만들었던 것이다.

  병법에서 경영의 지혜를 배우다

손자는 장수가 갖추어야 할 다섯 가지 능력으로 지모(智), 신의(信), 인애(仁), 용기(勇), 위엄(嚴)을 꼽았다. 또한 장수는 나라의 안위와 백성의 생사를 좌우하는 중요한 인물이므로 그 선발에 신중을 기해야 한다고 역설했다. 전쟁의 역사를 통해 알 수 있듯이, 뛰어난 군사 지휘관은 비범한 지혜와 더불어 신의, 인자함, 용맹함 등의 덕목을 갖추고 있다. 이 밖에도 위엄과 공정함으로 군대를 다스려 전쟁을 승리로 이끌었다. 반면, 앞서 말한 장수가 갖춰야 할 다섯 가지 능력을 모두 혹은 어느 한 가지라도 갖추지 않으면 패배를 면치 못했다.

기업의 CEO들도 조직을 성공적으로 이끌고 시장에서의 경쟁에서 승리하기 위해서는 어떻게 해야 하는지 전쟁에서 승리하는 전략을 설파했던 손자의 가르침에서 많은 교훈을 얻을 수 있을 것이다.

정확한 전략은
비범한 성공을 이끈다

군대를 잘 운용하는 장군은 정치적으로 준비를 하고, 법제도를 확고
하게 갖춘다. 따라서 승패의 주도권을 쥘 수 있다

(善用兵者, 修道而保法, 故能爲勝敗之政.)

– 《손자병법》 '군형軍形' 편에서

전쟁에서 뛰어난 지도력을 발휘하는 사람은 정치적 능력을 갖추는
것은 물론이고 법과 제도를 온전히 보전함으로써 승패의 주도권을 잡
는다.

'수도보법修道保法'은 각 방면에서 꼭 이길 수 있는 길을 닦고 법을 보
전한다는 의미로, 손자의 병법에서 매우 중요한 사상이다. 이 사상은 많
은 분야에서 활용되었고 앞으로도 폭넓게 응용될 수 있는 여지가 많다.

어떤 일을 하든지 '먼저 적이 나를 이길 수 없게 자신을 무장하고(先

병법에서 경영의 지혜를 배우다

爲不可勝)’ ‘패배하지 않도록 입지를 굳히고(立于敗之地)’, 더 나아가 ‘백전백승(全勝)’을 위해 탄탄한 준비를 해 놓아야 한다. ‘수도보법’은 이러한 정신의 구체적인 실천 방법이라 할 수 있다.

경영자에게 있어 수도보법은 두 가지로 설명할 수 있다. ‘수도’는 정치적, 도덕적으로 남들이 흠을 잡을 수 없도록 행동거지를 방정하게 하는 것이다. ‘보법’은 정책, 법률, 제도 방면에서 이상적인 틀을 만드는 것이다. 이렇듯 수도와 보법에 만전을 기하면 경영에서 최고의 승률을 올릴 수 있고, 진정한 권위를 얻게 된다.

칭다오하이얼(靑島海爾) 그룹은 하이얼 전자제품을 구입한 고객들에게 서비스를 보장하기로 약속했다. 어느 날 우루무치(烏魯木齊)의 백화점에서 하이얼 컴퓨터 한 대를 구입한 고객이 집까지 배달을 요청했다. 이 고객의 집은 우루무치에서 무려 1,560킬로미터 떨어진 곳이었지만 회사 측에서는 배달과 설치를 해 주겠다고 약속했다. 그런데 비포장도로를 달리던 배달 차량이 고장을 일으켰다. 그 연락을 받은 고객은 컴퓨터가 무사히 도착할 것 같지 않아 노심초사했다. 사흘이 지났을 때, 이 고객은 놀랍게도 낙타를 타고 나타난 직원에게서 컴퓨터를 전달받았다. 한낮의 뜨거운 태양과 밤이 되면 몰아치는 매서운 바람을 무릅쓰고 사흘 만에 약속대로 컴퓨터를 배달하고 설치한 직원은 조금도 힘든 내색을 하지 않고 문을 나섰다. 고객은 직원의 손을 잡고 감동한 목소리로 “이 순간에도 믿기지가 않습니다. 하이얼이 내게 보여 준 정성을 평생 잊지 않겠습니다”라고 했다. 이 일화는 하이얼이라는 기업의 ‘수도’와 ‘보법’을 극적으로 보여 준다. 상상을 초월하는 행동으로 하이얼의 기업 정신을 구현한 것이 '수도'라면, 파격적인 조치로 브랜드와 명예를 지킨 것은 '보법' 그 자체라 할 것이다.

전쟁에 '도'가 필요하듯이, 기업 경영에도 반드시 '도'가 수반되어야 한다. 특히 상대가 극복할 수 없는 높은 경지의 '도'를 쌓아야 한다.

석유 사업가의 아들인 폴 게티는 1914년 9월에 옥스퍼드 대학을 졸업하고 아버지의 석유 회사에 노동자로 취업해서 석유 사업에 대한 경험을 쌓았다. 1915년 10월, 머스코기 군에 있는 스톤 블러프 부근의 유전 임차권에 대한 공동 소유권이 경매시장에 나왔다. 그러자 많은 유전업자들이 눈독을 들였다. 폴 게티는 수중에 돈이 별로 없었기 때문에 메이저 회사들과 경쟁조차 할 수 없는 처지였다. 하지만 그는 이번 입찰이 자신의 앞날을 밝혀줄 것이라고 판단해 어떻게든 낙찰받기 위해 고심했다. 다각도로 입찰에 성공할 방법을 모색한 끝에 그는 한 가지 묘안을 생각해 냈다.

그는 자신의 거래 은행으로 가서 자신을 대신해 입찰에 응해 줄 은행 대리인을 한 사람 보내달라고 요청했다. 경매 당일, 경매장에는 임차권을 얻으려는 유전업자들이 몰려들었다. 경매장에 폴 게티를 대신해 유명한 은행가가 나타나자 장내가 술렁였다. 유전업자들은 큰 거물이 입찰하려는 것으로 생각해 감히 나서지 못했다. 결국 입찰 참여자들이 하나둘 자리를 떠났고, 남은 유전업자들도 꿀 먹은 벙어리처럼 호가를 하지 않았다.

마침내 폴 게티를 대신한 은행가는 500달러라는 초저가로 입찰에 성공함으로써 폴 게티는 헐값에 유전 임차권을 획득했다. 상대와 싸우지 않고 허세를 부려 상대를 압도해 굴복하게 하는 전략이 그대로 적중한 것이다.

폴 게티는 이를 시작으로 유전을 사들이며 1916년에는 100만 달러의 재산을 모았다. 그는 게티 석유회사를 설립한 기업가이자 40억 달러의 자산을 소유했으며, 세계에서 가장 먼저 개인 재산 10억 달러를 넘어선 인물로 기록되었다.

그는 비상한 두뇌로 불가능할 것 같은 상황을 현실로 바꾸면서 일약 석유 대재벌로 올라선 것이다.

경영자의 역할은 직원이 성과를 내도록 환경을 조성하는 것이다

그러므로 유능한 장수는 자신이 '세'를 만들어 승리할 뿐 부하가 힘들게 전투를 하여 이기도록 질책하지 않는다. 인재를 발탁하여 적재적소에 배치하고 나머지는 세에 맡기는 것이다. 세에 맡긴다는 것은 군대를 싸우게 하되 나무나 돌을 굴리는 것처럼 한다. 나무와 돌은 평지에 두면 움직이지 않으나 높고 경사진 곳에 놓아두면 미끄러져 굴러간다. 그 모양이 모나면 정지하고, 둥글면 굴러간다. 그러므로 유능한 장수는 천 길 높이의 산에서 둥근 돌을 굴리는 것과 같은 전세를 만든다. 이것이 병법에서 말하는 '세'이다.

(故善戰者, 求之於勢, 不責於人, 故能擇人而任勢. 任勢者, 其戰人也, 如轉木石. 木石之性, 安則靜, 危則動, 方則止, 圓則行. 故善戰人之勢, 如轉圓石於千仞之山者, 勢也.)

– 《손자병법》 '병세兵勢' 편에서

싸움에 능한 사람은 승리하기 위해 유리한 태세를 조성하는 데 주력하며, 부하들을 몰아치지 않는다. 이를 위해서는 인재를 잘 선발하여 이용하고, 아군에게 유리한 여건을 조성해야 한다. 그런데 상황이나 세력을 잘 이용하는 것은 나무나 돌을 굴리는 것과 유사하다. 나무와 돌은 평평한 곳에 두면 움직이지 않지만, 경사진 곳에 놓으면 굴러 내려간다. 각진 나무와 돌은 잘 움직이지 않지만, 둥근 것들은 저절로 굴러간다. 유능한 지도자는 마치 높은 산에서 둥근 돌을 굴리는 것과 같은 전세를 만들어 내는데, 이것이 이른바 '세勢'라는 것이다.

기업의 경영인이 다수를 다스리는 목적은 직원의 적극성을 끌어내는 데 있다. 문제는 직원들의 적극성을 끌어내는 결정적인 요소는 경영인의 의욕과 의지다. 관중(管仲, 춘추시대 제나라의 재상)은 "정치를 잘하기 위해서는 민심을 따라야 한다. 정치가 실패하는 이유는 민심을 거스르기 때문이다(政之所行, 在順民心, 政之所廢, 在逆民心)"라는 말로 민심의 중요성을 강조했다.

맹자는 "하늘의 때는 땅의 이로움만 못하고, 땅의 이로움은 사람 간의 화합만 못하다(天時不如地利, 地利不如人和)"고 했다.

《손자병법》의 '시계始計' 편에서도 "도란 백성으로 하여금 군주와 일심동체가 되게 만들어 함께 죽고 함께 살 수 있게 하며, 위험을 두려워하지 않게 하는 것이다(道者, 令民與上同意也, 故可以與之死, 可以與之生, 而不畏危)"라고 말했다.

기업에서 '경영자와 피고용자가 일심동체가 되기' 위해서는 확실한 경영 방침과 목표가 있어야 한다. 그리고 개인의 목표와 기업의 목표가 어긋나지 않고 한 방향으로 향해야 한다.

경영자가 해야 할 일 중의 하나는 직원들에게 꾸준히 관심을 갖는 것이다. 그중에서도 직원들이 현실적으로 겪는 문제들을 해결해 주어 업무에 전념하도록 하면 기업은 발전할 수 있다. 《손자병법》에서도 "적의 물자를 빼앗으면 사졸들에게 상으로 주어야 한다(取敵之利者, 貨也)"고 했다. 이와 마찬가지로 기업 경영에서도 생산에 큰 기여를 한 사람들에게는 적절한 격려와 보상을 해야 한다.

> 전차전에서 적의 전차를 10대 이상 노획했을 때는 먼저 노획한 자에게 상을 주어야 한다.
>
> (車戰, 得車十乘已上, 賞其先得者.)
>
> ─ 《손자병법》'작전作戰' 편에서

병사를 다스림에 있어 공을 세운 자에게는 상을 내리고, 게으르거나 죄를 지은 자에게는 벌을 주듯이 직원 관리도 상벌제도를 확실히 해야 한다. 일례로, 중국의 안산鞍山제철회사는 엄격한 '안전과 위생에 관한 조례'를 만들어 상과 벌을 확실히 하고 있다. 한번은 검사팀에서 공장의 위생 문제를 점검하다 급식용 쌀에 먼지가 많은 것을 발견했다. 검사 팀장이 공장장에게 "잘못을 인정하느냐?"고 묻자 그는 자신의 과실을 인정하고 월급에서 보너스를 자진 반납하고, 급식 담당자 9명도 함께 보너스를 반납함으로써 책임을 졌다. '장수는 죄를 피하지 않고 솔선해서 책임을 지는' 정신을 공장장이 실천하자 공장의 직원들은 더욱 업무에 충실하게 임해 결국 안산제철은 중국 철강업계에서 우수한 기

병법에서 경영의 지혜를 배우다

업으로 발돋움했다.

손자는 "무릇 적은 병력을 통솔하듯이 대규모의 병력을 통솔하려면 병력을 분산해야 한다(凡治衆如治寡, 分數是也)"라고 말했다. 이 말을 기업에 적용하면, 대규모 인력을 관리하려면 효율적으로 조직을 편제해야 한다. 조직을 구성할 때 각별히 유념해야 할 사항은 중간 단계의 비율을 합리적으로 조정하는 것이다. 대기업은 조직을 세분화할 수 있는데 관리자의 능력이 탁월하면 관리의 폭을 넓혀도 된다. 만약 기업의 관리 기법이 선진적이라면 정보와 통신 설비를 첨단화하여 개인이 관리하는 폭을 더 넓힐 수 있다.

인력을 분산하여 조직화하면 대규모 인력 관리에서 오는 어려움을 해결할 수 있지만, 여전히 문제는 있다. 기업의 활동이 국내를 넘어 외국까지 확대되면 업무량 증가로 관리자와 피관리자 간의 연계가 느슨해지고, 경쟁이 치열해질수록 의사 결정의 시한도 단축될 수밖에 없다. 이런 어려움은 아무리 이상적으로 조직을 가동해도 쉽사리 해결되지 않는다.

> 다수의 군사를 소수의 군사처럼 잘 움직이게 하는 방법은 깃발이나 북으로써 지휘하는 것인데, 이것을 '형명(形名: 지휘)'이라고 한다.
>
> (鬪衆如鬪寡 形名是也.)
>
> — 《손자병법》 '병세兵勢' 편에서

오늘날의 경영자들은 자신의 능력을 극대화하려면 첨단 과학 기술을 이용하면 된다. 일반 전화에서 위성통신, 주판에서 컴퓨터, 말에서 현대적 교통수단으로 발전해 왔듯이 놀라운 과학 기술의 힘을 빌리면 경영에서 혁신적으로 효율을 높일 수 있다.

중국인들은 전통적으로 행사, 특히 역사적 의미를 기리는 행사를 매우 중요하게 생각한다. 그래서 많은 기업들이 행사를 열어 홍보와 마케팅을 한다. 1999년 9월 8일, 쓰촨(四川) 성 루저우(瀘州)에서 제2회 쓰촨 명주名酒 문화 축제와 제9회 루저우 국제 명주 축제가 열렸다. 이 행사의 주관자는 루저우의 라오자오(老窖) 그룹이었다.

행사의 하이라이트는 라오자오에서 빚은 술을 귀빈들 앞에서 개봉하는 것이었다. 금번 행사가 예전 행사들보다 더 뜻깊었던 이유는 400년 역사를 자랑하는 술독에서 만든 술을 처음으로 세상에 내놓았기 때문이다. 20세기 마지막 해인 1999년에 맞춰 총 2톤의 술을 1,999개의 병에 나눠서 포장한 뒤 일련번호를 매겼다. 더욱이 4병만 경매로 팔고, 나머지는 시장에 유통하지 않아 희귀성을 높였다. 0002번과 0003번 술은 중국에 반환된 홍콩과 마카오의 초대 행정장관에게 선물했다. 나머지는 라오자오 그룹이 보관했다가 국가적 경축일이나 행사에 증정함으로써 사회적으로 큰 관심을 불러일으켰다.

빠른 목표 달성을 위해서는 자원을 집중하라

급류의 흐름이 빠르고 거세어 바위조차도 떠내려가게 하는 것을 가리켜 세라고 한다. 또한 사나운 새가 질풍과 같이 짐승을 기습하여 뼈를 부수고 날개를 꺾는 것을 절이라 한다. 그래서 싸움에 능한 자는 그 기세가 사나우며 행동 거리와 속도가 짧고 맹렬하다. 그 기세는 시위를 팽팽하게 당긴 활과 같고, 속도는 화살을 격발시키듯 순간적이어야 한다.

(激水之疾, 至於漂石者, 勢也; 鷙鳥之疾, 至於毀折者, 節也. 是故善戰者, 其勢險, 其節短. 勢如擴弩, 節如發機.)

– 《손자병법》 '병세兵勢' 편에서

거센 물결이 큰 바위를 떠내려가게 하는 것은 물의 강한 기세 때문이고, 하늘을 나는 새가 뭍짐승을 죽일 수 있는 것은 순식간에 맹렬한 공격을 퍼붓기 때문이다. 이와 마찬가지로 뛰어난 작전가는 놀라운 기세로 적을 공포에 떨게 만들고, 짧은 시간에 폭발적인 공격을 가한다.

  1886년에 세상에 선을 보인 코카콜라는 지금까지 1세기가 넘는 시간 동안 음료 시장에서 부동의 1위를 지켜 왔다.

  코카콜라에 이어 캐레브 브래드햄이라는 약사가 음료수 '브래드'를 나중에 '펩시콜라'로 바꿔 콜라 시장에 진출했다. 코카콜라에 도전을 한 것이지만 펩시콜라는 너무 강한 적을 넘어서지 못하고 근근이 명맥을 유지했다.

  그러나 1930년대 펩시콜라는 5센트에 팔리고 있던 코카콜라에 대항해 새로운 전략을 짰다. 시장에 12온스짜리(약 30㎖) 병 포장 콜라를 5센트에 내놓은 것이다. (코카콜라는 5센트에 6.5온스 병 포장이었다) 펩시의 새로운 제품은 애틀랜타에서 '같은 값으로 2병을 마신다'는 소문이 퍼지면서 선풍적인 인기를 끌었다.

  1950년대 이후 펩시콜라는 두 번째 도전에 나섰다. 그것은 바로 코카콜라의 이미지인 '오랜 전통'을 비판하는 대대적인 광고전이었다. 펩시콜라는 '젊음, 활력, 진취성'을 표방하면서 펩시를 마시면 활기찬 사람으로 변신한다는 이미지를 만들었다. 이 광고는 코카콜라는 보수적이고 트렌드에 맞지 않는 반면, 펩시콜라는 '새로운 물결'을 대표한다는 인상을 소비자에게 깊이 심어 주었다. 그 결과 펩시콜라의 매출이 크게 올랐다.

  1972년 펩시콜라는 다시 한 번 혁신적인 마케팅을 펼친다. 블라인드 테스트를 이용한 광고를 내보낸 것이다. 코카콜라와 펩시콜라의 상표를 가린 뒤 사람들로 하여금 맛을 보게 했는데 참가자 중 3분의 2가 펩시콜라를 선택했다. 이러한 노력으로 1980년대 초 펩시콜라와 코카콜

병법에서 경영의 지혜를 배우다

라의 시장점유율 격차는 1퍼센트 이내로 좁혀졌다.

싱가포르는 건전한 고도성장으로 아시아의 '네 마리 용' 중의 하나로 꼽히며 세계적으로 주목을 받았다. 스위스 로잔에 본부를 둔 국제경영 개발연구소IMD는 1980년부터 매년 600쪽에 달하는 '세계 경쟁력 연감'을 펴낸다. 이 책자는 수백 개 항의 엄격한 기준을 적용하여 세계 48개 국가와 지역의 경쟁력을 비교하는데, 싱가포르는 줄곧 상위권에 오르는 기염을 토했다.

1959년에 이르러 영국 통치에서 벗어난 싱가포르가 작은 섬나라에서 풍요로운 국가로 변신한 배경에는 여타 국가들과 다른 독특한 발전 방식이 있었다. 그것은 싱가포르 국민이 나무와 꽃을 심는 녹화 사업을 강국으로 발전하는 원동력으로 삼은 것이다.

싱가포르는 천연자원이나 농경지가 없고, 심지어 마실 물도 부족하다. 유일하게 꼽을 수 있는 자원은 심수항深水港이다. 1960년대에 싱가포르를 방문한 여행객들의 눈에 들어온 것은 공항에서 시 중심까지 펼쳐진 낡은 아연 '깡통집'들이었다. 독립 초기에 싱가포르의 '국부' 리콴유(李光耀)는 천연자원과 기술이 없고, 노동력도 하루아침에 향상시킬 수 없는 상황에서 경제 발전을 이루기 위해서는 반드시 외국 자본을 유치해야만 한다고 판단했다. 이를 위해 도시 이미지를 쇄신하여 잠재적 투자자들이 싱가포르를 고효율의 성공 가능성이 큰 국가로 인식하게 만드는 전략을 실행했다.

역사적으로 볼 때 세계적으로 유명한 도시들은 모두 산업이 발달하고 독특한 개성을 지녔다. 다른 도시들을 모방하여 어느 정도 발전을 이룩할 수 있지만, 도시의 활력은 혁신에서 생겨난다. 참신한 아이디어가 결여된 단순한 모방으로 성공을 오래 유지하기는 어렵다. 싱가포르는 이 점을 잘 알고 있었으므로 자신만의 특색을 지닌 발전의 길을 모색했다. 도시국가의 강점을 살리기 위해 고민을 거듭한 싱가포르는 국가 지도자부터 평범한 국민에 이르기까지 늪과 모기가 우글거리는 섬나라를 아름다운 정원 국가로 변모시키기 위해 녹화운동에 최선을 다했다. 그들은 정원을 가꾸려면 매일 땀을 흘려야 한다는 신념을 갖고 체계적이고 성실하게 현대화 작업에 참여했다. ‘정원 국가’는 싱가포르인들이 자랑스럽게 생각하는 국가 이미지이자 경제력을 키워나가는 출발점이었다. 그들은 역사, 지리, 정치, 기술 등 각 방면에서 유리한 조건을 찾아 발전시킴으로써 세계적인 유명 도시이자 부국으로 도약했다. 자신만의 개성을 살린 싱가포르의 발전 노선은 많은 나라의 연구 과제이자 학습 대상이 되었다.

리더의 가장 중요한 자질은 평정심을 유지하는 것이다

장군은 조용하고 깊이 성찰하며 엄정하게 일을 처리해야 한다.

(將軍之事, 靜以幽, 正以治.)

– 《손자병법》 '구지九地' 편에서

군대를 지휘하는 사람은 냉정하고 침착하게 심사숙고하여 전략을 짜고, 엄정하고 질서 있게 군사를 이끌어야 한다.

유능한 장수는 '태산이 눈앞에서 무너져도 안색이 변하지 않고, 사슴이 옆에서 날뛰어도 눈 하나 깜박이지 않아야 한다. 그런 뒤에야 이해관계를 초월하여 적을 대적할 수 있다'고 했다. 이런 조건을 갖춘 장수는 역사적으로 수없이 많은데, 《진서 · 사안전晉書 · 謝安傳》에는 다음과 같은 이야기가 등장한다.

　　전진前秦의 부견符堅이 백만 대군을 거느리고 회하淮河와 비수淝水 일
대까지 쳐들어오자 공포에 질린 동진의 조정은 사안謝安을 대도독에
임명하여 전투를 지휘하도록 했다. 사안은 즉시 장수들을 임명하여 군
사를 조직하게 한 뒤 싸움에 들어갔다. 부견의 군대를 물리친 뒤 장수
들은 파발마를 띄워 승리의 소식을 알리는 서신을 전하도록 했다. 승
전보가 들어왔을 때 사안은 마침 손님과 바둑을 두고 있었다. 그는 서
신을 읽고는 아무렇지 않은 듯 탁자 위에 올려놓았다. 서신의 내용이
궁금한 손님이 무슨 소식인지 묻자 그는 이렇게 대답했다. "아이들이
드디어 적을 패배시켰답니다."

　　바둑을 다 두고 안채로 들어가던 사안은 문지방을 넘다 넘어지고 말
았다. 내심 너무 기뻐 나막신의 굽이 부러진 것조차 몰랐던 것이다. 이
렇듯 장수라면 희로애락의 감정을 적절하게 조절할 줄 알아야 한다.
승리하더라도 교만해지지 않고, 패해도 낙담하지 않음으로써 군대의
기강을 세우고 사기를 높여 대국大局을 통제해야 하는 것이다.

《편의·희로便宜·喜怒》를 보면 제갈량은 이런 말을 했다. "군자는 위엄
을 갖추되 남들이 두려워하지 않도록 하고, 화가 나도 분노를 표출하
지 말고, 근심하더라도 두려움을 드러내서는 안 된다(君子威而不猛, 忿而不
怒, 憂而不懼)."

　　사안은 부견의 대군이 침략하여 조정이 두려움에 떨 때에도 침착하
게 군대를 움직여 응전하고, 적을 물리친 뒤에도 기쁨을 얼굴에 드러
내지 않는 등 장수로서의 자질을 모두 갖춘 사람이었다.

　　사업을 잘하기 위해서는 '조용하고 깊이 성찰하며 엄정하게 일을 처

리하는' 능력을 갖춰야 한다.

1988년 4월 27일, 아폴로 항공사의 보잉737 여객기가 호놀룰루를 이륙한 지 얼마 후 굉음을 울리며 폭발하는 것 같더니 기체 앞부분에 직경 약 6미터의 큰 구멍이 났고, 스튜어디스 한 명이 이 구멍 밖으로 튕겨 나와 사망했다. 조종사는 위기 상황에서도 흔들리지 않고 기체를 무사히 가까운 공항에 착륙시켰다. 놀라운 사실은 죽은 스튜어디스 이외에 승객 89명과 승무원들이 모두 안전했다는 것이다.

즉각 항공사와 보잉사, 경찰, 보험사 등 관련자들이 현장에 출동하여 사고 원인 규명에 들어갔다. 보잉사는 대형 사고가 난 상황에서 당황하지 않고 침착하게 대처했다. 기술 인력을 파견하여 조사에 착수하도록 했고, 그다음으로는 라디오, 텔레비전, 신문, 잡지 등의 매체에 사고를 홍보하는 이례적인 조치를 취했다. 보잉사에 의하면 사고가 난 비행기는 20년의 기령機齡으로 9만 차례나 이착륙을 했으므로 기술규정에 따르면 이미 운행을 중지했어야 한다.

기체의 노후, 특히 금속의 마모가 사고의 주요 원인으로 밝혀지자 사람들은 그렇게 낡은 여객기가 사고를 일으켰는데도 인명 피해가 한 명에 불과했던 것은 보잉사가 제작했기 때문이라고 생각했다. 더욱이 보잉사는 침착하고 체계적으로 사고 원인을 숨김없이 밝힘으로써 회사 이미지가 타격을 받지 않고 오히려 전화위복의 효과를 보았다. 보잉의 기술 수준을 확인한 항공사와 기업의 주문이 밀려든 것이다. 그해 5월 한 달 동안에만 보잉사는 세계 각국으로부터 무려 70억 달러에 이르는 주문을 받았다. 제1분기의 주문량이 47억 달러에 불과한 것만

보아도 주문량이 큰 폭으로 증가했다는 사실을 알 수 있다. 이렇듯 위기상황에서도 냉철하게 대처하고 오히려 그것을 기회로 삼을 때 더 큰 성과를 올릴 수 있는 것이다.

상업전쟁에서도
허를 찌르는 전략이 필요하다

병법의 기본은 교묘한 속임수다. 능력이 있으면서도 적에게 능력이 없는 것처럼 보이게 하고, 전략을 사용하되 사용하지 않는 것처럼 위장한다. 가까운 곳을 노리면서도 적에게는 먼 곳을 노리는 것처럼 보이게 하고, 먼 곳을 노리면서도 가까운 곳을 공격할 듯이 보이게 한다. 적이 이익을 탐하면 작은 이익으로 유혹하고, 적이 혼란에 빠져 있으면 기회를 틈타 무너뜨린다. 적의 군비가 충실하면 대비를 하고, 적의 전력이 막강하면 싸움을 피해야 한다. 적이 조급해하고 분노할 때는 도발하여 이성을 잃게 한다. 적이 아군을 얕볼 때에는 더욱 교만해지게 한다. 적이 충분히 휴식을 취했을 때에는 방법을 강구해 피로하게 만든다. 적이 내부적으로 단합되어 있으면 이간책을 써야 한다. 이러한 기만술은 병법가의 승리하는 비결이므로 사전에 누설되어서는 안 된다.

(兵者, 詭道也. 故能而示之不能, 用而示之不用, 近而視之遠, 遠而示之近. 利而誘之, 亂而取之, 實而備之, 强而避之, 怒而撓之, 卑而驕之, 佚而勞之, 親而離之, 攻其無備, 出其不意. 此兵家之勝, 不可先傳也.)

– 《손자병법》 '시계始計' 편에서

유태계 상인들의 뛰어난 상술은 셰익스피어의 작품 《베니스의 상인》

에서도 엿볼 수 있듯이 타의 추종을 불허한다. 오늘날 유태인 사업가들의 능력과 수완 역시 옛사람들보다 전혀 뒤지지 않는다.

사미르라는 유태인이 오스트레일리아 멜버른으로 이민을 왔다. 그는 멜버른에서 유망한 장사가 무엇인지 조사를 한 후 식품점을 열었다. 그런데 그의 가게 바로 앞에는 이탈리아 출신의 안토니오가 식품점을 운영하고 있어 두 사람은 경쟁이 불가피했다.

안토니오는 불안과 초조에 사로잡혀 새로 나타난 경쟁자를 이길 생각에 노심초사했다. 가장 좋은 방법은 사미르가 망해서 이사를 가는 것이었다. 안토니오는 갖가지 방법을 생각하다 가격을 내리기로 결정하고는 상점 앞에 '햄 1파운드가 겨우 5펜스'라고 쓴 팻말을 내걸었다.

그러자 사미르도 지지 않고 즉각 '1파운드에 겨우 4펜스'라는 팻말을 걸었다.

화가 치민 안토니오는 이를 악물고 '햄 1파운드가 겨우 3.5펜스'라고 가격을 고쳐 썼다. 그는 3.5펜스에 팔면 이문이 전혀 남지 않지만, 어떻게든 '굴러들어온 돌'인 사미르를 내쫓아야겠다고 전의를 불태웠다.

그런데 사미르는 더 독하게 마음먹었는지 '1파운드에 3펜스'라는 팻말을 내걸었다.

며칠 후 안토니오는 도저히 버티기가 어려워지자 자신이 가격 경쟁을 시작했다는 사실을 망각하고 씩씩거리며 사미르의 가게로 달려가 피해자인 양 고함을 질렀다. "임마, 너 이렇게 장사해도 되는 거야? 이렇게 값을 내리면 우리 모두 망한다는 것 몰라?"

사미르가 씩 웃으며 맞받아쳤다. "왜 우리야? 내가 보기엔 너만 망할 것 같은데. 우리 가게는 햄을 팔지 않아. 팻말에 1파운드에 3펜스라고 쓰기는 했지만 뭘 3펜스에 파는지는 나도 모르겠는데?"

안토니오는 그제야 속았다는 사실을 알아차렸다. 자기가 사미르와 경쟁을 한 것이 아니라 스스로 경쟁을 했을 뿐만 아니라, 자신은 사미르의 적수가 될 수 없음을 깨달았다.

장사에서는 손자가 말한 바대로 허를 찌르고 실을 꾀하는 허허실실과 속임수가 비일비재하다. 때로는 죽기 살기 식으로 싸울 필요 없이 머리를 써서 칼을 휘두르는 척만 해도 상대를 이길 수 있는 것이다.

〈포춘〉지는 매년 미국 전체 기업 중 500대 기업을 선정하는데, 홀연 지명도가 전혀 없는 애플 컴퓨터가 411위에 올랐다. 설립된 지 5년밖에 안 된 애플 컴퓨터는 500대 기업 가운데 가장 역사가 짧았다. 1년 후 애플사는 순위가 대거 뛰어올라 291위를 기록했고, 매출액도 9.8억 달러에 달해 사람들은 놀라지 않을 수 없었다.

창업자 스티브 잡스와 스티브 워즈니악은 각고의 노력으로 개인 컴퓨터PC를 만들어 내 선풍적인 인기를 끌었다. 당시 미국의 컴퓨터 메이커들은 대부분 대형 컴퓨터의 개발과 생산에 주력했다. 개인 컴퓨터는 시장 전망이 불투명한 데다 이윤이 크지 않아 컴퓨터 회사들의 관심 밖이었던 것이다.

스티브 잡스와 스티브 워즈니악은 모두가 대형 컴퓨터에 매달릴 때 개인 컴퓨터 생산이 큰 기회가 될 수 있다는 믿음을 가지고 새로운 길을 닦는 데 집중했다. 창업 초기에는 많은 어려움이 있었는데, 그중에서도 자본 마련이 가장 큰 골칫거리였다. 그래서 잡스는 폭스바겐 비틀을 팔고, 워즈니악은 가장 아끼는 컴퓨터를 팔아 1,300달러를 조달했다. 1976년 이들은 마침내 가정용 컴퓨터 개발에 성공해 '애플 1호'라는 이름을 붙였다. 잡스와 워즈니악이 처음으로 클럽에서 애플 1호를 공개하자 컴퓨터 애호가들은 매료되어 그 자리에서 주머니를 털어 구매했다. 이날 팔린 컴퓨터는 50대였다.

잡스와 워즈니악은 가정용 컴퓨터의 미래가 무한할 것이라 내다보고 회사를 차려 전문적으로 PC를 생산했다. 그리고 각 분야의 인재들을 초빙하여 제품 향상에 박차를 가하며 새로운 제품들을 출시했다.

애플사가 승승장구하면서 엄청난 수익을 올릴 동안 컴퓨터 업계의 거인 IBM은 답보 상태를 벗어나지 못했다. 거대 기업인 IBM의 부진은 상대적으로 애플에게 도약할 수 있는 기회가 되었다. 이후 애플이 눈부신 성장을 하면서 1983년 개인용 컴퓨터 시장에서 애플의 시장점유율은 26퍼센트, IBM이 17퍼센트를 차지했으나 다음 해에는 1, 2위가 역전되는 상황이 벌어졌다. 애플은 이때 PC 시장을 거의 포기하는 것으로 정면승부를 피하고 틈새와 세분시장을 공략해 지금과 같은 거대 기업이 되는 발판을 마련했다.

정도를 지키는 속임수는 좋은 결과를 부른다

병법이란 교묘한 속임수다.

(兵者, 詭道也.)

– 《손자병법》 '시계始計' 편에서

남을 교묘히 속이는 '궤도詭道'는 병법만이 아니라 다른 분야에서도 통용된다.

야친(雅琴)이라는 여인이 후(胡) 선생을 찾아와 눈물을 쏟으며 다짜고짜 이렇게 말했다. "선생님은 글을 쓰는 분이시니 저 대신 이혼 신청서를 작성해 주세요." 왜 이혼을 결심했느냐는 물음에 그녀는 하소연을 늘어놓았다. "남편은 여자를 전혀 이해하지 못해요. 저는 매일 직장 다니랴, 집안일 하랴 바빠 죽을 지경인데, 그 사람은 자기 일에 빠져서 집은 안중에도 없어요. 게다가 제가 불평을 몇 마디 하면 열 마디씩 되받아쳐서 저는 말도 제대로 못 해요. 기가 막히게도 오늘 아침에는 뺨까지 때렸어요. 폭력을 휘두르는 남편이랑은 도저히 못 살겠다는 생각이 들었어요. 그러니 꼭 이혼할 거예요.” 야친의 말을 들은 후 선생은 부드럽게 위로를 했다. “그동안 너무 힘들었겠구나. 맞기까지 했으니 뭐라 할 말이 없네. 그런데 이혼하면 남편만 좋은 일 시키는 꼴이니 그렇게 손해를 보면 안 될 것 같은데. 내가 오랫동안 경험한 바에 의하면 이혼은 과감하게 해도 되지만, 상대가 이익을 보게 하면 안 된다는 거야. 자네는 일단 머리를 써서 남편의 기분이 좋아지도록 살갑게 굴고 최선을 다해서 위해 주는 척해 보게. 시간이 지나면 남편이 자네한테 애착이 생겨서 떠나려 하지 않을 거야. 그러다가 갑자기 이혼을 하겠다고 말하면 남편은 아내를 잃는다는 것이 어떤 것인지 잘 알게 되겠지. 이혼에도 고도의 기술이 필요하지. 이혼이 힘들다고 하지만 통쾌하게 해야 자네가 손해를 보지 않는 거야.” 야친은 후 선생에게 ‘이혼 비결’을 배우고 돌아갔다.

6개월 후, 후 선생이 야친의 집을 방문했다. 후 선생은 대뜸 “준비는 됐나? 내가 자네 집에 온 이유는 이혼 신청서를 써주기 위해서야”라고 했다. 야친은 “아니요, 그 일은 말도 꺼내지 마세요. 제가 선생님께 이혼 이야기를 꺼낸 적이 있다는 걸 남편이 알면 안 돼요”라며 후 선생을 문밖으로 데리고 나가 작은 소리로 그간의 사정을 설명했다. “이제 저희는 사이가 아주 좋아요. 선생님이 가르쳐 주신 대로 했더니 남편이 감동한 것 같아요. 저번 주에는 같이 외국 여행도 갔다 왔어요. 제가 어떻게 남편과 이혼을 하겠어요? 이제 이혼은 생각도 안 해요."

'속임수'에도 진심은 있기 마련이다. 마음에 측은지심이 있는 사람이라면 지혜 혹은 속임수를 써서라도 타인의 어려움을 해결해 줄 수 있는 것이다.

어느 해 가을, 빵을 가득 실은 제빵회사의 자동차가 미국의 고속 도로를 질주하고 있었다. 자동차가 지나가는 곳은 얼마 전 수해가 발생해 빵을 구하기 어려웠다. 한 주유소에서 멈춘 자동차가 기름을 넣고 있을 때 굶주린 사람들이 몰려들어 빵을 팔라고 했지만, 운송 직원은 거절했다. 마침 지나가던 기자가 어수선한 상황을 보고 취재를 했다. 알고 보니, 제빵회사의 사장은 출고한 후 사흘 동안 팔리지 않은 빵은 무조건 회수하여 폐기 처분하도록 규정하고, 이를 위반하고 빵을 판 직원은 이유를 불문하고 해고했다.

배가 고픈 수재민들은 제빵회사의 직원이 융통성 없는 바보라고 욕을 했다. 기자도 지금은 비상 상황이나 다름없으니 굶주린 사람들을 우선 먹여야 하지 않겠느냐고 편을 들었다. 그러자 빵 회사 직원이 좋은 아이디어가 떠올랐다며 기자의 귀에 이렇게 말했다. "빵을 팔아야겠어요. 하지만 저는 꼼짝 않고 있을게요. 사람들이 차에 올라 빵을 그냥 집어 가면 저는 책임질 필요가 없을 거예요."

"그럼 저 사람들이 도둑질을 한 것이 되는데요?"라고 기자가 물었다. 직원은 "저 사람들이 빵을 가져가되 양심껏 돈을 놓고 가면 도둑질한 것이 아니라 '강제로 사간 것'이 되는 셈이죠"라고 대답했다. 기자가 직원과 한 말을 전하자 사람들은 차로 몰려가 돈을 놓고 빵을 집어

갔다. 직원은 기자에게 사람들이 빵을 집어 가는 사진을 몇 장 찍어 달라고 한 뒤 "이 사진을 보면 회사에서 저를 자르지 않을 겁니다"라고 말했다.

직원은 떠날 때 기자에게 이 일의 진상이 절대로 탄로 나지 않게 해 달라고 신신당부했다. 그런데 며칠 후 신문에 상세한 기사가 났고, 제빵회사는 이미지가 훼손되기는커녕 오히려 호평을 얻었다. 또한 소비자들에게 정직하고 신뢰감 있는 회사로 인식된 덕분에 반년 내에 빵의 판매량이 5배 이상 늘어났다.

전략

戰
略

기회는 만드는 것이다

정공법에서 벗어난 변칙적인 전략은 동서고금을 막론하고 승리의 비결로 여겨졌다. 현실적으로 보아도 적을 막는 데는 정공법을, 결정적인 승리를 얻기 위해서는 기발한 전략을 쓰는 것이 유리하다. 따라서 적의 허점을 꿰뚫는 공격을 잘하는 장수는 끊임없이 변화무쌍한 전법을 구사하는 능력이 있었다. 오늘날의 경영자들도 경쟁이 그 어느 때보다 치열한 시장에서 성공하려면 기발한 경영법을 찾아내야 한다. 기발하다는 의미는 상식, 규율, 법도 등을 뛰어넘어 독특하다는 느낌을 주는 것이다. 다시 말해, 보통사람들이 상상조차 못한 것을 생각해 내고, 남들이 도달하지 못한 곳에 먼저 발자국을 남기는 것이다. 성공한 경영자들은 소비자의 욕구를 잘 이해하고, 임기응변에 능하며, 기상천외한 아이디어를 행동으로 옮기는 특징을 갖고 있다.

승리의 기회는 오는 것이 아니라
만드는 것이다

운용하면서도 운용하지 않는 것처럼 위장한다.

(用而示之不用.)

– 《손자병법》 '시계始計' 편에서

허상을 만들어 내는 목적은 아군에게 유리한 기회를 만들어 승리로 연결시키기 위함이다.

한나라 고조 7년(기원전 200년), 태원太原군을 지키던 한왕 신(韓王信, 대왕(代王) 한신을 지칭. 개국공신 한신과 동명이인이어서 '한왕 신'으로 불렸다)은 흉노의 침략을 받자 투항했다. 여기서 그치지 않고 그는 흉노 군대의 향도가 되어 태원을 공격했다. 분노한 고조 유방은 친히 대군을 이끌고 반역자 한왕 신의 정벌에 나섰다. 진양晉陽에 도착한 뒤 유방은 한왕 신이 한나라 군대를 공격할 준비를 하고 있다는 소식을 듣자 흉노를 멸망시키겠다는 전의를 불태웠다.

한나라 군대는 먼 길을 왔지만 막상 흉노의 상황에 어두웠으므로 유방은 사신을 보내 흉노 군대의 실상을 살피도록 했다. 흉노는 한의 사신이 오기 전에 젊은 병사와 살진 말들은 감추어 두고 노약한 사병과 비쩍 마른 말들을 눈에 띄는 곳에 배치했다. 한의 사절단으로 간 10명의 사신들은 이구동성으로 흉노를 쉽게 이길 수 있다고 보고했다. 하지만 마음을 놓지 못한 유방은 마지막으로 누경婁敬을 흉노 군중으로 보내 사정을 염탐하도록 했다. 임무를 마치고 온 누경은 "원래 싸움을 하게 되면 누구나 장점을 과시하고 떠벌립니다. 그런데 제가 흉노의 군대를 보니 늙고 쇠약한 병사들만 눈에 들어왔습니다. 이는 의도적으로 단점을 보여주는 계략이라 할 수 있습니다. 필시 날랜 병사들을 잠복시켰다가 승부를 가리려 할 것입니다. 그러니 저의 생각으로는 아군이 쉽게 이길 수 없을 겁니다"라고 보고했다.

누경의 보고를 받았을 때 유방의 20만이 넘는 군사가 이미 출발해서 공세를 펼 준비를 하고 있었다. 유방은 누경의 말에 화가 나서 소리를 질렀다. "제나라 출신의 우둔한 놈! 세 치 혀를 놀려서 지금의 자리에 올랐는데, 이제는 아군의 군사 행동을 저지하려고 함부로 헛소리를 지껄이는구나!" 그리고는 누경을 광무廣武로 보내 처분을 기다리라고 명령했다. 가까스로 화를 누그러뜨린 유방은 대군을 이끌고 계속 행군했다.

유방의 군대는 행군 과정에서 몇 차례 작은 싸움을 벌여 승리했고,

큰 저항도 받지 않았다. 승리에 급급했던 유방은 소규모의 기병을 이끌고 흉노를 추격하다가 그들의 매복에 걸려 백등산白登山에 갇혀 버리고 말았다. 한의 후속 부대도 흉노에 가로막혀 포위를 풀지 못했다. 때는 겨울이었는데 추위에 식량과 옷이 부족하다 보니 병사들의 사기는 말이 아니었다. 7일 동안 백등산에 포위되었던 유방은 책사 진평陳平의 미인계를 이용한 계책에 힘입어 포위에서 풀려날 수 있었다.

광무로 돌아온 유방은 누경의 죄를 사면하고 누경을 건신후建信侯에 봉한 뒤 식읍 2,000호를 상으로 내렸다.

한나라와 흉노의 싸움에서 양측은 모두 승리를 자신했다. 결전을 앞두고 흉노는 약세인 것처럼 위장하여 한나라의 사신을 방심하게 하는 전략을 구사해 승리했다. 이에 비해 유방은 여러 차례 적의 정세를 살피게 했고, 심지어 마지막에 정확한 정보를 보고받았음에도 승리를 거두려는 조급함과 군대를 이미 출발시킨 상태였기 때문에 누경의 의견을 받아들이지 않아 결국 위기를 맞게 되었다.

> 가까운 곳을 노리면서도 적에게는 먼 곳을 노리는 것처럼 보이게 한다.
>
> (近而視之遠.)
>
> — 《손자병법》 '시계始計' 편에서

가까운 곳을 공격하려고 하면서 적에게는 먼 곳을 공격할 것처럼 위장하는 전법의 목적은 적의 병력과 주의력을 분산시킨 뒤 기습 공격으로 승리를 거두기 위함이다. 전쟁은 전투를 하는 쌍방의 용맹과 지략을 다투는 장이다. 여기에서 승기를 잡는 것은 쌍방 지휘관에게 있어 가장 중요한 일이 아닐 수 없다.

후한 말기에 이르러 수년간 전란이 계속되자 천하가 어지러웠다. 북방에서는 조조曹操와 원소袁紹가 양대 세력으로 부상했다. 북방을 장악하기 위해 두 사람이 결전을 벌인 싸움은 관도官渡대전으로, 건안建安 5년(200년)에 일어났다.

199년 원소는 조조가 유비를 공격하는 틈을 타 연주를 공격했다. 조조는 우금于禁에게 연진延津을, 동군東郡태수 유연劉延에게 백마白馬를 지키도록 했다. 그리고 관도에는 원소 군대를 저지하기 위한 진지를 구축했다. 이에 그치지 않고 적극적인 방어를 위해 조조는 친히 군대를 거느리고 8월에 황허 이북의 여양黎陽에 진출했다.

다음 해 2월에 이르러 원소도 10만 대군을 여양에 집결시킨 뒤 강을 건너 조조의 본영인 허도許都를 점령할 준비를 마쳤다. 이와 동시에 원소는 곽도郭圖, 순우경淳于瓊, 안량顔良 등의 장수에게 황허를 건너 유연이 지키고 있는 백마를 공략하도록 했다. 안량은 원소의 장수들 가운데 가장 용맹스런 인물이어서 백마는 곧바로 위기에 처했다. 백마를 잃으면 원소의 남하를 막을 도리가 없었다. 그래서 4월에 조조는 군사를 이끌고 관도에서 북상해 백마를 구했다.

이에 앞서 지략가인 순유(荀攸, 순욱의 조카)는 조조에게 다음과 같은 건의를 했다. "현재 우리의 병력은 원소의 군대와 대적하기에 턱없이 부족합니다. 승리할 수 있는 유일한 방법은 원소의 군대를 분산시키는 것입니다. 장군께서 먼저 군사를 이끌고 연진에서 황허를 건너 북상해 원소의 후방을 공격할 태세를 갖추십시오. 그러면 원소는 분명히 서쪽으로 군사를 보내 응전할 것입니다. 우리는 원소의 군대가 싸우러 올 때를 기다리면서 정예병을 백마에 보내 기습을 하면 안량을 사로잡을 수 있습니다." 조조는 순유의 건의대로 연진으로 향했다.

순유의 의중대로 원소는 조조의 계획을 눈치채지 못했으므로 군대 일부를 연진으로 파견하여 조조와 싸울 준비를 했다. 원소가 자신의 계획에 말려들었다는 정보를 입수한 조조는 즉시 기병을 거느리고 백마로 향했다.

조조가 백마에서 10리 떨어진 곳에 다다랐을 때 비로소 사태를 파악한 안량은 황망하게 싸울 채비를 했지만 때는 이미 늦었다. 혼전을 거듭하던 중에 관우는 안량을 죽였고, 조조는 원소의 군대를 궤멸시켜 포위된 백마를 손에 넣었다.

이 싸움에서 조조는 백마의 병사들을 구하기 위해 원소의 후방을 공격할 것처럼 위장하여 교묘하게 상대를 기만했다. 그리고 백마에 주둔했던 안량은 조조의 군대에 대한 경계심을 풀고 있다가 죽음을 면치 못했다.

시장에서의 경쟁은 일종의 전쟁이고, 시장은 기업이 승패를 겨루는 전쟁터라 할 수 있다. 따라서 기업들도 전쟁에서 이길 전략을 세우고 승리할 수 있도록 기업을 운용해야 한다. 이때 군대가 전쟁에서 자신의 전력과 전략을 상대에게 모두 보여 주지 말아야 하듯, 기업도 자신의 전략과 경쟁력을 모두 보여 주어서는 안 된다. 전쟁에서는 상대를 잘 아는 측이 더 유리한 고지에 설 수 있기 때문이다.

책략은 효율을 높이는
지렛대와 같다

그러므로 최상의 전법은 책략으로 승리하는 것이고, 그다음이 외교
로 이기는 것이며, 그다음은 직접 교전하여 적군을 분쇄하는 것이고,
최하의 방법은 적의 성을 공격하여 아군을 상하게 하는 것이다.

(故上兵伐謀, 其次伐交, 其次伐兵, 其下攻城.)

– 《손자병법》 '모공謀攻' 편에서

전쟁에서 최상의 전략은 정치적인 모략, 차선은 외교적 수단, 그다음
은 군사적 역량으로 적을 물리치는 것이다. 가장 낮은 수준의 전략은
적의 본거지를 무력으로 공격하는 것이다.

'최상의 병법은 모략(上兵伐謀)'이라는 손자의 가르침을 비즈니스에서
활용하기 위해서는 주도면밀한 기획이 필요하다.

어떤 신제품이든 처음부터 하자 없이 완벽할 수는 없다. 일반적으로
타사의 제품을 모방하다가 점차 자사만의 개성을 갖춘 후속 제품을 개

병법에서 경영의 지혜를 배우다

발하면서 품질은 향상된다.

기업에서 기술이나 제품을 연구 개발하려면 인력, 자금 등 많은 물적 자원이 소요된다. 그러나 시장에 갓 출시된 신기술이나 신제품을 모방하거나 부분적으로 개선하여 더 높은 수준의 비슷한 제품을 시장에 내놓으면 경쟁 상대를 누르고 점유율을 높일 수 있다. 이런 방식의 최대 장점은 남의 힘을 빌려 적은 자본으로 상대보다 고품질의 제품을 만들어 압도할 수 있다는 것이다.

전적으로 자신의 역량에 의지하지 않고 상대의 이점을 이용해 승기를 잡는 것은 효율성이 매우 높은 투자법이다. 상대의 힘을 역이용하여 이익을 극대화하는 것은 '남의 칼을 빌려 싸우는' 손쉬운 방법이다.

빌릴 수 있는 것은 자금, 인재, 기술, 상권 등 상당히 많다. 경영자가 이런 방법을 잘 활용하면 효율성을 극대화할 수 있다.

손자의 병법이 사업가에게 가르치는 교훈은 고객을 만족시켜 이익을 얻어야 한다는 것이다. 그렇다고 고객을 '일회성 소비자'로 이용하는 얄팍한 상술로는 장기적인 이익을 얻을 수 없다.

많은 유명 기업들이 성장 과정에서 몇 번의 중요한 기회를 이용하여 단시간 내에 큰 발전을 이루었다. 기회를 이용하기 위해서는 무엇보다도 기획 능력이 중요하다.

베네수엘라에서 정유업과 항운업계의 거물인 라파엘 투델라는 원래 빈털터리였지만, 20년 동안 분투한 결과 10억 달러의 자산을 소유한 대부호가 되었다. 그의 성공 비결은 출중한 기획 능력이었다. 1960년대 중반에 투델라는 우연히 아르헨티나가 세계 시장에서 2,000만 달러의 부탄가스를 구매할 계획을 세웠다는 정보를 얻었다.

당시 투델라는 소기업을 운영하는 사업가여서 2,000만 달러 규모의 거래를 할 수 있는 자금이 없었다. 자신의 능력으로는 이 사업에 뛰어들 수 없다고 판단한 그는 타인의 힘을 빌리기로 마음먹었다.

많은 조사와 연구를 한 투델라는 아르헨티나의 소고기 생산이 과잉 상태여서 판로 찾기에 고심하고 있다는 사실을 알게 되었다. 그는 아르헨티나의 소고기 수출에 도움을 주면 부탄가스 사업권을 따낼 수 있다는 확신을 갖고 기회를 엿봤다.

투델라는 소고기 시장에 대한 자료 수집과 마케팅에 착수하면서 동시에 아르헨티나 정부와 교섭을 시작했다. 조건은 아르헨티나가 자신에게서 2,000만 달러의 부탄가스를 구매하면 2,000만 달러의 소고기를 주문하겠다는 것이었다. 투델라가 제시한 조건은 다른 경쟁자들보다 유리했다. 아르헨티나는 소고기 공급 과잉이라는 문제를 해결하기 위해 투델라에게 부탄가스 판매권을 주었다.

한편 투델라는 스페인의 한 대형 조선회사가 제조 능력은 뛰어나지만 주문이 적어 공장 조업을 중단했다는 정보를 입수했다. 그는 이 정보가 좋은 기회가 되리라 생각하여 스페인으로 건너가 관련 부처와 협상을 시작했다. "스페인 정부가 나에게서 2,000만 달러 상당의 소고기를 구입하면 나는 조선소에 2,000만 달러짜리 유조선을 주문하겠소." 조선소의 문제로 골머리를 앓고 있던 스페인 정부는 투델라의 제의가 더할 나위 없이 반가웠다. 더욱이 스페인은 평소에 국내 수요를 충족하기 위해 소고기를 수입하는 국가였다. 스페인 정부는 망설임 없이 아르헨티나 주재 스페인 대사를 통해 아르헨티나 정부 측에 투델라에게서 사들인 소고기를 스페인으로 운송해 줄 것을 요청했다.

투델라는 스페인 정부와 소고기 판매 협상을 하는 동안 이미 유조선을 구매할 바이어들을 물색하여 미국의 석유회사 선SUN 사와 계약을 맺었다. 계약 조건은 선 사가 투델라에게서 2,000만 달러의 유조선을 임대하고, 투델라가 선 사로부터 2,000만 달러의 부탄가스를 구매하는 것이었다. 유조선을 임대 사용해야 하는 선 사는 부탄가스도 팔 수 있는 유리한 조건에 만족하여 흔쾌히 투델라의 오퍼를 받아들였다.

고리처럼 연결된 거래를 성사시키면서 투델라의 사업 규모는 6,000만 달러가 되었다. 거액의 교역을 하면서 투델라는 한 푼도 투자하지 않았지만 수백만 달러의 이윤을 얻었다. 이런 유형의 성공은 거의 기적이나 다름없는 희귀한 사례라 할 수 있다.

이후 라파엘 투델라는 특유의 경영 기법으로 성공을 거듭해 짧은 시간 내에 거부의 대열에 올라섰다.

기발한 상술은
성공을 이끄는 비결이다

모든 전쟁은 정공법으로 대결하고 기술적인 변칙으로 승리한다. 그러므로 변칙을 잘 운용하는 것은 천지 만물의 변화처럼 무궁무진하고, 흐르는 강물처럼 마르는 일이 없다.

(凡戰者, 以正合, 以奇勝. 故善出奇者, 無窮如天地, 不竭如江河.)

– 《손자병법》 '병세兵勢' 편에서

정공법이 아닌 변칙적인 방법으로 적과 싸우는 것은 동서고금을 막론한 승리의 비결이다. 오늘날의 경영자들도 치열한 시장에서 성공하려면 기발한 경영법을 찾아내야 한다. 기발하다는 의미는 상식, 규율, 법도 등을 뛰어넘어 비범하고 독특하다는 것이다. 다시 말해, 보통사람들이 생각지 못한 것을 생각해 내고, 남들이 도달하지 못한 곳에 먼저 발자국을 남기는 것이다. 성공한 경영자들은 소비자의 욕구를 잘 이해하고, 임기응변에 강하며, 기발한 아이디어를 행동으로 옮기는 특징을 갖고 있다.

인도 메갈라야 주의 한 마을인 체라푼지에서 인지도가 낮던 일본의 시티즌 시계는 일약 유명 메이커로 발돋움했다. 시티즌 시계는 창업 이래 품질이 계속 향상되면서 이름이 알려졌지만, 시계 제조업체들 가운데 역사가 짧다는 것이 단점이었다. 다시 말해, 스위스에 비해 일본의 시계 산업은 후발주자이기 때문에 해외 시장에서 불리했다. 일본의 시계 메이커들은 스위스와 대항하기 위해 많은 아이디어를 짜냈다. 그 중에서 다나카 사부로(田中三郎)는 일본 시계를 단시간에 유명 메이커로 만드는 데 크게 공헌했다.

다나카 사부로가 인도에서 시티즌 시계 영업을 할 때의 일이다. 인더스 강 부근의 한 마을에서 바람이 분 뒤 하늘에서 금화가 비처럼 떨어지는 기괴한 일이 벌어졌다. 언론에서는 금화를 주운 마을 사람들이 환호하는 모습을 대대적으로 보도했다. 이 사건에서 영감을 얻은 다나카 사부로는 뭄바이에서 체라푼지로 향하는 비행기를 탔다. 그의 가방에는 시티즌 손목시계 300개가 들어 있었다.

비행기가 체라푼지에 진입하여 착륙 준비를 할 때 다나카는 창을 열고 준비한 시계를 땅으로 던졌다.

다음 날 '체라푼지에 시티즌 시계가 비처럼 내렸다'는 기사가 실리면서 이 소식이 인도 전역으로 퍼졌다. 또한 하늘에서 떨어진 시계가 전혀 손상되지 않고 그대로 보존되었다는 사실은 인도 국민에게 강한 인상을 심어 주었다. 이 일로 인지도가 없던 시티즌 시계가 하루아침에 인도에서 유명한 브랜드가 되면서 짧은 시간 내에 인도 시장을 점령했다.

미국 코네티컷 주에 있는 쉐보레 올즈모빌 공장이 오랜 침체로 도산 위기에 처했다. 사장은 생산과 경영에 대한 점검을 한 결과 실패의 원인이 영업과 판매 방식에 있음을 발견했다. 그는 경쟁 업체와 다른 제품들의 영업 기술을 비교 분석한 뒤 대담한 영업 전략을 세웠다. 그것은 바로 한 대를 사면 덤으로 한 대를 더 주는 '원플러스원one plus one' 판매였다.

사장이 원플러스원 판매를 기획한 가장 큰 이유는 재고 압력 때문이었다. 재고가 쌓이면서 자금 회전이 여의치 않고, 창고 유지에 들어가는 부담이 심각했던 것이다. 그는 전국의 주요 신문에 원플러스원 행사 광고를 냈다.

'원플러스원'은 별로 새로울 것이 없는, 오래전부터 '덤'의 개념으로 소비자를 유혹하는 판매 방식이었다. 하지만 원플러스원은 일반적으로 비싼 상품에 공짜로 작은 상품을 증정하는 것이었다. 예를 들어 TV를 사면 장난감, 면도기에 로션, 비디오 플레이어에 비디오테이프 등을 끼워 주는 것이다. 고객에게 감사의 표시로 주는 판매 전략이었기 때문에 받는 사람들도 대수롭지 않게 여겼다.

그러나 쉐보레 올즈모빌이 자동차 한 대를 사면 다른 모델의 자동차 한 대를 공짜로 준다는 광고에 사람들은 깜짝 놀랐고, 입소문이 순식간에 퍼져 나갔다. 광고를 본 사람들의 전화와 방문으로 인해 파리를 날리던 매장은 인산인해를 이루었다. 회사에서는 광고에서 내건 약속대로 2만 1,000달러짜리 토로나도 스포츠카를 사면 다른 차종 한 대를 공짜로 주었고, 덤으로 주는 차를 원하지 않는 고객에게는 4,000달러를 돌려주었다.

쉐보레 올즈모빌은 원플러스원 판매로 한 대당 수익이 5,000달러가 줄었지만 재고를 모두 팔 수 있었다. 만약 재고를 1년 내에 팔지 못하면 이자와 창고비용, 보수비용이 한 대당 5,000달러 가깝게 들어간다. 회사는 원플러스원을 해서 사실상 이익을 얻지는 못했다.

그러나 이 행사를 계기로 쉐보레 올즈모빌의 판매는 날개를 단 듯 상승곡선을 그렸다. 토로나도의 인지도가 높아져 판매고가 늘어남과 동시에 증정품이었던 다른 브랜드 차들도 이름이 알려지는 효과를 본 것이다. 이렇게 쉐보레 올즈모빌은 기사회생을 하면서 점차 성장 가도를 달렸다.

쉐보레 올즈모빌의 영업과 판매는 물의 흐름에 따라 배의 방향을 달리하는 '변통變通'의 이치를 따른 것이다. 세상의 모든 사물은 변화하고, 시장 역시 예외는 아니다. 융통성과 기발한 아이디어를 효과적으로 활용할 때 경쟁에서 이길 수 있다.

장사를 잘하는 방법은 셀 수 없이 많다. 그중에서도 소비 심리를 파악하여 기존의 방식을 탈피해 새로움, 감동, 기발함 등으로 승부하면 예상을 뛰어넘는 수익을 기록할 수 있다.

일리치라는 사람이 런던 금융가 부근의 자신의 식당에서 한 달 동안 손님이 밥값을 알아서 내도록 하는 마케팅을 시행했다. 그런데 이것이 화제가 되어 언론과 손님의 관심을 끌면서 식당 고객이 폭발적으로 늘어났다. 이 식당은 이 행사를 하기 전에는 매주 평균 1,100 테이블 정도의 손님이 찾았는데 행사를 한 한 달 동안에는 주당 2,000테이블에 손님이 찼다. 런던 시민뿐 아니라 외국 관광객들까지 대거 몰려들었기 때문이다. 심지어 빈자리가 없어 손님을 되돌려 보내는 일까지 벌어졌다. 그는 "불황 타개를 위해 식당을 알릴 수 있는 전략을 고민하다 이런 이벤트를 기획하게 됐다"고 이벤트의 목적을 설명했다.

더 놀라운 점은 예상과는 달리 손님들은 원래의 음식값보다 더 많은 돈을 지불해 수익면에서도 이 식당은 큰 이득을 보았다. 일리치씨에 따르면, 행사기간 중 식당을 찾은 손님들은 1인당 평균 18파운드(약 4만 원)의 돈을 내 원래 음식 가격보다 더 많이 낸 것으로 집계됐다.

일본 오사카의 한 스테이크 전문 식당은 장사가 안 돼 종업원 수를 줄이다 보니 설거지할 사람도 모자란 상황에 직면했다.

하루는 고민을 하는 식당 주인에게 종업원 한 명이 일회용 젓가락을 사용하는 게 어떠냐는 건의를 했다. 포크와 나이프 대신 젓가락으로 스테이크를 먹으면 설거지가 대폭 줄고, 일본인의 식습관에도 맞다는 것이 종업원의 생각이었다. 주인은 일리가 있다고 생각해서 젓가락을 내놓기로 결정했다.

다음 날 식당 문 앞에 '젓가락으로 먹는 스테이크'라는 포스터를 붙였다. 호기심이 발동한 손님들이 몰려든 덕에 식당은 오랜만에 문전성시를 이뤘고, 그 후로도 호황을 누렸다.

앞에서 말한 두 식당이 성공을 거둘 수 있었던 비결은 동일하다. 고객이 지갑을 열게끔 호기심, 재미, 즐거움 등을 선사한 것이다.

사물의 양단을 헤아리는
유연한 사고를 해야 한다

지혜로운 자는 반드시 이익과 손해의 양면을 동시에 생각한다. 이익
을 미리 계산해 두어야 자기가 하는 일에 확신을 가질 수 있고, 손실
을 계산해 놓아야 근심되는 일을 배제할 수 있다.

(智者之慮, 必雜於利害. 雜於利, 而務可信也; 雜於害, 而患可解也.)

－《손자병법》 '구변九變' 편에서

지혜가 있는 장수는 어떤 결정을 해야 할 때 이익과 손해를 함께 고
려한다. 불리한 상황에서는 유리한 조건을 볼 수 있어야 큰일을 순조
롭게 수행할 수 있다. 반면, 순조로운 상황에서도 불리한 요소를 간파
하면 우환을 미리 없앨 수 있다.

'지혜로운 자는 반드시 이익과 손해를 동시에 생각한다(智者之慮)'는
말은 손자가 병법에서 이익과 손해의 관계를 변증법적으로 정리한 명
언이다. 총 13편으로 구성된 《손자병법》 전체에는 손자의 변증 사상이

담겨 있다. 일례로, 손자는 '작전편'에서 "전쟁의 폐해를 완전히 이해하지 못한 자는 전쟁으로 얻는 이익 역시 잘 알고 있지 못한 것이다(不盡知用兵之害者, 則不能盡知用兵之利也)"라고 했다. 이익보다 폐해를 먼저 생각한 것은 손자의 신중함을 엿볼 수 있는 일면이다. 그는 이익과 손해를 대립적인 통일체로 보는 폭넓은 사고를 했다.

경영자는 수시로 이익과 손해를 따져 보게 되는데, '이익과 손해를 함께 고려하라'는 손자의 사상은 이익을 볼 때 손해 볼 것을 헤아리고, 손해를 볼 때 이익을 생각하라는 가르침으로 해석할 수 있다.

난징(南京) 소재 한 회사가 기업들의 불법 행위를 조사하는 업무를 하다가 우연히 '외도'를 조사하는 업무를 하게 되었고, 얼마 후에는 '불륜 포착' 회사로 변신했다. 평범한 사람이 배우자의 간통 현장을 덮치는 것은 무척 힘들고 고통스러운 일이다. 그런데 '수고비'만 지불하면 대신 일을 처리해 주므로 이 회사는 그런 사람들의 심리에 힘입어 업무를 개시한 지 두 달 만에 100건 이상의 의뢰를 받았다. 외도는 프라이버시에 속하므로 회사에서 뒷조사를 하는 것은 위법 행위에 속한다. 중국의 현행 형법에 의하면, 증거 수집 권한은 공안, 사법경찰관, 변호사에게만 허용된다. 즉, 이들이 수집한 증거만 법적 효력을 발휘할 뿐 기관, 기업, 개인 등은 증거를 수집하거나 조사할 권리가 없다. 그러나 '불륜 포착' 회사는 돈벌이만 되면 다른 피해를 전혀 고려하지 않는다. 일찍이 명나라 때의 소설가 능몽초(凌蒙初)도 인간사의 세태에 다해 다음과 같이 말했다. "세상 사람들이 욕심을 부리는 곳에 금강(金剛, 다이아몬드)을 뿌린다면 10만 개도 모자란다. 명백히 죄를 다스리는 관청이 있건만 사람들은 이를 돌아보지도 않고 탐욕을 부린다.”

광시(廣西) 성 베이하이(北海)시 지방 법원에서 유죄 판결을 받은 웨이(韋)라는 여성은 억울한 마음에 하염없이 눈물을 흘렸다. 33세의 그녀는 몇 년 전 이혼한 중년 남자 오우(歐)씨와 사귀기 시작했다. 어느 날 베이하이를 떠나 고향으로 돌아간 오우는 오랫동안 돌아오지 않았다. 웨이는 몇 년 동안 관계를 유지하며 청춘을 바친 남자로부터 버림받자 보상받을 방법을 찾았다. 그녀는 베이하이에서 학교를 다니는 오우의 아들을 찾아가 집 열쇠를 받아 이사한 뒤 오우에게 전화로 이 사실을 알렸다. 입주한 지 얼마 안 되어 웨이는 집 계약서, 도장, 신분증 등을 발견하자 집을 팔아 버려야겠다고 마음먹었다. 그녀는 부동산 회사 직원에게 구두로 매매를 부탁한 뒤 위조된 부동산 판매위탁서와 인장을 건네주었다. 얼마 후 집이 팔리자 그녀는 돈을 그대로 은행에 입금했다.

그해 고향에서 설을 보내고 베이하이에 돌아온 오우는 자기 집을 웨이가 팔았다는 사실을 알고 깜짝 놀라 부동산 회사에 계약이 무효임을 알렸다. 한편, 집을 매입한 사람은 등기 이전이 안 돼 사정을 알아보니 사기를 당한 것을 알고 공안에 신고했다. 웨이는 공안에 체포되어 조사를 받은 뒤 법정에서 사기죄로 4년 6개월의 징역형과 5,000위안의 벌금형을 받았다.

그녀가 무거운 죄를 자초한 원인은 이득과 손해를 함께 고려하는 균형적 사고를 결여했기 때문이다. 어리석은 사람들은 사고력이 떨어져 사물의 양면성을 이해하지 못한다. 심지어 어떤 사람들은 본말을 전도하여 생각해 중요한 것을 그냥 지나치고, 사소한 일에 에너지를 낭비하는 우를 범한다.

사실 우리 사회에는 이익에 혈안이 되어 도덕성이나 해악을 망각한 사업가들이 너무나 많다. '현명한 사람은 이익과 손해를 함께 고려한다'는 병법의 지혜는 오늘날의 경영인들에게 첫 번째 행동 지침이 되어야 한다. 행동을 취하기 전에 이해득실을 따져 보고 신중히 움직이는 것은 시행착오를 줄일 수 있는 가장 좋은 방법이다.

성공할 조건을 갖추면 성공은 당연한 결과다

전쟁을 시작하기 전에 가장 중요한 일은 묘산廟算, 즉 조정에서 세우는 계책과 계산을 통해 얻어진 승산이 얼마나 되는가 하는 것이다. 승리가 예상되는 이유는 승리할 조건을 갖추었기 때문이다. 승산이 많으면 승리할 것이고, 승산이 적으면 패배할 것이다. 하물며 승산이 없다면 어떻게 되겠는가. 나는 이것으로써 승부를 미리 예견할 수 있다.

(夫未戰而廟算勝者, 得算多也. 未戰而廟算不勝者, 得算少也. 多算勝, 少算不勝, 而況於無算乎! 吾以此觀之, 勝負見矣.)

– 《손자병법》 '시계始計' 편에서

내리막길을 걷는 위기의 기업이라도 실행 가능성이 큰 발전 전략을 세운다면 국면을 전환하여 성장세로 돌아설 수 있다.

장쑤 성 우시(無錫)의 농민 출신 사업가 쉬푸민(許福民)은 《손자병법》에 나오는 '모략謀略'에 대해 조예가 깊다. 그는 회사 경영에서 승산을 계산하여 투자를 결정하는 원칙을 고수하여 승승장구했다. 민물 붕어 양식을 시작하면서 그는 생물의 순환 원리를 이용하기 위해 젖소와 오리를 함께 길렀다. 소와 오리의 분뇨를 양식장에 넣어 주면 부유생물은 붕어의 좋은 먹이가 된다. 입체적인 양식 방식을 택한 그는 양식장의 윗부분에는 청어를, 중하층에는 붕어를 키워 생산량을 2배 이상 늘렸다. 유엔식량농업기구FAO의 전문가들이 실사를 한 결과 쉬푸민의 양식장 경영은 아시아 지역에서 가장 이상적인 모델로 선정되었다.

쉬푸민은 오리 사육에서도 대부분의 농민들과 다른 방식을 취했다. 오리 한 마리의 값은 10위안 이하이고, 산란 오리는 30위안에 팔린다. 거기에 오리알을 가공하여 피단(皮蛋, 석회가 함유된 진흙과 왕겨에 넣어 노른자는 까맣게, 흰자는 갈색의 젤리 상태로 만든 요리)으로 만들면 수십 위안에 팔 수 있으므로 오리 한 마리로 몇 배의 수익을 낼 수 있다. 쉬푸민은 오리를 그냥 파는 것보다 베이징 오리구이를 팔면 큰돈을 벌 수 있다고 생각하여 동업자들과 오리구이 식당을 열기로 했다. 그런데 베이징 오리구이는 기름기가 많은데 비해 민물 붕어 양식장에서 키운 영국 품종 '에일스버리'는 기름기가 현저히 적어 순살 오리구이를 좋아하는 사람들 입맛에 딱 맞았다.

우시의 중심가에 오리구이 식당을 연 쉬푸민은 큰 성공을 거둬 10개월 만에 매출액이 400만 위안에 달했다. 오리구이는 한 마리에 평균 25위안으로, 산 오리에 비해 몇 배가 비싸다. 오리의 기름진 간도 수출하여 외화를 벌어들였다. 7년 후 쉬푸민의 회사는 고정자산이 1,800만 위안, 체인점이 31개에 달하는 큰 기업으로 성장했다.

　1985년에 호주의 화교 회장 황야오쉰(黃耀旬)이 양식장을 방문하여 좋은 인상을 받아 쉬푸민을 호주로 초청했다. 황야오쉰이 우시의 해산물 요리가 대단한 미식이라고 칭찬을 하자 고무된 쉬푸민은 현지에 타이후(太湖)라는 레스토랑을 차렸다. 생각이 잘 맞는 황야오쉰과 동업을 한 쉬푸민은 '야오시(耀錫)'라는 회사를 설립하고, 타이후 레스토랑을 기업화했다. 1987년 6월, 쉬푸민이 다시 호주에 갔을 때 한 인도인이 농목장을 급히 팔기 위해 저가로 시장에 내놓았다는 정보를 얻었다. 조사를 마친 그는 4,000헥타르(ha, 약 1200만 평)에 6채의 별장이 포함된 농목장을 사들였다. 빅토리아 강을 끼고 있는 이 농목장은 3,300여 헥타르의 목장, 67헥타르의 초지, 133헥타르의 과수원 등으로 이루어져 농업과 축산업을 조화롭게 경영할 수 있다.

　'기저귀 왕'으로 알려진 타가와 히로시(多川博)는 일본 니시치 기저귀 회사의 회장이다. 니시치사는 원래 기저귀 제조 회사는 아니었다. 경영 상태가 좋지 않아 전전긍긍하던 타가와 히로시는 어느 날 신문에서 앞으로 일본에서 매년 태어나는 신생아의 수가 약 250만 명에 이를 것이라는 기사를 보고는 놀라움을 금치 못했다. 그리고 250만 명이나 되는 신생아로 인해 생기는 막대한 수요를 떠올리며 이 기회를 놓치면 안 된다고 생각했다.

　그는 신생아와 관련된 것이 무엇이 있을까 궁리하면서 분유, 옷, 우유병, 인공 젖꼭지, 유모차 등을 떠올렸다. 하지만 이런 신생아 제품들은 이미 많은 업체에서 생산하고 있으므로 시장에 뛰어들어 봤자 추월하기가 절대 쉽지 않다고 생각했다. 아무도 생산하지 않는 아이템을 찾아야 한다고 중얼거리던 그의 머릿속에 홀연 '기저귀'가 떠올랐다. "맞아, 신생아와 기저귀는 떼려야 뗄 수 없는 관계지!"라고 무릎을 치고는 수요를 계산해 보았다. 자신이 생산한 기저귀를 한 명의 신생아가 1년에 최소한 2장만 사용한다고 해도 500만 장, 4장이면 총 1,000만 장을 팔 수 있는 것이다. 만약 해외시장으로 확대한다면 천문학적인 판매를 올릴 수 있었다.

타가와 히로시는 즉각 행동으로 옮겨 기저귀의 연구와 개발에 들어가 니시치를 기저귀 전문회사로 전환했다. 니시치의 기저귀는 출시되자마자 큰 인기를 얻었다. 그는 눈앞의 이익에 안주하지 않고 계속해서 신제품을 개발하여 경쟁사가 따라올 수 없도록 멀찍이 앞서갔다.

타가와 히로시는 기저귀 아이템 개발로 부진한 경영에서 탈출하여 세계적인 기저귀 회사로 키워 명성과 부를 얻었다.

치밀한 기획과 철저한 준비가
사업의 성패를 좌우한다

승산이 많으면 승리할 것이고, 승산이 적으면 패배할 것이다.

(多算勝, 少算不勝)

- 《손자병법》 '시계始計' 편에서

한 고조 원년(기원전 206년)에 진나라는 각지에서 일어난 반란 세력으로 인해 멸망했다. 항우는 병력이 40만에 달하는 막강한 실력을 갖추자 초패왕으로 등극했다. 유방과 먼저 중원에 진출하는 사람이 왕이 되기로 약속했던 사실을 망각한 듯 항우는 유방을 한왕漢王에 봉하여 파, 촉, 한중을 다스리라고 명했다. 그리고 관중 지역을 셋으로 분할하여 진나라에서 투항한 세 명의 장군에게 나누어 주었다. 이렇게 한 이유는 유방이 동쪽으로 진출하지 못하게 봉쇄하기 위해서였다. 그리고

18개 제후국을 분봉함으로써 항우의 초나라를 포함한 19개의 작은 나라로 분열시켰다.

항우와 유방, 그리고 그들이 지휘한 군대는 진나라를 멸망시키는 과정에서 결정적인 역할을 했다. 이 두 사람은 세상 사람들이 자신의 호령에 움직이기를 바라는 큰 포부를 갖고 있었다. 항우는 패자가 되자 더욱 야망에 불타올랐다. 한왕에 봉해진 유방은 불만이 컸지만, 항우에게 대항하기는 역부족이었으므로 당분간 머리를 조아릴 수밖에 없다고 생각했다.

그러나 유방은 소극적으로 운명을 받아들일 사람은 아니었다. 그는 한중으로 들어가는 도중에 소하蕭何가 적극적으로 추천한 출중한 인재 한신을 대장군에 임명했다. 예를 갖춰 한신을 맞이한 유방이 천하를 얻을 계책을 물었다. "승상이 여러 차례 나에게 장군을 거론했습니다. 장군의 높은 계책을 나에게 가르쳐 줄 수 있겠소이까?"

한신은 겸손하게 그런 것은 없다며 유방에게 반문했다. "대왕께서는 동쪽으로 가서 천하를 다투려 하시는 것 같습니다. 상대는 항우가 아닙니까?"

유방이 그렇다고 대답하자 한신이 다시 물었다. "대왕께서는 용감함, 강인함, 인자함, 실력 등 여러 방면에서 항우와 견줄 만하다고 생각하십니까?"

유방은 한참을 묵묵히 생각한 뒤 "어느 하나도 그보다 뛰어난 것이 없소이다"라고 대답했다. 한신은 기다렸다는 듯이 가슴속에 품고 있던 말을 풀어 놓았다.

병법에서 경영의 지혜를 배우다

"저 한신도 왕께서 항우를 능가하지 못한다고 생각합니다. 저는 과거에 항우의 밑에서 일한 경험이 있어 그의 사람됨과 사정을 좀 알고 있습니다. 항우가 화를 내서 소리를 지르면 사람들이 모두 어쩔 줄 모르고 엎드리니 용맹함이 대단하다고 할 수 있습니다. 하지만 그는 현능한 부하 장수들을 거느릴 줄 아는 능력이 없으니 필부의 용맹함에 불과합니다.

항우는 자애로운 성격에 세심합니다. 누군가가 병에 걸렸다는 이야기를 들으면 통곡을 하고, 찾아가서 직접 약과 죽을 먹여 줄 정도입니다. 하지만 큰 공을 세운 사람에게 작위를 내려야 하는데 관인이 항우의 손에서 많이 닳은 것은 작위를 내리지 않고 그것을 넘기지 않기 때문입니다. 그가 어질다고 해도 부녀자의 알량한 속내와 다를 바가 없습니다.

지금 항왕(항우를 지칭)이 천하를 제패하고 제후들을 굴복시켰다고는 하지만 아직 관중에 도성을 정하지 않고 팽성彭城에 머물고 있습니다. 항왕은 초나라 의제義帝와의 맹세를 저버리고 자기의 심복을 왕에 봉하여 제후들의 불만을 샀습니다. 각지의 제후들은 항우가 의제를 강남으로 내친 것을 보고 그대로 따라서 원래의 군주를 몰아내고 스스로 왕의 자리에 오르고 있습니다. 항우가 싸우고 간 곳은 완전히 파괴되어 폐허가 되니 백성의 원성과 눈물이 그치지를 않습니다. 백성은 항왕을 두려워할 뿐 결코 마음속 깊이 따르지는 않습니다. 항우는 명분상 천하를 얻은 것 같지만, 실제로는 천하의 인심을 잃었습니다. 그러므로 항왕의 세력이 지금은 강성하나 쉽게 무너질 수 있습니다. 이제 대왕께서는 다음과 같은 조치를 취하시기를 바랍니다.

우선 용감무쌍한 인재들을 불러들이고, 점령한 성읍을 공신들에게 나눠 주십시오. 관중의 땅을 분봉 받은 세 명의 왕은 본래 진나라의 항복한 장수들로 여러 해 동안 지역을 다스리면서 수많은 인명을 살상했습니다. 항왕은 신안에서 진나라 사람들을 믿지 못해 투항한 20여만 명을 생매장해서 잔인하게 죽였습니다. 항왕이 분봉한 장한章邯, 사마흔司馬欣, 동예董翳 세 사람에 대한 진나라 유민들의 분노는 뼈에 사무칩니다. 관중에 사는 진나라 사람들 가운데 세 왕에게 충성심을 가진 자는 하나도 없습니다.

대왕께서는 무관武關에 들어오신 후 진나라의 살벌한 법들을 폐지하고 새로운 법을 세우셨습니다. 관중의 진나라 사람들 가운데 대왕을 환영하지 않는 자는 한 명도 없었습니다. 대왕께서는 무관으로 들어가시기 전에 의제, 제후들과 먼저 진출하는 사람이 관중의 왕이 된다는 약조를 하셨습니다. 대왕께서 처음으로 입관하셨으니 마땅히 관중의 왕이 되셨어야 합니다. 이 점은 관중의 백성이라면 모두 알고 있는 사실입니다. 그런데 대왕께서 관중의 왕이 되지 못하시고 단지 한중의 왕에 머물게 되셨습니다. 관중의 진나라 백성은 대왕을 고대하다 이만저만 실망한 것이 아닙니다. 오늘날 대왕께서 정의의 깃발을 휘날리며 군사를 이끌고 동쪽으로 내려가셔서 격문만 내걸면 쉽게 승리하실 수 있을 것입니다."

한신의 말에 한껏 고조된 유방은 한신을 얻은 시기가 너무 늦은 듯싶다고 한탄했다. 그리고 한신의 계획을 받아들여 군진을 짠 뒤 동쪽으로 진격해 항우의 군대를 물리치도록 했다. 이렇게 5년간의 초나라와 한나라의 전쟁이 시작되었고, 최후의 승리를 거둬 천하를 얻은 유방은 한나라 조정을 세웠다.

한신은 유방과의 만남에서 유방과 항우의 우열과 장단점을 분석하고, 당시 형세를 읽어 내어 동진을 단행해야 하는 타당성을 역설했다. 그의 상황 판단과 전략 수립은 대사를 앞두고 승산을 탁월하게 읽어 낸, 역사적 의미가 큰 결정이었다.

전쟁은 국민의 생사와 국가의 운명이 걸린 중대사이므로 신중에 신중을 기해 결정해야 한다.

모든 투자에는 큰 리스크가 따른다. 전쟁에서 이기면 왕, 패하면 적이 되듯이 투자의 성패는 기업의 흥망에 직접적인 영향을 미친다. 따라서 경영자는 투자를 결정해야 할 때는 반드시 생각을 거듭하고 치밀하게 기획을 하여 경솔하게 행동이 앞서지 않게 해야 한다.

손자는 전략을 철저히 세우면 승리할 수 있고, 전략이 부족하면 실패한다고 강조했다. 싸움 전의 전략과 기획이 얼마나 중요한지를 강조한 손자의 병법은 기업의 발전 전략 수립에 시사하는 바가 크다.

기업의 발전 전략은 미래의 성장을 위한 계획으로, ‘승산이 높은 자가 승리한다’는 원칙은 변함이 없는 진리다. 따라서 자사의 경영환경―자원의 공급자, 소비자, 경쟁사 등의 상황―과 발생 가능한 변화를 분석하고 생산, 기술 개발, 내부 관리 등을 동종업계의 기업들과 비교하면 앞으로의 발전 가능성을 찾을 수 있다.

미국 캘리포니아 주에 소재한 기업의 경호 경비를 위주로 하는 회사가 있다. 이 회사의 사장 톰 월슨은 업무가 늘어나자 어떻게 사업을 확장할 것인지 새로운 경영 방식을 열심히 모색했다. 경호 업무와 관련된 업무를 늘릴 것인지, 직원들이 문제를 일으켰을 때 어떻게 대처할 것인지, 위태로운 상황에서의 대처 방법, 유동자산의 유지 등등 산적한 현안을 처리하기 위해서는 개혁이 불가피했다.

유능한 부하들을 불러 모은 그는 새로운 업무에 대한 토론을 거쳐 중대한 결정을 내렸다.

몇 달 후 모든 준비가 끝나자 윌슨 사장은 주요 신문과 잡지의 메인 지면을 사서 다음과 같은 광고를 냈다.

'저희 회사를 찾아 주신 많은 기업의 은혜에 보답하기 위해 다음의 서비스, 즉 정찰 서비스 제공, 중앙 경보 시스템, 개인 경호의 강화, 순찰 서비스와 화재 경보 및 소방 업무의 보강 등에 한층 주력할 것입니다. 합리적인 가격으로 고객을 만족시키겠습니다. 고객의 요구에 따라 저희 회사는 계속해서 안전 서비스와 조치를 마련할 것을 약속 드립니다.'

이 광고는 호평을 받았고, 서비스를 요구하는 전화가 쇄도했다.

톰 윌슨은 자신의 업무 확장 계획이 성공하자 매우 기뻤다. 하지만 시간이 흐르면서 의욕에 못 미치는 실행 능력으로 인해 일의 진행이 순조롭지 못했다.

정찰 서비스는 단순한 경호와 달라서 체력은 물론이고 기민함과 판단력을 갖춘 인원을 충원해야 했다. 중앙 경보 시스템을 가동하기 위해서는 대량의 통신 설비에 대한 대규모 투자가 필요했다. 그리고 화재 경보와 소방 업무를 위해서는 관련 기재 공장, 소방 기구 등과 긴밀하게 협력해야 했다. 이런 문제들을 해결하기 위해 투자를 늘릴 수는

병법에서 경영의 지혜를 배우다

있지만, 더 큰 어려움은 새로운 업무를 잘 해내기 위해서는 각기 다른 관리 방법을 적용해야 한다는 것이었다. 탐 월슨은 모든 프로그램을 다시 기획해 실행했다.

개혁을 단행한 지 2년의 기간이 흐르는 동안 회사의 이윤은 거의 제로가 되었다. 탐 월슨은 자신의 결정이 틀렸다는 현실을 인정하고 새롭게 출발했다.

우선 적자가 나는 업무는 모두 중단하고 기존의 업무를 확대하는 데 모든 힘을 기울였다. 예를 들면 서비스 조건의 개선, 서비스 대상과 지역 넓히기, 직원들의 자질 향상 교육 등에 주력했다. 이런 일들은 탐 월슨에게는 매우 익숙했으므로 곧 효과를 발휘했다. 업무량은 줄었지만 이윤이 대폭 증가했고, 고객들의 반응도 좋았다. 회사는 짧은 시간 내에 내실 있는 성장을 이어갔다.

1984년, LA올림픽 조직위원회는 탐 월슨의 성과를 인정하여 올림픽의 보안 임무를 맡겼다. 탐 월슨과 회사 임직원들은 기대에 어긋나지 않게 성공적으로 임무를 완성하여 회사 역사에 한 획을 그었다.

기업은 다각적인 발전에만 매달려서는 안 된다. 현실적이지 못한 목표에 집착하다 보면 잘못된 길로 들어서기 쉽기 때문이다. 다각적 경영 그 자체는 잘못된 것이 아니다. 단일 경영과 다각 경영에는 각기 성공적인 기업과 경영자들이 존재하지만, 어느 쪽을 선택할 것인지는 구체적인 조건을 따져 봐야 한다. 자신의 종합적인 자질, 경영 능력, 자금력 등을 고려했을 때 이 모든 것을 고루 갖추지 못했다면 자본을 집중해서 단일 경영을 하면서 안정적인 발전을 추구해야 한다. 이와 동시에 의사 결정이 잘못되었다는 사실을 발견하면 두려워하지도, 머뭇거리지도 말고 즉시 잘못된 점을 고치고 개선을 모색해야 한다.

오사카에 아파트, 중국 음식점, 술집 등을 몇 개씩 가진 중국 화교 자산가가 있었다. 그가 자산가가 된 데에는 정확한 판단력이 뒷받침했다. 제2차 세계대전이 끝난 지 얼마 안 된 어느 날, 한 친구가 그에게 앞으로 값이 많이 오를 것이라며 땅을 사라고 권했다. 친구는 한 술 더 떠서 망설이지 말고 보유 자산을 모두 땅에 투자하라고 했다.

화교는 이 친구를 완전히 믿었지만 당장 땅을 살 수는 없고, 우선 땅을 보자고 했다.

그는 매일 땅을 보러갔는데, 이상하게도 한 자리에 서서 몇 시간을 보냈다. 사람들은 그가 정말 할 일이 없는 모양이라고 쑤군댔다. 하지만 그는 사람들의 시선을 전혀 의식하지 못한 채 이런저런 문제들을 생각하고 관찰했다.

- 이 땅에 어떤 건물을 어느 정도 규모로 지을 것인가?
- 사람들이 가장 몰리는 시간대는 언제인가?
- 이곳을 지나다니는 사람들은 주로 어느 방향으로 가는가?
- 왕래하는 사람들은 주로 화이트칼라인가, 아니면 블루칼라인가?
- 이 땅에 적절한 투자 규모는 어느 정도인가?
- 투자한 비용은 몇 년이면 회수할 수 있는가? 현재 가진 돈으로 충분한 투자를 할 수 있는가?
- 혼자 투자할 것인가, 아니면 친구들과 함께 투자할 것인가?

한 달 넘게 수많은 문제를 고민한 그는 투자를 할 가치가 있다는 결론을 내렸다. 앞으로 가격이 오를 가능성이 큰 데다 건물을 지어 임대하면 고정적인 수입을 올릴 수 있기 때문이었다. 동업이 아닌 단독으로 땅을 사기로 결심한 그는 은행에 대출을 신청했다.

그의 투자 계획을 들은 한 친구가 "애당초 땅을 사라고 한 친구의 권유를 따랐으니 한 달 넘게 헛고생만 한 것이 아니냐"고 물었다. 또한 땅을 사라고 권유했던 친구도 자신을 믿지 못해 그런 것이 아니냐고 원망을 내비쳤다.

화교 자산가는 미소를 지으며 이유를 설명했다. "땅을 사고 건축을 하는 것은 큰 투자여서 잘못되면 가산을 탕진하고 빚에 깔려 죽을 수도 있으니 신중히 생각해야 해. 그런데 어떻게 다른 사람의 말만 듣고 선뜻 투자를 할 수 있겠어. 아무리 믿을 만한 친구가 권하더라도 그대로 따를 수는 없는 일이지."

장고를 거듭한 그는 결심이 끝나자 과감하게 행동으로 옮겼다. 당시 그의 재정 상태로는 부동산과 저금을 합쳐야 겨우 땅을 매입할 수 있었다. 부동산을 은행에 저당 잡히고, 저금을 모두 인출한 그는 땅을 매입했다. 지금 할 수 있는 일을 할 뿐, 이후의 일은 그때그때 해결하면 된다는 것이 그의 생각이었다.

오늘날 사람들은 그의 막대한 자산을 부러워한다. 하지만 사람들은 그가 현재 보유하고 있는 고층 건물과 소득이 전쟁 후 포화로 황량해진 폐허에 전 재산을 바친 결단력과 실행력으로 이룩한 것이라는 사실을 알지 못한다.

위험이 클수록 이득도 큰 것이 세상사의 이치다. 그러나 큰 이익을 위해 위험을 무릅쓴다는 것은 용기만으로 무모하게 행동하는 것을 의미하지 않는다. 심사숙고하지 않고 위험한 상황에 뛰어드는 것은 만용에 불과하다. "승산이 높으면 승리하고, 승산이 낮으면 이길 수 없다(多算勝, 少算不勝)"는 말은 사업가가 명심해야 할 만고불변의 법칙이다. 앞의 이야기에서 보았듯이, 화교 자산가는 친구의 말을 쉽게 믿지 않고 모든 요인과 가능성을 몇 번이고 분석한 뒤 신중하게 결론을 내렸다. 일단 결정을 하면 빠르고 과감하게 행동에 옮기는 것, 바로 성공한 사람들에게서 보이는 공통점이다.

변화의 추세에 발 빠르게 대처해 성공의 기운을 만들라

계가 이로우면 이를 듣고 세로 만들어 그 계의 외적인 발휘를 도와
야 하는 것이니, 세라는 것은 이로울 수 있도록 형세에 맞게 조종(임
기응변)하는 것이다.

(計利以聽, 乃爲之勢, 以佐其外. 勢者, 因利而制權也.)

– 《손자병법》 '시계始計' 편에서

네덜란드의 GM사는 젖소 사육에 필요한 설비를 제조하는 회사다. 유럽공동체EU의 우유 생산량 제한 법안으로 인해 재고가 쌓인 GM은 도산 위기에 빠졌다. 1980년에 회사는 경영 개선을 위해 브라우어를 사장으로 스카우트했다.

브라우어는 농촌 출신이어서 농민들의 사정을 잘 이해했다. 농대 출신에 MBA 과정을 이수한 그는 낙농업 농가의 고충을 충분히 알고 있었다. 생산량의 제한과 세금 증가로 인해 수지가 맞지 않는 문제를 해결하는 최선책은 비용을 낮추고 엄청난 인건비를 최대한 줄이는 것이었다.

그는 전통적인 젖소 사육과 우유 짜는 방법을 기계화하는 제품을 개발하면 출로가 생긴다고 확신했다. 경영이 좋지 않은 상태에서 투자를 늘리면 이사회에서 해고를 당할 위험이 컸지만, 그는 소신 있게 파산 직전의 한 기계 회사를 사서 제품 개발에 들어갔다. 프로젝트에 대한 자신감이 컸던 그는 힘든 상황에서도 네덜란드의 낙농업에서 중요한 추세를 발견했다. 젖소의 수는 배가되고 있는데 비해 사육에 종사하는 노동자의 수가 급감하는 것이었다. 그래서 낙농 노동자가 직접 사육을 하기보다는 자동화된 사육과 흡유 설비를 늘리는 것이 시급한 상황이었다.

우여곡절과 난관을 뚫고 브라우어의 회사는 신제품 개발에 성공했다. 이 제품은 흡유기를 젖소의 젖꼭지에 부착하여 우유를 짜내는 방식이었다. 일정량을 짜고 나면 자동으로 작동이 멈추고, 우유는 관을 통해 냉각 탱크로 들어간다. 한 사람이 동시에 소 8마리를 관리할 수 있어서 1시간에 약 60마리의 소에서 우유를 짜낼 수 있다. 그리고 관리자는 모니터에 나타나는 데이터로 우유를 짜는 젖소의 건강 상태를 일목요연하게 파악할 수 있는 장점이 있었다.

브라우어가 각고의 노력으로 개발한 제품은 네덜란드 낙농업자들에게 큰 인기를 끌었다. 국내뿐 아니라 독일, 프랑스, 영국, 중동, 북미, 동남아시아 등에서도 이 제품은 날개 돋친 듯이 팔려 나갔다. 큰 성공을 거둔 브라우어는 1987년에 이 기업을 사들여 최대 주주가 되었다.

오늘날 일본 소니SONY사는 세계적인 유명 기업이다. 하지만 소니사가 창업 초기에 얼마나 험난한 길을 걸었는지를 아는 사람은 많지 않다. 소니를 설립한 이부카 마사루(井深大)는 어렸을 때부터 장난감 만들기를 좋아했고, 성년이 된 후에는 자기 사업을 하기로 결심했다. 그가 연구해서 만든 계산자calculating scale, 전기밥솥, 골프용품, 생활용품 등은 모두 실패했다.

연이은 실패를 겪으면서 그는 '신제품은 기업의 사활을 결정하므로 맹목적으로 개발하고 생산하면 실패를 모면할 수 없다'는 교훈을 얻었다.

창업을 위해 수많은 아이템을 구상하던 이부카 마사루는 다른 회사들이 시도하지 않은 제품을 찾아냈다. 그것은 전자기술과 기계기술을 결합한 참신한 일상 생활용품의 제조였다. 사실 와세다 대학에서 전자공학을 전공한 그는 일찍부터 전자공학에서 얻은 기술을 소비제품에 응용하겠다는 꿈을 지니고 있었다.

1949년에 이부카 마사루는 일본방송협회에 근무하는 미국인의 사무실에서 처음으로 카세트테이프리코더를 보고는 속으로 "아, 이게 내가 연구 개발해야 할 제품이야!"라고 소리쳤다. 당시 일본에서는 카세트테이프리코더를 생산하는 기업도 없었고, 제조 방법을 아는 사람도 없었다. 그는 직원들과 함께 연구한 결과 연말에 일본 최초로 G형 카세트테이프리코더 생산에 성공했다. 하지만 이 모델은 너무 크고 무거운데다(4.5킬로그램) 가격도 비싸서(17만 엔) 팔리지 않았다. 사람들은 이 제품의 가치를 이해하지 못했다.

그러나 이부카 마사루는 조금도 기가 죽지 않았고, 오히려 카세트테이프리코더가 앞으로 폭발적인 인기를 얻을 것이라 믿어 의심치 않았다. 기술자들과 매일 전쟁을 치르듯 연구에 매진한 그는 단순하고 튼튼한 구조에 작고 가격도 싼(1대에 6만 엔) H형 카세트테이프리코더를 개발했다. 이 제품은 일본의 초등학교, 중고등학교, 정부기관, 가정 등으로 폭넓게 팔려 나가 소니사의 효자 상품이 되었다.

1950년대 들어 이부카 마사루는 막 첫걸음을 뗀 반도체트랜지스터 제조 기술이 앞으로 무한히 발전할 것이라 내다봤다. 그는 미국에서 반도체 기술 특허권을 막대한 금액에 사들여 1955년에 세계 최초로 트랜지스터라디오를 세상에 내놓았다. 이해에 팔린 트랜지스터라디오는 총 250만 달러에 달했다. 2년 후, 이부카 마사루는 콤팩트형 TR-63 트랜지스터라디오를 만들어 미국 시장에 성공적으로 진출했다.

이부카 마사루는 끊임없이 도전했고, 그것이 성공을 쌓아 나가 'SONY' 상표가 세계화하는 데 크게 기여했다.

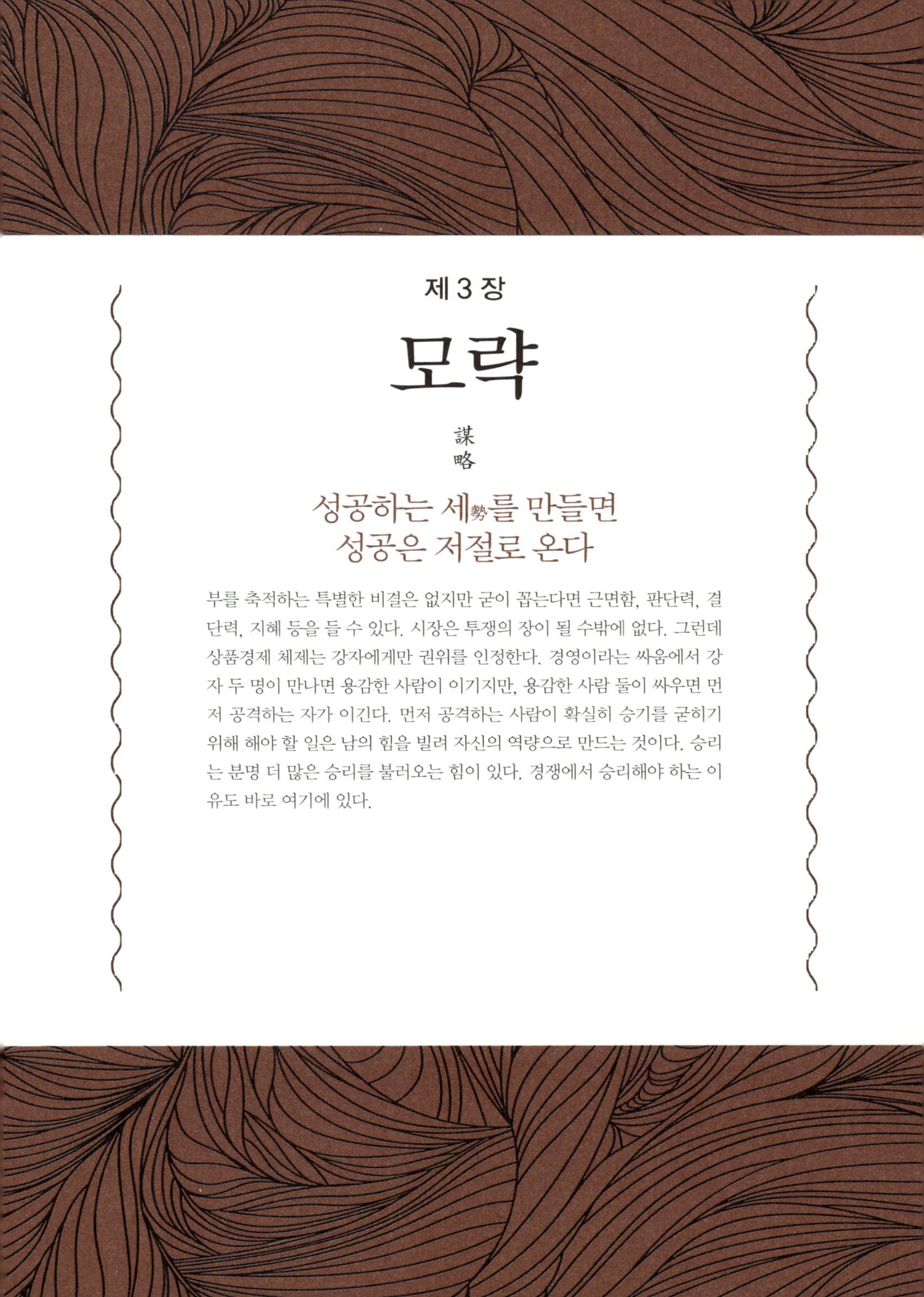

제 3 장

모략

謀
略

성공하는 세勢를 만들면
성공은 저절로 온다

부를 축적하는 특별한 비결은 없지만 굳이 꼽는다면 근면함, 판단력, 결단력, 지혜 등을 들 수 있다. 시장은 투쟁의 장이 될 수밖에 없다. 그런데 상품경제 체제는 강자에게만 권위를 인정한다. 경영이라는 싸움에서 강자 두 명이 만나면 용감한 사람이 이기지만, 용감한 사람 둘이 싸우면 먼저 공격하는 자가 이긴다. 먼저 공격하는 사람이 확실히 승기를 굳히기 위해 해야 할 일은 남의 힘을 빌려 자신의 역량으로 만드는 것이다. 승리는 분명 더 많은 승리를 불러오는 힘이 있다. 경쟁에서 승리해야 하는 이유도 바로 여기에 있다.

상대의 자원을 빌려 새 것을 창조하는 것이 효율을 극대화하는 길이다

전쟁을 잘하는 자는 장정을 두 번 징집하지 않고, 군량을 세 번 싣지 않는다. 군수물자는 국내에서 조달하지만, 군량과 말을 먹일 꼴은 적국에서 해결하므로 군량은 풍족하다.

(善用兵者, 役不再籍, 糧不三載; 取用於國, 因糧於敵, 故軍食可足也.)

－《손자병법》 '작전作戰' 편에서

전쟁을 잘하는 장군은 장정을 여러 번 징발하지 않고 군량도 여러 번 운송하지 않는다. 우선 국내에서 식량을 조달하고, 그다음에는 적에게서 식량을 빼앗아 보충하면 군량이 모자라지 않기 때문이다. "군사와 말이 움직이기 전에 식량과 말이 먹을 꼴을 먼저 싸움터로 보낸다"는 속담이 있다. 옛날에는 인력과 가축의 힘으로 먼 길을 가기 때문에 운송량이 제한적이었다. 식량을 옮기는 데에는 막대한 인력과 가축이 동원되어야 하므로 손자는 이렇게 말했다.

"머리 좋은 장수는 적에게서 식량을 빼앗는다. 적의 식량 1종鍾을 먹는 것은 아군의 식량 20종을 먹는 것과 같고, 콩대와 꼴 1석石은 아군의 20석이나 다름없다."

적에게서 식량을 빼앗으면 군량을 해결할 수 있을 뿐만 아니라 후방의 부담을 줄일 수 있다. 더 중요한 의미는, 적의 식량을 빼앗으면 적에게 경제적, 군사적 타격을 주어 승리를 위한 유리한 조건을 마련한다는 것이다.

고대 사회에서 군대의 행군 속도는 수천 년 동안 거의 변화가 없었다. 춘추 시대 혹은 그 이전에 행군 속도는 하루에 평균 30리였다. 장거리 원정을 하여 전쟁을 할 때는 시간과 에너지 소비가 더 컸다. 예를 들어, 위나라 명제明帝가 사마의司馬懿를 시켜 요서 지방을 정벌하게 했을 때, 낙양에서 요서까지의 거리는 3,000리에 달했다. 명제가 출병에서 귀환까지 얼마나 많은 시간이 소요되는지 묻자 사마의는 이렇게 대답했다. "낙양에서 요서까지 가는 데에 100일, 전쟁을 하는 데 100일, 돌아오는 데 100일이 걸립니다. 그리고 휴식에 필요한 시간이 60여 일 정도이므로 꼬박 1년이 소요됩니다."

하루에 30리 행군하는 것은 청나라 때까지 병법의 불문율이 되었다.

행군 속도 이외에도 군수물자의 공급은 복잡하고 어려운 문제였다. 송대의 유명한 과학자 심괄沈括은 저서 《몽계필담夢溪筆談》 제11권에 군수물자를 다음과 같이 계산했다.

"민부(民夫, 관청이나 군대에 부역 나간 인부) 한 명이 질 수 있는 쌀은 6두斗이고, 사병은 5일분의 식량을 휴대할 수 있다. 민부 한 명이 사병 한 명의 식량을 담당하면 한 번에 18일분을 공급할 수 있다. (한 사람이 하루에 2승(升)을 먹고, 민부와 사병이 함께 먹어야 하므로 쌀 6두는 18일치 식량이 된다.) 민부 2명이 사병 1명에게 식량을 공급한다면 한 번 공급으로 26일을 버틸 수 있다. (1석 2두의 쌀을 세 사람이 매일 6승을 먹을 때 8일 후면 민부 한 명이 운반하는 쌀은 다 떨어지므로 그에게 6일치 식량을 주어서 먼저 돌아오게 해야 한다. 그 후 18일 동안 민부 한 명과 병사는 매일 쌀 4승을 먹는다.) 민부 3명이 사병 한 명을 담당하면 31일 동안 먹을 수 있다. 10만 대군이 출동하는 경우 군수품을 옮기는 병사가 3분의 1을 차지하므로 직접 싸울 수 있는 사병은 7만에 불과하다. 여기에 30만 명의 민부가 식량을 운반해야 하므로 전쟁의 규모가 더 커지면 감당하기 어렵다. 6두의 쌀을 등에 지는 수량도 민부의 총수를 기준으로 계산한 것이다. 그 이유는 대장은 짐을 지지 않고, 물이나 땔감을 지는 사람은 식량을 절반밖에 질 수 없다. 그들이 등에 지지 않는 양은 다른 사람들에게 전가된다.

이 밖에도 사망, 질병 등으로 결원이 생기면 민부들이 짐을 더 져야 하므로 실제로 한 명의 민부가 담당하는 양은 6두 이상이다. 그러므로 군대에서는 게으름 피우는 것을 용납하지 않는다. 한 사람이 게으름을 피우면 두세 명이 그만큼 책임을 져야 하기 때문이다. 가축이 식량을 운반할 경우 낙타는 3석, 말이나 노새는 1.5석, 나귀는 1석을 옮길 수 있다. 인력에 비해 가축은 훨씬 많은 양을 운반할 수 있고 비용도 적게 들지만, 제때 먹이지 않거나 방목하지 않으면 말라 죽을 수 있기 때문에 관리가 필요하다. 가축 한 마리가 죽으면 그 등에 실렸던 식량도 버릴 수밖에 없다. 따라서 운반에서 사람과 가축 가운데 어느 쪽이 유리한지는 각기 장단점이 있어 판단하기 어렵다."

심괄의 계산은 이론에 치우쳐 현실과 거리가 있으므로 실제 상황이 어떠했는지는 역사적 기록을 살펴보아야 한다.

진시황이 북하北河를 수비하기 위해 오늘날의 산둥 성 복산, 용구, 교남 등의 연해지역에서 북하로 1석의 식량을 운반할 때 30종의 비용이 들었다. 종鍾은 고대의 계량 단위로 1종은 6석 4두, 즉 64두다. 따라서 1석의 식량 운반비가 무려 192석이었다. 손자가 적의 식량 1석을 빼앗는 것이 아군의 식량 20석에 해당한다고 서술한 것과 비교하면, 거의 10배의 차이가 난다. 군량을 1,000리 수송하는 것이 얼마나 크나큰 부담이었는지 가히 짐작할 수 있다.

남북조 시대에 남진南陳과 북주北周가 상주湘州를 차지하기 위한 싸움을 벌였다. 북주의 명제 무성武成 원년(559년), 남진의 장수 후진侯瑱, 후안도侯安都 등이 대군을 거느리고 상주를 포위하고는 식량을 운반하는 도로를 끊어 버렸다. 북주의 조정에서는 하약돈賀若敦에게 보병과 기병 6,000명을 이끌고 상강을 건너 상주를 구하도록 했다. 후진을 비롯한 남진의 장수들은 북주의 군사가 소수에 불과하므로 쉽게 진압할 수 있다고 자신했다. 하지만 하약돈은 매번 공격을 하는 후진의 군사들을 정예병으로 물리치고 상강 부근까지 진출했다. 하약돈은 약세였던 자신이 연승을 거두자 후진을 안중에 두지 않을 정도로 교만해졌다. 얼마 후 큰 비가 내려 강이 범람하고 길이 끊겨 식량을 공급받지 못하게 되자 군 내부가 술렁였다. 하는 수 없이 하약돈은 군사들을 곳곳에 보내 식량과 물자를 약탈하게 했다. 그리고 후진이 아군의 사정을 눈치채지 못하게 군영에 흙더미를 쌓고, 그 위에 식량을 얹어 놓고는 사병들을 불러 배분하는 척했다.

후진은 하약돈의 속임수에 넘어가 북주 군대의 식량 사정이 양호하므로 지구전을 치를 수밖에 없을 것이라 판단했다. 하약돈도 주둔지에 요새를 쌓는 등 장기전을 치를 것처럼 위장했다. 이렇게 되니 상주에서 나주 일대의 농민들은 전쟁 통에 농사를 지을 수 없다며 논밭일을 작파했다.

처음 두 군대가 대치할 때부터 현지 사람들은 작은 배에 식량과 닭, 오리 등을 실어 후진의 군대에 공급해 주었다. 이에 하약돈은 사병들을 현지 주민으로 위장시켜 배에 타게 하여 후진의 주둔지로 보냈다. 후진의 사병들은 배를 맞이하여 물자를 옮기려다 하약돈의 군사들에게 생포되었다. 이렇게 몇 차례 기습을 하자 후진은 하약돈의 군사가 숨지 않은 순수한 식량 공급 배도 받아들이지 않았다. 이렇게 양측이 1년 넘게 대치하게 되자 후진은 하약돈을 이기지 못했다.

한편 하약돈은 상주를 지키면서 군량이 부족하자 '적에게서 식량을 취하는' 전략으로 도처에서 탈취한 식량을 군대에 보급함으로써 군심을 안정시켰다. 이와 동시에 군량이 충족한 것처럼 위장해 적이 감히 공격을 감행할 엄두를 내지 못하게 만들었다. 또한 적의 식량 보급선을 공격하여 현지 사람들이 식량을 운반하지 못하게 했다. 그 결과 하약돈은 상주를 지켜내는 공로를 세웠다.

'전쟁의 경제학' 관점에서 보면, '적에게서 식량과 말을 먹일 꼴을 얻는 것'은 인력, 돈, 물자를 절감하는 효율적인 전략이다. 이 전략은 오늘날까지 수많은 전투와 전쟁에서 '고전적인' 승리의 한 방법으로 활용되었다. 마오쩌둥의 10대 군사 원칙에도 이 전략은 포함되었다. 마오쩌둥은 "적군과 그 무기로 아군의 부족한 전력을 보충한다. 아군의 인력과 물자는 주로 전선에서 얻은 것이다"라는 말을 남겼다.

중국에 진출한 외국계 기업과 합자 기업들은 대부분 전쟁으로 전쟁에 필요한 것을 조달하는 이른바 '이전양전以戰養戰' 식의 경영을 한다. 그들은 중국의 부동산, 노동력, 시장을 이용하면서 품질 향상에 주력하여 이익을 창출한다. 이는 손자의 '적에게서 군량을 조달하는因糧於敵' 전략을 구체적으로 응용한 것이다.

적에게서 필요한 식량을 얻기 위한 전제는 뛰어난 전략을 세우는 것이다. 사업을 할 때 상대의 자원과 시장을 이용하려면 분명한 목표와 선진적인 경영 기법이 있어야 한다.

대인관계를 잘하기 위해 '이심전심'의 능력이 있어야 하듯이, 전쟁을 할 때는 자신과 적을 잘 알아야 한다. 만약 적의 형세를 알지 못하면 패배를 면할 수 없듯이, 시장 경쟁에서 기업이 상대를 알려면 '정보'의 수집과 활용이 무엇보다 중요하다.

다국적 기업들은 중국 시장을 점령하기 위해 '적에게서 자원을 빼앗아 충당하는' 전략을 즐겨 사용한다. 중국이 개혁·개방 정책을 확대함에 따라 외국 기업들은 13억이 넘는 방대한 시장을 겨냥하여 투자와 합작의 기치를 내걸고 대거 진출했다. 그 결과 중국 시장이 점차 세계화되면서 중국산 브랜드들은 총성 없는 시장 전쟁에서 힘든 도전에 직면하게 되었다.

중국의 대외 개방 초기에 코카콜라는 발 빠르게 중국에 진출하여 무료로 제품을 나눠 주면서 중국인의 입맛을 길들였다. 그 후 코카콜라는 코카콜라와 스프라이트 등의 생산라인을 중국 14개 도시에서 가동하여 중국의 음료 시장 18.5%, 탄산음료 시장 37%를 점유했다.

코카콜라는 제2차 세계대전 이전에 이미 독특한 맛과 싼 가격으로 인기를 끌었다. 당시 제2대 회장이었던 조지 우드로프는 "전 세계 사람들이 모두 코카콜라를 마시게 하겠다"는 거대한 목표를 세웠다. 사실 세계인이 모두 마실 것인지, 미국에서 얼마나 많은 양을 생산할 수 있는지, 사람들이 정말로 코카콜라를 좋아할 것인지 등은 당시로서는 미지수였다.

그러나 우드로프는 뛰어난 행동가였다. 그는 지구상의 모든 사람이 코카콜라를 마시게 하기 위해서는 먼저 코카콜라를 알려야 한다고 생각했다. 그래서 제2차 세계대전 당시 세계 곳곳에 파병된 미국 병사들에게 코카콜라를 마시게 했고, 얼마 후 코카콜라의 존재는 세계에 알려졌다.

그러나 '전 세계'의 수요를 만족시킬 만한 콜라를 미국에서 모두 생산할 수도 없고, 운반비도 막대하다는 문제점이 있었다. 우드로프가 내놓은 대책은 '현지화' 정책이었다.

우드로프는 공장 설립, 노동자 모집, 자본 조달을 모두 현지에서 해결했다. 달리 말하면, 코카콜라의 제조 비법을 제외하고는 생산에 필요한 모든 요소를 현지에서 충당하는 것이다. 본사는 다만 권한을 위임한 대표만을 파견해 현지 회사를 지휘하도록 했다.

통계 수치에 의하면, 제2차 세계대전 이래 25년 동안 코카콜라는 전 세계에서 생산한 제품에 공급한 원료, 즉 제품 대비 0.31퍼센트의 원료만으로도 1년에 1.5억 달러의 순이익을 얻었다.

현재 세계인 모두가 코카콜라를 마시는 것은 아니지만, 코카콜라는 확실히 '전 세계' 시장을 열었다. 이는 《손자병법》의 '군수물자는 국내에서 조달하지만 군량과 말을 먹일 꼴은 적국에서 해결한다(取用於國, 因糧於敵)'는 병법을 그대로 실천한 대표적인 사례라 할 수 있다.

인지도를 높이는 전략이 곧
매출을 높이는 전략이다

불의 도움을 받아 공격하려면 총명한 지혜가 필요하고, 물의 도움을
받아 공격하려면 강력한 병력이 필요하다.

(以火佐攻者明, 以水佐攻者强.)

– 《손자병법》 '화공火攻' 편에서

물로 공격하는 '수공'과 불로 공격하는 '화공'은 보완적인 성격을 띠고 있다. 경영자는 상반된 방식과 전략을 유연하게 펼칠 수 있어야 한다. '수공'으로 승리할 수 있다면, '화공'을 펴도 역시 승리할 수 있다. 그리고 정공법으로 승리할 수 있다면, 정공법에서 벗어난 기습으로도 승리할 가능성이 크다.

오늘날 많은 사람이 스포츠를 직접 즐기거나 관람한다. 연령을 초월하여 젊은이나 노인들이 스포츠를 통해 건강과 활력을 유지하려는 것이다. 이 연장선에서 스포츠와 연관된 일이나 활동들이 사람들의 인기를 끌고 있다.

사람들의 스포츠에 대한 관심과 뜨거운 열기에 편승해 많은 기업이 홍보의 일환으로 스포츠 마케팅을 펼치고 있다. 기업과 스포츠는 직접적인 관련은 없지만, 스포츠 경기에서 브랜드 노출을 통해 브랜드의 인지도를 높이고 이를 통해 수익을 창출하는 효과를 거둘 수 있다.

중국 CCTV의 프로그램 '스포츠의 창'의 스폰서인 일본 기업 NEC(니혼전기주식회사)는 1982년부터 스포츠 활동 후원에 매년 10억 엔을 쓰고 있다. 이후 3년 동안 NEC의 매출은 240억이 증가했고, 수출도 15~30퍼센트가 늘었다.

중국 기업 가운데 최초로 프로 축구팀을 매입한 광저우의 바이윈산(白雲山) 제약회사는 최고의 마케팅 수단을 확보한 결과 1년 매출액이 4,000만 위안 이상 늘어났다.

중국 대표 팀이 뉴질랜드에 패해 1982년 스페인 월드컵 본선 진출이 좌절되자 전국적으로 불만의 목소리가 높아졌다. 한 정치 지도자는 "유아 축구부터 활성화해야 중국 축구가 부흥한다"고 역설했다. 장쑤성 장자강(張家港)의 국영 기업인 전싱(振興)고무회사의 시예핀(奚也頻) 사장은 축구 발전을 위해 중앙과 국가체육위원회의 동의를 얻어 아동용 축구공 '베이베이(貝貝)'를 만들어 상하이, 베이징 등의 어린이 축구팬 3만 명에게 선물했다.

1983년, 전싱고무회사는 상하이의 부윈(步雲)고무회사와 협력하여 '전싱 아동축구 촉진회'를 결성하여 전국 규모의 '베이베이 축구배'를 주최했다. 또한 스포츠신문 '축구천지'와 함께 '아동 축구'를 주제로 하는 논문 공모를 했다.

시예핀 사장은 사람들의 축구 사랑을 꿰뚫어 본 뒤 사실 대단한 것도 아닌 '베이베이' 축구공을 생산하여 재계, 체육계, 언론 등의 큰 주목을 받고 자사의 지명도를 높이는 수완을 발휘했다.

"경영은 확실히 투쟁이다. 상품경제 체제는 강자에게만 권위를 인정한다. 경영이라는 싸움에서 강자 두 명이 만나면 용감한 사람이 이기지만, 용감한 사람 둘이 싸우면 먼저 공격하는 자가 이긴다. 모두 선제공격을 시도하면 지명도가 높은 쪽이 승리한다." 이는 시예핀 사장의 경영철학이다. 그의 말에 의하면, 무엇보다 급선무이자 해결해야 할 과제는 바로 기업의 지명도를 높이는 것이다.

'명수잔도, 암도진창(明修棧道, 暗渡陳倉. 겉으로는 잔도를 수리하는 척하면서 몰래 진창으로 건너가다)'이라는 고사성어를 빌자면, 스포츠 후원은 겉으로 보이는 명분이고 실제로 꾀하는 목적은 기업의 명성, 지명도, 제품의 판매를 높이는 것이다. 스포츠 후원은 기업 홍보의 최상의 전략이라 할 수 있다.

성공은 더 많은
성공을 부른다

적을 이기면서 더욱 강력해진다.

(勝敵而益強.)

– 《손자병법》 '작전作戰' 편에서

적을 이기면 더욱 강해지는 이유는 두 가지다. 첫째, 승리에 대해 포상을 하면 사기가 올라가 군사력이 증강된다. 둘째, 승리하여 포로가 된 적군과 전리품을 활용하면 전력 보강에 도움이 된다.

스포츠에서는 강팀과 명감독은 뛰어난 선수들을 더 많이 스카우트할 수 있다. 교육계에서도 수준 높은 연구 실적, 우수한 교수와 학생을 확보한 유명대학에 우수한 학생들이 더 많이 지원한다. 높은 인격과 지성을 갖춘 사람이 더 많은 존경을 받고 추종자들을 얻게 된다. 또한 독특한 맛과 합리적인 가격을 갖춘 음식점에 더 많은 고객이 몰린다. 이러한 사례들은 모두 '(어떤 면에서) 강해질수록 더 강해지는' 법칙을 증명하는 것이다.

손자의 '승리하면 더욱 강해진다(勝敵而益强)'는 사상은 오늘날 '돈을 많이 버는 기업이 더 많은 돈을 버는' 현상으로 나타난다. A라는 회사가 규모와 상관없이 높은 수익을 올리면 직원들에게 인센티브를 많이 주어 사기가 올라가고, 경영도 탄력을 받아 더욱 발전하게 된다. 그리고 경영이 부진한 B, C 등의 회사를 인수 합병하여 몸집을 불리고, 우수한 인력을 유치하여 더 큰 발전을 이룩하게 된다. 이런 선순환 구조가 형성되면 '승리가 승리를 부르는' 속설이 현실화된다.

그럼, 이러한 선순환 구조를 만들기 위해 기업은 어떻게 해야 할까?

"전쟁을 잘하는 자는 장정을 두 번 징집하지 않고, 군량을 세 번 싣지 않는다"는 손자의 지적은 현대의 기업들에게도 많은 가르침을 준다. 개인도 마찬가지이지만 기업도 혼자의 힘으로는 살아남기 어려운 시대가 되었다. 모든 것을 갖추려면 막대한 비용과 자원, 시간이 소요되기 때문이다. 이것을 극복하는 한 방법은 기존의 자원을 활용해 자신의 것을 창조하는 것이다.

1996년 11월, 천황의 조상신으로 알려진 아마테라스 오오가미(天照大神)의 사당인 이세신궁(伊勢神宮)에서 도요타 자동차의 성공적인 해외 진출을 기원하는 의식이 거행되었다. 여느 해와 다름없이 고위 임원들이 국내 판매용 최신 모델 승용차를 운송하여 본사에서 소나무가 울창한 이곳까지 왔다. 1980년대 중반에 시작된 이 의식을 위해 처음에는 대

여섯 대의 신차만을 가지고 왔다. 하지만 이해의 의식에는 입섬Ipsum, 노아Noah, 마크Mark, 미국 시장을 겨냥해 설계된 ES300의 일본형 모델 윈덤Windom, 그리고 7대의 최신형 승용차가 동원되었다. 이 의식에 참석했던 한 임원은 "신궁 앞에 우리가 가져간 차들을 모두 주차할 공간이 없을 정도였습니다"라고 당시를 회고했다.

도요타 자동차의 해외 진출에는 방대한 자금이 소요되었다. 2000년까지 135억 달러를 투자해 시장을 세계 각국으로 넓히는 것이 도요타의 목표였다. 하지만 오쿠다 히로시 회장은 200억 달러를 추가로 투입하기 위해 대대적인 사내 절약 운동을 벌였다. 엔화 약세도 수출에 도움이 되었다. 그는 자동차 브랜드 가운데 최초로 지구촌 곳곳에 공장을 세우기 위해 치밀한 계획을 세웠다. 그의 목표이자 꿈은 그동안 축적한 기술을 이용해 지역적 특성과 요구에 맞는 자동차를 생산하는 것이었다. 그 일환으로 아시아, 북아메리카, 유럽의 공장은 현지 공급업체들과 디자인 팀에 맡겨 현지에서 선호되는 모델을 개발하도록 했다. 소비자들의 욕구에 발 빠르게 대응하면서 무역 장벽을 무너뜨리는 동시에, 엔화가 강세일 때는 값싼 부품과 원자재를 확보했다.

오쿠다 히로시 회장은 디트로이트로 대표되는 미국과 세계 자동차 시장에서 점유율을 높이기 위한 힘든 싸움을 하면서도 조금도 흔들리지 않았다. 그리고 세계 시장 점유율 9.5퍼센트에 만족하지 않고 각각 17퍼센트와 13퍼센트의 시장 점유율을 차지하는 제너럴 모터스와 포드 자동차와 어깨를 나란히 하기 위해 현지화 작업에 끊임없는 노력을 기울였다.

　　외국계 기업들은 방대한 중국 시장에 진출하면서 중국의 유명 브랜드 기업을 합작 파트너로 삼아 브랜드를 사들이고 자신의 브랜드를 확장하는 전략을 사용하기도 한다. 이들의 목적은 중국 유명 브랜드의 높은 신용도, 생산력, 판매망 등을 이용하여 중국에서 자사 상품의 기반을 마련하려는 것이다.

　　2000년 당시 상하이치약 회사가 유니레버와 합자한 뒤 첫 제품으로 내놓은 '메이자징' 치약은 1년에 6,000만 개가 팔릴 정도로 큰 인기를 끌었다. 그러나 메이자징 브랜드는 1,200만 위안에 합자 기업에 넘어간 뒤 '찬밥' 취급을 당했다. 그 대신 유니레버는 자사 브랜드 '로우메이쫭천(露美莊臣)'에 대한 적극적인 마케팅에 나섰다.

　　유니레버는 2003년부터 '메이자징(美加淨)'의 광고를 중단함과 동시에 자사의 바디용품 브랜드 '시그널'을 대대적으로 광고했다. 이에 따라 메이자징은 소비자들의 기억 속에서 자연스럽게 사라지고 유니레버의 로우메이쫭천과 시그널이 어부지리 격으로 13억 중국 시장에 자리 잡았다.

　　이처럼 기업 간의 경쟁은 치열하고, '빈익빈 부익부' 현상은 시장에 그대로 적용되어 성공하는 기업은 더 많은 성공을 거둘 수 있는 기반을 마련하게 된다. 그래서 많은 기업들이 시장에서 패자覇者가 되기를 꿈꾸는 것이다.

상황에 따라 전략을 달리해
기회를 만들라

적의 상황에 따라 행동하여 승부를 본다.

(踐墨隨敵.)

— 《손자병법》 '구지九地' 편에서

히타치(日立)는 전기 · 전자기기 제조 부문의 일본 3대 기업 중 하나로
서 특히 경영에 뛰어나다는 평가를 받고 있다. 이 회사의 한 고위층은
경영으로 이름을 날리게 된 노하우를 이렇게 설명했다. "히타치는 주
로 전력, 통신, 교통 등과 관련된 기기를 생산하고 있습니다. 이런 제
품을 구매하는 고객은 모두 대기업입니다. 그렇기 때문에 우리는 항상
바이어인 대기업의 엔지니어들과 대화를 하고 협상을 진행합니다. 우
리 임의대로 생산과 판매를 할 제품을 결정할 수는 없습니다. 생산자

가 독단적으로 생산과 판매 제품을 결정한다면 돈을 벌 수 없습니다.”

히타치의 초대 사장은 기업의 생산과 경영 원칙을 “고객의 입장에서 제품을 생산하고, 영업 분야는 생산자의 입장에서 제품을 알리고 판매한다”라고 표명했다. 따라서 히타치는 생산 현장에서 별 흥미가 없는 제품이라도 사회가 원한다면 생산을 독려한다.

혼다(本田) 기업의 창업자 혼다 소이치로(本田宗一郎)는 노력과 집념의 자수성가형 기업가다. 30여 년 동안 뼈를 깎는 노력을 한 결과 혼다는 세계 모터사이클 시장의 4분의 1을 점령했고, 자동차 분야는 일본 3대 메이커 중의 하나가 되었다. 이 기업이 거둔 성공의 가장 중요한 요인으로는 혼다 소이치로 회장의 시장에 대한 안목, 판매 대상과 경쟁 상대의 변화에 대한 이해, 변화에 대응하는 계획과 전략 수립, 기회 포착 등을 꼽을 수 있다.

혼다는 원래 모터사이클 제조회사로 출발했지만, 규모가 커지자 자동차 제조에 뛰어들었다. 이 무렵 일본의 자동차 시장은 도요타와 히타치가 거의 독점한 상태였다. 혼다는 이 두 회사와 맞대결을 할 수 없었으므로 다른 출로를 찾다가 미국에 직접 투자하는 전략을 선택했다. 미국 시장은 소비 수준이 높고 고객의 구매력이 강해 ‘틈새시장’이 많았기 때문이다. 혼다는 미국에 공장을 지어 자동차를 생산해 현지에서 판매함으로써 도요타, 히타치와의 경쟁 압력을 피했고, 수출품이 아니므로 관세를 내지 않는 이점을 누릴 수 있었다. 이로써 혼다는 일거양득의 효과를 거두었다.

과거 소니사도 국내에서는 마쓰시타와의 경쟁으로 출혈이 커지자 미국에서 새로운 영역을 개척했다. 기업 전쟁에서 이와 같은 사례는 무수히 많다. 국내를 벗어나 해외 경영에 나서는 기업들의 공통점은 바로 손자가 말한 '적의 상황을 보아 행동을 결정하는(踐墨隨敵)' 원리에 입각한 것이다.

'혼탁한 물속에서 더듬어서 고기를 잡는다(渾水摸魚)'는 말은 혼란한 와중에 손쉽게 이득을 취하거나 승리한다는 의미다. 병법에서는 적군이 정신이 없을 때 그 기회를 이용해 승리를 쟁취하라고 이른다.

한국과 일본이 2002년 월드컵의 공동 주최국으로 결정되자 타이완의 3개 공중파 방송이 중계권을 따기 위해 4개월 동안 각축을 벌였다. 결국 TTV가 87만 5,000달러의 고가로 방송권을 사들였다.

TTV는 힘겹게 중계권을 얻었는데, 1994년 미국 월드컵 때 대만 CTV가 30만 달러에 중계권을 사들였던 것과 비교하면 무려 191.6퍼센트가 더 비싼 금액이다. TTV가 이렇게 많은 돈을 쓴 이유는 세 방송국이 공조하지 않았기 때문이다. 대조적으로, 한국은 공중파 방송 3사가 '중계권료 가격 낮추기'라는 목표의 달성을 위해 협력 체제를 구축했다.

1988년 서울 올림픽 때 타이완의 TV 3사는 공동 중계라는 묵계를 형성하여 올림픽위원회와 가격 흥정을 벌여 45만 5,000달러로 금액을 낮췄다.

그러나 1988년 캐나다 캘거리 올림픽 때 CTV는 타사보다 발 빠르게 독점 중계권을 따내 다른 방송사들과의 신뢰를 무너뜨렸다. 그래서 세 방송국은 2002년 월드컵 중계권을 획득하기 위해 다시 한 번 배후에서 치열한 경쟁을 벌였다.

한국의 월드컵 준비위원회는 여러 통로를 통해 타이완 방송사들의 경쟁이 '혼탁한 물'이므로 잘 이용하면 중계권료를 올릴 수 있다는 계산을 했다. 하지만 타이완의 방송 3사는 중계권을 따지 않으면 안 된다는 조바심 때문에 주도적으로 월드컵 준비위원회와 협상을 하지 못하고 끌려다녀야 했다. 결국 TTV가 중계권을 얻었지만 그 대가는 상당히 컸다. 3사가 협력해서 중계권 협상을 했으면 낮출 수 있는 가격보다 몇 배에 달하는 중계권료를 치렀을 뿐만 아니라, 향후 중요 스포츠 행사의 중계권 쟁취에서도 이런 일이 벌어질 것이라는 좋지 않은 선례를 남겼기 때문이다.

월드컵 중계의 적정 가격에 대한 일정한 기준은 없다. TV 수상기의 총수, 구매력, 시청자 수 등이 객관적 기준이 될 수는 있지만 가격 협상의 여지는 있다. 방송사들이 제휴하여 올림픽위원회와 담판을 벌이면 중계권료를 낮출 가능성은 얼마든지 있다. 그러나 자사가 반드시 중계권을 따야 한다는 생각으로 불필요한 출혈을 감수한다면 협상에서 결코 유리한 입장에 설 수 없다.

적수들에게 작은 이익을 제공하여 서로 싸우게 하고 자신은 '강 건너 불 보듯' 하면서 어부지리(漁父之利)를 얻는 것은 고명한 전략가들이 즐겨 사용하는 전략이다.

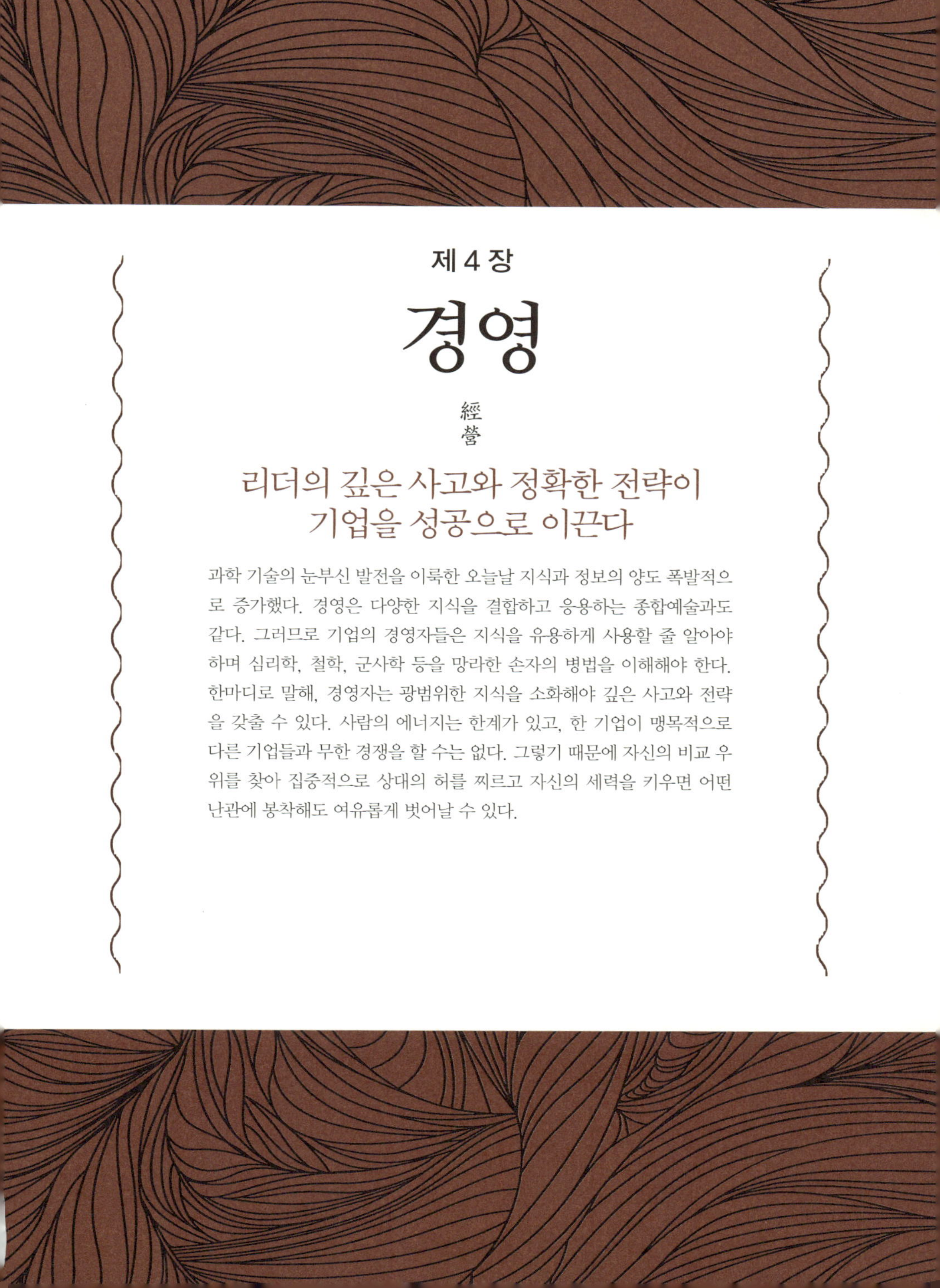

제 4 장

경영

經營

리더의 깊은 사고와 정확한 전략이 기업을 성공으로 이끈다

과학 기술의 눈부신 발전을 이룩한 오늘날 지식과 정보의 양도 폭발적으로 증가했다. 경영은 다양한 지식을 결합하고 응용하는 종합예술과도 같다. 그러므로 기업의 경영자들은 지식을 유용하게 사용할 줄 알아야 하며 심리학, 철학, 군사학 등을 망라한 손자의 병법을 이해해야 한다. 한마디로 말해, 경영자는 광범위한 지식을 소화해야 깊은 사고와 전략을 갖출 수 있다. 사람의 에너지는 한계가 있고, 한 기업이 맹목적으로 다른 기업들과 무한 경쟁을 할 수는 없다. 그렇기 때문에 자신의 비교 우위를 찾아 집중적으로 상대의 허를 찌르고 자신의 세력을 키우면 어떤 난관에 봉착해도 여유롭게 벗어날 수 있다.

상황의 정확한 분석은
성공을 위한 전제다

싸워도 되는 조건과 싸워서는 안 되는 조건을 알면 승리한다.
(知可以戰, 與不可以戰者勝.)

– 《손자병법》 '모공謀攻' 편에서

싸움의 형세를 이해하는 자는 승리하고, 모르는 자는 승리하지 못할
것이다. 그러므로 다섯 가지 조건을 다시 전략적인 면에서 비교하여
그 정세를 파악해야 한다. 어느 쪽 군주의 정치가 도리에 맞는지? 어
느 장수가 더 유능한지? 천시와 지리가 어느 쪽이 더 유리한지? 군
대의 법령을 어느 편이 더 잘 집행하는지? 병력은 누가 더 강대한지?
어느 쪽 병사가 더 잘 훈련되었는지? 상과 벌을 어느 쪽이 더 공정
하고 분명하게 내리는지? 이와 같은 분석을 하면 싸움의 승부를 예
견할 수 있다.

(知之者勝, 不知之者不勝. 故校之以計, 而索其情. 曰 : 主孰有道? 將孰有能?
天地孰得? 法令孰行? 兵衆孰强? 士卒孰練? 賞罰孰明? 吾以此知勝負矣.)

– 《손자병법》 '시계始計' 편에서

싸워도 되는 상황과 싸워서는 안 되는 상황을 정확히 이해하면 승리

할 수 있다. 전쟁을 하다 보면 수시로 변화가 발생하는데, 이때 지휘관

병법에서 경영의 지혜를 배우다

은 아군과 적군의 변화를 읽어 내고 기민하게 기회를 포착하여, 승산이 있을 때는 과감하게 병력을 투입하고, 싸워서 안 되는 때에는 병력이 우월하더라도 군사를 함부로 움직여서는 안 된다. 그러므로 전쟁에서 출격의 시기를 아는 것은 매우 중요하다. 이것이 '적을 알고 나를 알면 백번 싸워도 위태롭지 않다(知彼知己, 白戰不殆)'고 강조했던 손자가 장수에게 당부한 기본 요건이다.

후한 시대 헌제憲帝 건안建安 2년(197년) 정월, 조조가 대군을 거느리고 남하하여 완宛 지역에 도착해 청수淸水에 주둔하자 장수張繡는 군사를 이끌고 투항했다. 하지만 조조가 장수의 숙부 장제張濟의 아내를 강제로 취하자 장수는 원한을 품었다. 이 사실을 안 조조가 암암리에 장수를 죽이려는 계획을 세웠다. 장수 역시 만만한 인물은 아니어서 조조의 계획을 알고는 반란을 일으킨 뒤 유표劉表와 손을 잡고 대항했다.

조조가 장수와 유표를 상대로 싸움을 하자 이 기회를 놓치지 않기 위해 원소袁紹는 조조의 근거지인 허창許昌을 공격했다. 그러자 조조는 먼저 허창을 구하기 위해 퇴각했고, 뒤이어 장수의 군대가 추격해 왔다. 이때 장수의 모사인 가후賈詡가 "추격을 계속하다가는 여지없이 실패할 것입니다"라고 진언했다. 그러나 장수는 가후의 말을 듣지 않고 직접 군사를 이끌고 추격해서 일전을 벌이다 대패하고 말았다. 귀환한 장수에게 가후는 의외로 "빨리 군대를 추슬러 추격해서 싸우면 분명히 승리합니다"라고 조언했다. 장수는 "당신 말을 안 들었다가 실패했소. 지금은 패배한 직후라 여력이 없는데 어떻게 추격을 한단 말이오?"라고 물었다. 가후는 "싸우다 보면 변화가 일어나는 법이니 빨리 추격하면 틀림없이 수확이 있을 것입니다"라고 대답했다. 장수는 가후의 말을 믿고 패잔병들의 전열을 수습해 조조의 군대와 격전을 벌여 대승을 거두었다.

장수는 가후에게 두 번의 전투에서 느꼈던 의문점을 물어보았다. "처음 싸움에서 나는 정예병을 이끌고 퇴각하는 조조를 따라갔는데 그대가 말한 대로 실패했소. 두 번째 싸움에서는 우리 병사들이 이전의 패배로 많이 지친 가운데서도 승리로 사기가 오른 조조의 병사들을 물리쳤소. 그대의 예상이 두 번이나 딱 맞아떨어졌소. 이길 수 있었던 싸움에서 지고, 불리한 싸움에서 이길 수 있었던 이유가 무엇인가?"

가후는 기다렸다는 듯이 청산유수로 설명했다. "그것을 예측하기는 그다지 어렵지 않습니다. 장군께서는 군사를 잘 지휘하시지만 조조의 맞상대가 되기에는 부족합니다. 조조의 군대가 퇴각하는 상황이기는 하지만 틀림없이 조조는 군대를 엄호할 것입니다. 비록 우리의 추격 부대가 날쌔다고는 하지만 조조의 병사들도 정예병이니 장군께서 패배할 것이라 예측했습니다. 조조가 장군을 공격할 때 실책을 범한 적이 없습니다. 그런데 그의 병력이 적극적으로 싸우지 않고 그대로 철수했다는 것은 후방에 변고가 생겼다는 의미입니다. 그렇지만 그가 철군을 할 때 분명히 정예병을 남겨 두어 장군의 추격을 저지하게 했을 것입니다. 조조는 퇴각하면서 장군과 싸워 승리했지만 지친 상태였습니다. 그래서 저는 빨리 따라가서 지친 조조의 군사와 싸우면 이길 것이라 장군께 아뢴 것입니다." 장수는 가후의 말을 듣고는 크게 탄복했다.

전한의 무제武帝 원삭元朔 6년(기원전 123년) 봄, 대장군 위청衛靑이 군사를 이끌고 정양定襄에서 흉노 정벌에 나섰다. 지휘관으로는 합기후合騎侯 공손오(公孫敖, 중장군), 태복太僕 공손하(公孫賀, 좌장군), 흡후翕侯 조신(趙信, 전장군), 위위衛尉 소건(蘇建, 우장군), 낭중령郎中令 이광(李廣, 후장군), 좌내사左內史 이저(李沮, 강노(强弩)장군) 등을 선발했다. 한나라 군대는 싸움에서 승리한 후 1,000명의 흉노 군사의 머리를 베어 돌아왔다.

그로부터 한 달 뒤 한나라 군대는 다시 정양에서 출발하여 흉노 정벌을 계속한 결과, 살상자와 포로의 수가 1만 명이 넘었다. 소건과 조신은 3,000명의 기병을 주력군으로 편성하여 흉노 선우(單于, 왕의 호칭)의 정예부대와 하루를 꼬박 격전을 벌였지만 수적으로 불리하여 사상자가 속출했다. 조신은 원래 흉노족이었지만 한나라 군대에 투항하여 작위를 받은 인물이었다. 전세가 위태로운 데다 흉노의 유혹을 받자 그는 남은 기병 800여 명을 이끌고 흉노에 다시 투항했다. 소건은 수하의 병사가 전멸한 상태에서 홀로 살아남아 대장군 위청의 군영으로 몸을 피했다.

소건은 기병 3,000명을 이끌고 흉노의 수만 명과 용감하게 싸웠지만 승리하기엔 역부족이었다. 이는 '소수의 병력으로 완강하게 버티며 싸우면 대군의 포로가 된다(小敵之堅, 大敵之擒也)는 《손자병법》의 가르침을 그대로 보여 준 사례라 하겠다.

전쟁에서는 상대와 나의 강점과 약점을 분석하여 공격을 할 때와 수비를 할 때를 정확히 파악해야 승리할 수 있다. 사업도 마찬가지다. 승산이 높은 쪽에 맞춰 전략을 세우고 매진할 때 불확실을 성공으로 바꾸어 놓을 수 있다.

조직의 규모에 따라
경영 방식은 달라야 한다

많은 병력과 적은 병력을 운용하는 방법의 차이를 알면 승리한다.
(識衆寡之用者勝.)

– 《손자병법》 '모공謀攻' 편에서

전쟁은 쌍방이 군사력을 겨루는 것이므로 장수는 합리적인 병력 배치와 운용으로 최대 효과를 거둘 수 있는 방책을 찾아내야 한다.

전국 시대 말기에 진시황은 거침없는 기세로 천하를 통일했다. 여섯 개 나라를 멸망시키는 피와 불의 세례 속에서 사람들은 진시황의 능력에 경악을 금치 못했다.

진시황 18년(기원전 229년)에 진나라 장군 왕전王翦은 조나라를 공격하여 다음 해에 멸망시켰다. 3년 뒤에는 연나라를 멸망시켜 왕을 요동 지역으로 쫓아냈다. 이듬해에는 회군하던 진나라 군대가 위나라를 멸망시켰다. 이 무렵 왕전의 아들 왕분王賁은 초나라와 싸워 큰 승리를 거두었다. 진나라의 통일 과정은 물 흐르듯 순조로웠다.

진나라의 젊은 장군 이신李信은 연나라와의 전쟁에서 수천 명의 병사로 연의 태자 단丹을 연수衍水까지 추적하여 죽이는 개가를 올렸다. 이신의 활약에 흡족해진 진시황이 물었다. "내가 초나라를 멸망시키려는데, 장군이 보기에 군사를 얼마나 동원하면 가능하겠는가?" 싸움마다 승리를 거둔 이신이 자신감 넘치는 목소리로 대답했다. "20만 명이면 초나라를 평정할 수 있습니다." 진시황은 굳게 믿는 왕전에게도 똑같은 질문을 하자 "초나라를 치려면 군사가 60만은 필요합니다"라고 답했다. 60만 대군을 전쟁에 투입하려면 얼마나 많은 군비가 필요한지 아는 진시황이 면박을 줬다. "왕 장군도 이제는 늙어서 담력이 예전 같지 않소이다. 이 장군은 용맹하고 패기가 대단하니 그의 말이 맞소이다." 진시황 23년(기원전 224년)에 이신과 몽염蒙恬은 20만 대군을 이끌고 남하하여 초나라를 정복하라는 명령을 받았다. 왕전은 자신의 의견이 받아들여지지 않자 병을 핑계 삼아 고향인 빈양頻陽으로 돌아갔다.

이신은 초나라의 평여平輿에서 승리를 거둔 뒤 남하하여 언영鄢郢에서 또 초나라 군대를 물리쳤다. 서쪽으로 이동한 이신은 성부城父에서 몽염의 군대와 합류했다. 이들이 승리에 도취해 있을 때 뜻밖에도 초나라 군대가 뒤따라와 사흘 동안 밤낮을 가리지 않고 공격을 퍼부었다. 진나라 군대는 계속된 이동으로 휴식도 취하지 못한 채 싸움을 하게 되자 전력이 저하된 탓에 패배했다. 도위都尉급 군관이 7명이나 전사하는 패배를 한 진나라 군대는 어쩔 수 없이 초나라에서 후퇴했다.

진시황은 패배 소식에 불같이 역정을 내며 귀향한 왕전을 찾아가 사과했다. "내가 장군의 책략을 믿지 않고 이신을 보냈다가 수치스런 패배를 했소이다. 지금 초나라 군대가 서쪽으로 이동하고 있다니 장군의 몸이 편치 않지만 나를 버리지 않으리라 믿소이다." 왕전은 짐짓 버텼다. "저는 늙고 병이 깊은 데다 정신마저 혼미하니 왕께서는 다른 유능한 장군을 발탁하시기 바랍니다." 진시황이 거듭 초나라를 물리쳐 달라고 애원하자 왕전은 본심을 드러냈다. "정 그러시다면 저에게 군사 60만을 주십시오." 진시황은 왕전에게 60만 대군을 내어 주고 친히 출발 장소까지 나오는 성의를 보였다. 왕전의 공격을 받은 초나라는 나라의 군대를 모두 동원하여 저항했지만 역부족이었기에 결국 패배하여 멸망의 운명을 벗어나지 못했다.

왕전이 초나라를 멸망시킬 수 있었던 비결은 싸움에 필요한 병력을 정확하게 계산할 수 있는 식견에 있다. 그는 초나라가 여러 번 진나라에 패한 전력이 있지만 대국이므로 만만히 봐서는 안 된다고 경계했다. 그러나 하루빨리 통일을 하겠다는 조바심에 이성을 잃은 진시황은 왕전의 식견을 믿지 않았다. 결과적으로 젊은 장군 이신이 패배했지만 왕전의 노련한 계산이 맞아떨어져 초나라를 멸망시켰고, 진시황은 전국 시대를 마감하고 천하를 통일했다.

정확한 정보를 얻을 수 있는 루트를 확보할수록 경쟁력은 강화된다

총명한 군주와 현명한 장수가 움직이기만 하면 승리하여 위업을 달성하는 이유는 먼저 적의 상황을 알고 있기 때문이다. 먼저 적정을 안다는 것은 귀신에게 물어서 가능한 것이 아니며, 유사한 사례나 상황에 비춰 알 수 있는 것도 아니며, 일정한 법칙에 의해 파악하는 것도 아니다. 반드시 적정을 알고 있는 자, 즉 첩자를 통해 정보를 얻어야 하는 것이다.

(故明君賢將, 所以動而勝人, 成功出於衆者, 先知也. 先知者, 不可取於鬼神, 不可象於事, 不可驗於度, 必取於人, 知敵之情者也.)

– 《손자병법》 '용간用間' 편에서

머리 좋은 군주와 현명한 장수가 전쟁에 나가기만 하면 승리하여 위업을 달성하는 이유는 사전에 적의 상황을 알고 있기 때문이다. 적정을 이해하기 위해 점괘를 얻는 미신, 유사한 사례나 사물에 비춰 보는 추리력, 자연의 운행에서 얻는 영감 등은 별로 소용이 없다. 그보다는 적의 상태를 알고 있는 사람, 즉 첩자를 통해 중요한 정보를 얻는 것이 정확하고 효과적이다.

전쟁과 마찬가지로 비즈니스에서도 정보를 얻는 효과적인 방법 중 하나가 스파이를 이용하는 것이다. 특히 상대와 정보전을 벌일 때 반드시 지켜야 할 행동 원칙은 '나의 정체를 상대가 알지 못하게, 상대가 감시당한다는 사실을 눈치채지 못하게' 하는 것이다.

2002년 6월 히타치제작소와 미쓰비시전기의 산업 스파이 스캔들이 터지면서 양사의 주가는 폭락했다. 사건의 요지는 두 회사가 IBM의 3081K형 컴퓨터의 소프트웨어를 거액에 사들인 것이었다.

사건이 드러난 다음 날인 6월 24일, 〈뉴욕 타임스〉는 산업 스파이에 관한 놀랄 만한 사실을 보도했다. '일본 기업들은 타사의 모든 제품을 손에 넣은 다음 해체하여 기술적인 노하우를 획득한다. 좀 더 적극적으로는 엔지니어들과 접촉하고, 특허 정보를 분석하여 새로운 기술의 동향을 파악한다. 많은 정보를 수집하고 분석한 것을 토대로 일본 기업들은 전략을 세운다. 따라서 그들이 굳이 산업 스파이를 파견할 필요가 있을까?'

〈뉴욕 타임스〉가 이런 기사를 낼 수 있었던 데에는 충분한 근거가 있었다. 1971년 1월에 일본은 특허법을 대폭 개정했다. 이전에는 특허권을 신청해서 공개하기까지 평균 5년의 기간이 걸렸으므로 이 기간 내에는 다른 기업들의 기술 동향을 여간해서는 알 수 없었다. 그래서 기업들은 특허 보호기간이 비교적 짧은 나라에서 특허 정보를 입수한 후 항공 우편으로 일본으로 보냈다. 예를 들어, 벨기에는 3개월에서 6개월 사이에 특허권의 내용을 공개하기 때문에 수도 브뤼셀은 정보 수집의 천국이나 다름없다.

일본 기업들은 벨기에에서 1년에 약 500건의 특허권 열람을 신청하여 얻은 정보를 신속하게 분석하여 경쟁 기업의 기술을 알아낸다. 경쟁 관계의 기업들은 상대가 벨기에에서 특허권을 신청했다는 단서를 잡으면 특허권을 열람한다. 예를 들어 히타치제작소와 도시바, NEC(일본전기)와 후지쓰(富士通)의 관계가 그러하다. 일본만 그러한 것이 아니라 다른 나라의 기업들, 듀폰과 같은 거대 다국적 기업들도 어느 나라의 기업이 신기술의 특허권을 신청했는지 신속히 알아내기 위해 촉각을 세운다.

일본의 특허법이 개정된 이후 특허 내용의 공개 기간은 많이 짧아졌다. 출원 후 1년 6개월이 경과된 때에는 심사의 진행 상황과 관계없이 출원의 내용을 공개해야 했다. 따라서 일본의 특허 정보는 신기술에 대한 정보가 되었다.

일본의 특허 보호기간이 벨기에처럼 짧지는 않지만, 1년 6개월은 비교적 짧은 기간이어서 일본을 견제하는 외국 기업들은 일본 기업의 특허 기술에 눈독을 들였다. 그들의 입장에서는 특허 정보를 분석하는 것이 기업의 사활이 걸린 것이나 다름없었기 때문이다.

영국 J.R 윈필드 박사가 폴리에스터를 발명한 것도 특허권 연구를 통해서였다. 그는 나일론을 발명한 미국 듀폰사의 월러스 H 캐러더스가 나일론을 어떻게 개발했는지 알기 위해 논문들을 분석했다. 그 후에는 특허 내용을 살피다 캐러더스가 중간에 그만둔 부분을 계속 연구해서

폴리에스터를 만들어 낸 것이다.

'상대를 알고 나를 알면 백번 싸워도 위태롭지 않다(知彼知己, 百戰不殆)'
는 손자의 가르침은 자고 일어나면 신기술이 쏟아지고, 변화무쌍한 환
경 속에서 경쟁을 벌이고 있는 현대의 기업들에게 금과옥조가 아닐 수
없다.

정보는 경쟁을 위한 중요한 무기다

삼군을 맡아 다스리는 장수의 일 중에서 첩자와의 관계보다 더 친밀해야 할 것이 없고, 첩자에게 주는 포상보다 더 후하게 해야 할 상이 없으며, 첩자의 활동보다 더 은밀하게 해야 할 일이 없다. 장수가 지혜롭지 못하면 첩자를 이용할 수 없고, 첩자를 심복하게 할 인자함과 정의감이 없으면 그들을 부리지 못하며, 미묘한 데까지 살피지 못하면 간첩이 제공하는 정보의 진실을 파악하지 못한다. 미묘하고 미묘한 일이다. 제대로 쓰기만 하면 어떤 곳에서도 유용하게 쓰이는 것이 첩자다. 첩보 활동이 시작되기도 전에 밖에서 이미 그 기밀이 폭로되었다면 첩자는 물론이고 그 기밀을 누설한 사람까지 다 처형해야 한다.

(故三軍之事, 莫親於間, 賞莫厚於間, 事莫密於間. 非聖智不能用間, 非仁義不能使間, 非微妙不能得間之實. 微哉微哉! 無所不用間也. 間事未發而先聞者, 間與所告者皆死.)

— 《손자병법》 '용간用間' 편에서

'병법의 요체는 속임수(兵者, 詭道也)'라는 관점에서 보면, 첩자를 이용하거나, 역으로 첩자에게 당하지 않는 것은 상당히 중요하다. 또한 싸우지 않고 이기는 것이 최상의 승리라는 병법의 측면에서 보면, 첩자의 기만술은 무력 사용보다 한층 더 중요하다. 비즈니스에서의 첩보의 목적은 '나는 상대를 알지만, 상대가 나를 알지 못하게' 하는 것이다. 사업가라면 경쟁사들을 이기기 위해서는 정보 확보가 중요하다는 사실을 깊이 인식하여 '나를 알고 상대를 알면 백 번 싸워도 위태롭지 않다'는 신념을 갖고 '스파이의 침투를 막는' 방비도 철저히 해야 한다. 그렇게 해야만 자신의 실력만큼의 위상을 세우고 시장에서 성공을 거둘 수 있다.

과학 기술의 발달과 국경을 초월한 경쟁이 날로 극심해지면서 많은 나라들이 경제와 과학 기술상의 핵심적인 노하우가 대외로 유출되지 않도록 많은 노력을 기울인다. 그러나 한편으로는 다른 나라의 기밀을 알기 위해 모든 수단을 동원하기도 한다. 따라서 경제와 과학 기술 분야에서는 암암리에 정보전이 치열하게 벌어지고 있다. 과학 기술 부문, 특히 첨단 기술의 유출은 '칼자루'를 경쟁 상대에게 넘기는 것이나 다름없다. 미국 정부는 일본이 미국의 첨단기술을 연구하여 내놓은 신제품이 자국의 제품들과 경쟁하는 상황을 고심하다 타개책을 내놓았다. 일본 기술자들이 미국의 첨단기술 종사자들에 접근하지 못하게 제한하고, 미국의 IT, 신소재 등 고급 기술 세미나에 참석하는 것을 금지했다.

반면, 중국은 이러한 제도가 미비해 피해를 보는 경우가 있다. 중국은 한의학, 전통 공예와 기술 등에서 많은 노하우를 축적해 세계적인 수준에 이르고 있다. 예를 들어, 수공예 전통 목판 예술업체인 룽바오자이(榮寶齋)의 고서화 복제 기술은 외국인들의 눈에 경이롭게 비칠 정도다. 룽바오자이가 운영하는 화랑에서는 외국인들에게 고서화의 스케치부터 표구에 이르기까지 복제의 모든 과정을 상세하게 설명해 주고 사진 촬영까지 허용한다. 이는 한편으로는 기업의 기밀을 적극적으로 외국인들에게 누설하는 것이다.

첨단 정보의 자체적인 유출 방지와 더불어 경쟁 기업의 스파이 침투를 막는 작업도 매우 중요하다. 이른바 '침투'라는 것은 기민한 첩보요원이나 대리인이 상대의 비밀 부서나 정보 담당 부문에 들어가 핵심적인 비밀 정보를 빼내는 것이다. 정보 부서에 성공적으로 잠입한 스파이는 시한폭탄이나 다름없다. 미국의 실리콘 밸리는 '과학 기술 스파이'가 밀집한 곳이므로 대기업들은 국내외의 동종업계에서 스파이들을 잠입시키지 못하게 막는 것 이외에 자사 직원들이 기밀을 누설하지 못하도록 철저히 관리한다. 실리콘 밸리에 입주한 회사의 연구 개발팀들은 일반적으로 일시에 여러 제품을 개발한 뒤 밀봉했다가 출시를 결정한 제품만 개봉한다. 이런 방식은 정보 누설 방지에 효과적이다. 그러므로 의사결정을 하는 고위직을 제외하면 외부 혹은 내부의 스파이들은 어떤 제품이 시장에 출시될 것인지 알아내기 어렵다.

하지만 모든 것에는 예외가 있는 법이다. 실제로 A와 B라는 회사가 동시에 새로운 정보 시스템을 개발했는데, B사의 정보원이 A사의 임원으로 재직하고 있었다. A사의 산업 스파이 색출을 담당하는 담당자가 이 사실을 알고 CEO에게 보고했다. CEO는 스파이를 역이용하는 전략을 구사해 고급 정보를 B사의 정보원에게 고의적으로 흘렸다. 그러자 그는 즉시 B사의 CEO에게 보고했다. B사는 정보를 바탕으로 급히 제품을 개발했지만 결과는 실패로 돌아갔고, A사는 특허권을 획득했다. A사가 흘린 정보는 원래 허위였기 때문이다. 이렇듯 산업 현장에서는 점점 더 많은 기업이 정보 획득을 위해 스파이를 활용하고 있으며, 그 방법도 갈수록 교묘하고 다양해지고 있다.

일본의 한 맥주회사 사장은 아시아에 대규모 맥주 공장을 짓겠다는 포부를 가지고 독일의 맥주 제조 기술에 주목했다. 그는 독일의 양조 기술을 배우려 했지만 독일인들은 가르쳐 주지 않았다. 제조 기술의 보안도 철통같아서 도저히 정보를 빼낼 수 없었다.

고심 끝에 그는 독일로 가서 독일에 거주하는 일본 교포 행세를 했다. 그는 한 대형 맥주 공장에서 한 달 넘게 숨어서 관찰하며 공장에 들어가 기술을 빼낼 방법을 찾아냈다.

어느 날 그는 맥주회사 사장이 공장에서 차를 몰고 나올 때 갑자기 쓰러지면서 한쪽 다리를 타이어 밑으로 집어넣었다. 놀란 독일인 사장은 그를 병원에 데려가 입원시키고 치료를 해 주었다. 퇴원할 무렵이 되자 이 일본 교포는 다리가 부러지는 바람에 실직했다며 공장 경비원으로 취직시켜 달라고 부탁했다. 사장은 자신의 잘못으로 실직한 사람의 부탁을 모른 척할 수 없어 승낙했다.

맥주 공장에서 3년 동안 경비원으로 일하면서 일본인 사장은 공장으로 들어오고 나오는 화물들을 세심하게 검사하여 마침내 원료 배합과 생산 과정을 낱낱이 알게 되었다. 그리고 어느 날 일본 교포는 독일 공장에서 홀연히 사라졌다. 그로부터 3년 뒤, 독일 맥주회사는 일본과 아시아의 일부 나라들에서 자사 맥주가 팔리지 않는 이유가 일본의 한 회사가 고품질의 맥주를 생산하기 때문이라는 사실을 알아냈다. 독일 맥주회사 사장은 일본 맥주회사를 방문해서 사장을 만나는 순간 경악을 금치 못했다. 사장이 자신의 차에 치였다가 공장에서 경비원으로 일했던 사람이었기 때문이다. 독일 맥주회사는 자신의 다리를 희생해서 맥주 제조 기술을 빼내 간 일본 사장에게 경외감마저 들었지만 기술을 빼앗기는 바람에 입게 된 손실은 만회할 길이 없었다.

이렇듯 기업들은 자신의 발전 전략에 힘을 쓰는 것도 중요하지만, 그와 함께 시장 환경 변화와 상대 기업들의 동향을 파악하는 것에도 소홀해서는 안 된다.

가장 큰 정보원은
사람이다

첩자를 이용하는 방법은 인간, 내간, 반간, 사간, 생간 등 다섯 가지가 있다. 이 다섯 가지 첩자를 동시에 활용하는 데도 적이 알지 못하는 것은 교묘히 첩자를 다스리고 있기 때문이다. 이것이 곧 신기로서 통치자의 보배라고도 한다. 인간因間은 그 지역 주민을 첩자로 쓰는 것이고, 내간內間은 적의 관리를 간첩으로 쓰는 것이며, 반간反間은 적의 첩자를 역이용하는 것이고, 사간死間은 허위 사실을 첩자가 믿게 하여 그것을 전달하게 하는 것이며, 생간生間은 적국을 정탐하고 살아 돌아와 보고하게 하는 것이다.

(故用間有五: 有因間, 有內間, 有反間, 有死間, 有生間. 五間俱起, 莫知其道, 是謂神紀, 人君之寶也. 因間者, 因其鄕人而用之. 內間者, 因其官人而用之. 反間者, 因其敵間而用之. 死間者, 爲誑事於外, 令吾間知之, 而傳於敵. 生間者, 反報也.)

– 《손자병법》 '용간用間' 편에서

현대의 기업들은 정보의 수집, 연구, 분석을 담당하는 스파이의 이용에 관심이 많다. 특히 서구 국가에서는 산업 스파이 활동이 보편적이라 할 만큼 광범위하다. 미국 1,500여 개 기업을 대상으로 조사한 결과

1,324개 사가 해외에서 자사의 스파이가 활동하고 있다고 인정했다.

미국 최대의 치약회사 콜게이트의 회장이 한 치약회사의 사장에게 선물을 받았다. 정교하게 만든 악어 모형이 마음에 든 회장은 집무실 탁자에 놓고 자주 쳐다봤다. 며칠 후 회장의 부인이 악어의 눈이 움직이는 것을 이상히 여겨 분해해 보니 초소형 카메라가 있었다. 그동안 기밀문서가 고스란히 유출되었음은 말할 나위도 없다.

일본에는 400개 이상의 정보를 다루는 기관이 있다. 미쓰비시 상사는 3,000여 명이 115개 국가와 지역에서 정보를 수집한다. 이들은 수집한 정보를 집중적으로 분석하여 제품 개발에 반영하고 있다.

중국은 다칭(大慶) 유전 개발을 시작하면서 고원 지대의 추운 날씨에 적합한 석유 탐사 설비와 운송 수단을 갖춰야 하는 문제에 직면했다. 이 정보를 입수한 일본의 한 회사가 적당한 설비를 보유하고 있다고 연락했다. 일본 회사가 시의적절하게 제의할 수 있었던 이유는 중국 석유 생산에 관한 정보를 수집했기 때문이다. 이들은 중국의 석유 노동자들이 두꺼운 솜옷과 가죽 모자를 쓰고 작업한다는 기사를 보고 유전이 동북 지역의 고원지대이리라 추정해서 추운 날씨에 견딜 수 있는 설비들을 개발한 뒤 중국이 구매하기를 기다렸던 것이다.

미국 캘리포니아 주의 북부지역에 위치한 실리콘 밸리는 제2차 세계대전 이후 컴퓨터 혁명이 일어나면서 발전하기 시작했다. 이곳은 '전자 혁명의 중심' '반도체 산업의 왕국' '미국 산업의 미래와 비전의 축소판' 등으로 불리며 세계적인 명성을 얻었을 뿐만 아니라, 각국의 정보 요원과 산업 스파이들이 정보 수집 능력을 다투는 각축장이다. 실리콘 밸리에서는 밤낮없이 스파이들 간의 암투가 벌어지고 있다.

미국의 반反 스파이 기관들은 실리콘 밸리에서 스파이들이 첨단 기술을 훔치는 것을 막기 위해 색출 작전을 벌이고 있다. 사법부의 한 관리는 2002년에 정부가 실리콘 밸리에 중앙정보국CIA과 연방수사국FBI의 일류 요원들로 구성된 기술 유출 방지 특별팀을 배치했다고 밝혔다.

국방부 수사국도 실리콘 밸리에 대규모 요원을 파견했고, 매년 수십만 건에 달하는 기밀 보호 규정을 주재하고 있는 기업들에게 발송하고 있다. 또한 세관 공무원들도 사업가로 위장하여 실리콘 밸리의 벤처 기업들과 접촉하면서 기술 유출 상황을 파악하고 있다.

각 기관의 반反 스파이 활동과 마찬가지로 스파이 색출 기관들도 샌프란시스코 항만, 로스앤젤레스 공항, 롱비치 일대에 수많은 특별 요원을 파견해 기밀 보호 작업을 하고 있다.

한 정보기관이 브루크하우젠이라는 독일인 사업가가 실리콘 밸리에서 첨단 기술을 빼내고 있다는 익명의 제보를 받았다. 브루크하우젠이 실리콘 밸리에서 고도산화시스템Advanced Oxidation System이라 신고하고 LA로 보낸 박스를 세관 직원들이 뒤져 보니, 그 안에는 고급 기술 설비가 들어 있었다.

정보 요원들은 고도산화시스템을 꺼내고 모래를 잔뜩 채운 뒤 박스를 그대로 포장했다. 이렇게 화물이 몇 번 다른 지점들을 거친 뒤 정보기관에서는 브루크하우젠의 산업 스파이 네트워크의 정체를 알아냈다.

정보기관에서는 브루크하우젠의 캘리포니아 내 모든 사무실을 수색한 뒤 독일의 정보기관과 연계하여 본, 뒤셀도르프, 뮌헨 등에 있는 브루크하우젠의 회사들을 조사하여 그를 산업 스파이로 체포했다.

'반간反間'은 적의 첩자를 역이용해 적의 동정을 살피는 행위, 또 이 일을 하는 사람을 일컫는 단어로 실제로 운용하기는 어렵지만 큰 효과를 거둘 수 있다. 이중간첩인 반간을 이용하는 방법은 두 가지가 있다. 하나는 적의 첩자를 매수하는 것이고, 다른 하나는 '첩자의 정체를 모르는 것처럼 위장하여 거짓 정보를 제공'함으로써 적진에 혼란을 일으켜 소기의 목적을 달성하는 것이다. '반간'은 전통적으로 군사 분야에서 흔히 쓰였고, 오늘날 경제계에서도 광범위하게 활용되고 있다.

이중 스파이 전략은 대부분 비밀리에 기획되어서 극비리에 진행되지만, 때로는 교묘하게 외교 채널을 통해 실행되기도 한다. 예를 들어 일본 기업의 CEO들이―모두 그런 것은 아니다―외국 바이어를 접대하는 방식은 미국 기업의 접대 방식과 전혀 다르다. 이들이 접대에 열과 성을 다하는 이유는 상대의 정보를 캐기 위해서다. 기본적으로 이들은 상대를 속속들이 알려고 하지만, 자신의 정체는 절대로 눈치채지 못하도록 하는 전략을 구사한다. 이런 방식도 '반간', 즉 적의 동정을 살피는 계략이라 할 수 있다. 이것은 수비를 하면서 공격을 하고, 작은 틈이나 이익도 놓치지 않는 병법의 원칙이기도 하다. 손자는 '반간'을 매우 중요하게 여겼으므로 "적의 간첩은 반드시 찾아내고, 더 큰 이익으로 포섭하여 다시 적국으로 돌려보내면 반간反間으로 이용할 수 있다. 반간을 통해 적의 상황을 알 수 있으므로 인간因間이나 내간內間을 얻어 사용할 수 있는 것이다. 또 적정을 안 뒤에는 사간死間을 보내 허위 정보를 퍼뜨릴 수 있다. 이 밖에도 생간生間을 적국에서 활동하게 하고, 기일 내에 돌아와 보고하도록 한다. 오간五間의 활동은 군주가 반드시 알고 있어야 한다. 군주에게 오간의 활동을 전하는 자는 반간이므로 후대하지 않으면 안 된다"고 강조했다.

손자는 '반간'이 첩자 중에서 가장 큰 효과를 볼 수 있는 유형이므로 적이 보낸 간첩을 매수하거나 설득하여 이중간첩으로 만들어야 한다고 했다. 반간을 확보하면 향간, 내간, 사간, 생간 등을 활용할 수 있다는 점에서 그 이용 가치를 충분히 짐작할 수 있다. 또한 반간은 적의 내부 사정에 정통한 데다 신뢰를 받고 있으므로 역으로 이용하면 많은 정보를 얻을 수 있다.

중국의 기업들은 기밀 보호에 대한 의식이 희박하여 세계적인 문화유산인 징타이란(景泰藍, 중국의 대표적인 법랑 공예)과 선지宣紙를 만드는 기술을 일본에 고스란히 넘겨주었다. 일본인들은 전시를 구경하면서 필요한 정보를 빼낸 것이다.

현재 세계 각국이 정보 보호를 위한 조치들을 강화하고 있지만, '열 명이 지켜도 한 명의 도둑을 감당 못한다'는 말처럼 스파이 색출은 여전히 쉽지 않은 일이다. 정보 보호에 아무리 신중을 기하더라도 스파이들은 아주 작은 허점도 파고들기 때문이다.

1973년에 소련 정부가 미국의 항공기 제조회사를 선정하여 세계 최대의 제트여객기 공장을 건설할 계획을 세웠다는 소문이 돌았다. 그러나 미국 회사의 조건이 적합하지 않으면 동독이나 영국의 항공기 제조회사에 3억 달러의 막대한 프로젝트를 맡길 것이라고 했다.

미국의 3대 항공기 제조업체인 보잉, 맥도널드 더글러스, 록히드사

병법에서 경영의 지혜를 배우다

는 소문을 들은 후 수주를 위해 소련 측과 비밀리에 접촉했다. 소련은 3사와 협상을 하는 한편, 유리한 고지를 점하기 위해 서로 경쟁하도록 유도했다.

보잉사는 소련이 제시한 조건, 즉 소련의 항공 전문가 20명이 보잉사의 제조 현장을 견학하게 해 달라는 부탁을 들어주었다. 소련의 전문가들은 사진을 1만 장 이상 찍어서 자료를 확보했고, 나중에는 보잉의 대형 여객기 제조에 관한 상세한 계획까지 입수하는 엄청난 수확을 얻었다.

소련의 전문가들이 본국으로 돌아간 후 보잉사는 빠른 시일 내에 계약을 체결할 것이라 믿어 의심치 않았다. 그러나 보잉사는 그 뒤로 계약에 대한 언급을 일절 들을 수 없었고, 오히려 놀라운 소식에 경악하지 않을 수 없었다. 소련이 보잉사에서 얻은 자료를 바탕으로 대형 제트수송기를 제작했다는 것이다. 제트수송기의 엔진은 롤스로이스사가 만든 분사식 엔진을 모방한 것이었다.

그러나 소련의 처사에 놀라면서도 한 가지 풀리지 않는 의문이 있었다. 보잉사가 자료를 제공할 때 기체를 만드는 합금 재료의 노하우는 제외했는데 소련이 어떻게 완제품을 만들어 냈는지 도통 알 수 없었던 것이다.

보잉의 엔지니어들은 이 수수께끼를 풀기 위해 반복적으로 기억을 되살리다 마침내 해답을 찾았다. 소련의 전문가들이 공장을 방문했을 때 신었던 특이한 모양의 구두가 주범이었던 것이다. 특수 제작된 구두는 비행기 부품을 만들 때 바닥에 떨어진 금속 가루를 구두창에 들러붙게 하여 소련 전문가들이 돌아가 그것을 바탕으로 합금 재료의 비밀을 밝혀낸 것이다.

과학 기술의 발전에 힘입어 산업 스파이의 활동도 날로 첨단화되고 있다. 정보원들이 과학 기술을 잘만 이용하면 상대의 정보를 쉽게 손에 넣을 수 있게 된 것이다. 하지만 상대의 정보를 빼내는 것만큼 자신의 정보가 상대에게 넘어가지 않도록 주의하는 것이 매우 중요하다. 결국 스파이의 활약과 이를 색출하기 위한 싸움이 더욱 복잡해져 가고 있다.

넘볼 수 없는 실력이 곧 최상의 무기다

예로부터 전쟁에 능한 자는 먼저 적이 이길 수 없게 힘을 키워 두고 적을 공격하여 승리할 수 있는 때를 기다렸다. 적군이 승리할 수 없게 하는 것은 자신에게 달려 있고, 자신이 승리하는 것은 적군에게 달려 있다. 그러므로 병법에 능한 자는 적군의 승리를 막을 수 있지만, 자신이 반드시 승리할 수 있도록 적을 움직일 수는 없다. 따라서 승리를 예상할 수는 있어도 이길 수 있는 확실한 방법은 알 수 없다.

(昔之善戰者, 先爲不可勝, 以侍敵之可勝. 不可勝在己, 可勝在敵. 故善戰者, 能爲不可勝, 不能使敵必可勝. 故曰, 勝可知, 而不可爲.)

– 《손자병법》 '군형軍形' 편에서

병법에 능한 장수는 먼저 적군이 승리하지 못하게 힘을 비축한 뒤 적을 무너뜨릴 시기를 엿본다.

'먼저 승리를 거둔다(先勝)'는 개념은 손자의 병법사상을 구현하는 것으로서 그 의미가 자못 심오하다. '먼저'의 함의는 적과 아군의 태세를 변화시켜 승리를 얻는 내재적 요인이다. 먼저 자신이 강대해져서 적에게 패하지 않을 수준이 되어야 승기勝機를 잡을 수 있다. 적이 먼저 승리를 거두면 궁극적으로 승자가 되기 힘들므로 싸움 전에 강대해지는 내부적 준비가 무엇보다 중요하다. 즉, '먼저 적이 승리할 수 없도록' 실력을 갖춰야 군세軍勢를 충분히 떨칠 수 있도록 뒷받침하는 여건, 군형軍形이 제대로 갖춰진다. 군형을 갖춘다는 것은 적이 아군의 상황을 짐작할 수 없게 하거나 아군의 외형을 철저히 감춘다는 의미다.

'먼저 적이 승리할 수 없도록 한다(先爲不可勝)'는 명제에서 핵심은 '먼저'다. 홍콩은 기적을 만드는 곳으로 유명하다. 700만의 인구에 손바닥만 한 도시에서 기적을 일궈내는 홍콩 사람들의 성공 비결은 무엇일까? 백만장자나 봉급생활자를 불문하고 상당수가 '워커홀릭', 즉 일 중독자라는 사실이 해답이다. 이들의 삶에는 오직 일만 있고, 일이야말로 삶을 가장 잘 즐길 수 있는 수단이다. 적지 않은 사업가들이 70세가 넘어서도, 혹은 90세 이후에도 매일 샐러리맨처럼 아침 일찍 출근해서 밤늦게 퇴근하고, 해외 출장도 빈번하게 간다.

한 기자가 재계의 거물급 인사들에게 평소에 즐기는 것이 무엇인지를 물었을 때 거의 예외 없이 '일'이라고 답했다. 그들은 중국인들이 일상적으로 즐기는 마작도 하지 않고 자투리 시간조차도 일과 관련된 것을 하며 보낸다. 미국의 경제 잡지 포브스가 선정한 세계 9위의 부자 리자청의 둘째 아들 리차드 리(중국 이름은 리쩌카이(李澤楷))는 홍콩에서 '성공의 아이콘'으로 불린다. 그의 성공을 가능케 한 것은 무엇일까? 물론 세계적 거부인 아버지의 후광이 크게 작용한 것은 사실이다. 하지만 정확하게는 그것이 아닐 수도 있다. 그의 성공을 명확히 설명할 수 있는 한 가지 수치가 있다. 그는 1년에 160번 이상 비행기를 탄다. 거의 이틀에 한 번 꼴로 출장을 다니는 강행군을 하는 것이다. 홍콩 사람들에게 '먼저'의 의미는 '쉬지 않는' 단계에서 머물지 않고, 끊임없이 분투하여 '앞서 가는' 것이다.

1948년에 옥스퍼드 대학에서 윈스턴 처칠 전임 수상을 초청하여 '성공의 비결'이라는 제목의 강연을 열었다. 강연장에는 그의 연설을 들으려는 사람들로 인산인해를 이루었고, 세계 각국의 기자들도 취재에 열을 올렸다. 청중의 우레와 같은 박수를 받으며 등장한 처칠이 입을 열었다. "나의 성공 비결은 세 가지입니다. 첫째, 절대로 포기하지 않는다. 둘째, 절대로 절대로 포기하지 않는다. 셋째, 절대로 절대로 절대로 포기하지 않는다. 이것으로 강연을 마치겠습니다."

말을 마친 그가 연단에서 내려갔을 때 실내는 조용했다. 침묵을 지키던 청중은 1분 후에야 뜨거운 박수를 치기 시작했고 멈출 줄 몰랐다. 처칠의 성공 비결은 '먼저 적이 나를 이기지 못하게' 한다는 마지노선을 정하고 절대로 포기하지 않는 것이었다.

치열한 경쟁이 일상화된 현대 사회에서 승리하기 위해서는 적에게 틈을 주어서는 안 된다. 설탕군밤은 중국인들이 즐겨 먹는 간식거리다. 통계에 의하면, 상하이에는 대형 규모의 설탕군밤 회사가 10여 개 이상 있고, 영세한 가게 100여 개가 난립하고 있다. 이 밖에도 타 지역에서 새로운 조리법으로 만든 설탕군밤이 상하이에 진출하자 70년 가깝게 영업을 한 전통 업체 '신장파新長發'는 도전에 직면했다. 신장파는 그동안 어렵사리 지킨 선발 주자의 자존심을 지키기 위해서라도 결코 무너질 수 없다는 투지를 불태우며 수성守成에 들어갔다.

첫 번째 전략은 제품의 신선도를 유지하는 것이었다. 중국 토종 밤인 판율板栗은 9월에서 다음 해 2, 3월까지 생산되는데, 이 기간에만 상품을 판매함으로써 묵은 밤을 쓰지 않는다는 사실을 소비자들에게 알렸다. 두 번째 전략은 원료를 엄선하는 것이다. 교배종(잡종)은 제외하고, 특수 제작한 기계로 질이 좋은 밤만을 골라서 설탕군밤을 만들어 우량한 제품을 출시했다. 2000년에는 수십만 위안의 영양 성분 측정 기계를 마련하여 불량 제품을 골라냈다. 세 번째 전략은 독특한 배합 방식이다. 전통적인 재료 배합을 개선하여 맛과 밤의 윤기가 타사 제품들과 확연히 구별되도록 했다.

이러한 신장파의 노력은 기업, 사업가, 개인을 막론하고 경쟁에서 이기기 위해서는 '적이 넘볼 수 없도록' 해야 한다는 병법의 가르침을 구현한 것이다.

손자는 '구지九地'편에서 "적이 가장 중히 여기는 곳을 먼저 공략하고, 남모르게 호기(好機)를 기다려야 한다(先其所愛, 微與之期)"고 했다.

싸움을 할 때는 먼저 전략적 요지를 점령하되 쉽게 교전해서는 안 된다. 이는 적이 승리할 빌미를 주어서는 안 된다는 의미이자 경영인이 반드시 지켜야 할 공격과 수비에서의 금과옥조다.

성공할 수 있는 환경이 조성되면
성공은 저절로 온다

병법에서 반드시 주의해야 할 다섯 가지 요소가 있다. 첫째는 지형의 계측, 둘째는 자원, 셋째는 군사의 수, 넷째는 전력의 비교, 다섯째는 우열과 승패의 예측이다. 지형이 넓이를 좌우하고, 넓이가 자원량(인적, 물적)을 좌우하고, 자원량이 군사의 수를 좌우하고, 군사의 수가 전력을 좌우하고, 전력의 우열이 승리와 패배를 좌우하게 된다. 그러므로 승리하는 군대는 무거운 일(鎰, 240銖에 해당)로 가벼운 수銖를 상대하는 것과 같으며, 패하는 군대는 가벼운 주의 무게로 무거운 일의 중량을 대하듯 약한 군사력으로 강한 상대에 대적하는 것이다. 뛰어난 장수가 지휘하는 전투는 마치 막아 둔 물을 터서 천 길 계곡으로 떨어지게 하는 것 같은데, 이것을 형形이라 한다.

(兵法, 一曰度, 二曰量, 三曰數, 四曰稱, 五曰勝. 地生度, 度生量, 量生數, 數生稱, 稱生勝. 故勝兵若以鎰稱銖, 敗兵若以銖稱鎰. 勝者之戰民也, 若決積水於千仞之谿者, 形也.)

– 《손자병법》 '군형軍形' 편에서

소니사의 해외마케팅 부장 우노시 하지메는 시카고로 파견된 다음 날, 현지 매장에서 자사의 컬러텔레비전이 먼지를 뒤집어쓴 채 전혀 팔리지 않는 것을 보고 충격을 받았다. 그는 일본에서는 날개 돋친 듯 팔리는 제품이 미국에서는 판매 부진을 면치 못하는 이유를 찾기 위해 밤잠을 설쳤다.

우노시는 시카고의 주요 신문들에 할인 판매 광고를 냈지만 매출에 전혀 도움이 되지 않았다. 다시 가격을 낮췄지만 판매는 여전히 지지부진했다. 오히려 할인을 거듭하면서 상품의 이미지만 실추되어 매장에서 완전히 찬밥 취급을 받았다.

우노시는 상황을 개선하기 위해 고심을 거듭했지만 좋은 아이디어가 떠오르지 않았다. 그러던 어느 날, 그는 우연히 목장을 지나다 석양 빛을 받으며 어린 목동이 소 떼를 우리로 몰고 가는 광경을 목격했다. 덩치가 가장 큰 소가 우리로 들어가자 나머지 소들이 자연스럽게 뒤따라 들어가는 것이었다. 이 모습을 보고 우노시는 갑자기 한 가지 아이디어를 얻었다.

어린 목동에 비해 덩치가 커다란 소들이 순순히 그의 말을 듣는 이유는 목동이 '우두머리 소'를 제어했기 때문이다. 우노시는 '우두머리 소'와 같은 유통업체를 찾아서 판매를 시작한다면 판매망은 급속히 늘어나게 될 것이라 생각했다.

우노시는 즉각 행동에 나섰다. 시카고 최대의 전자제품 유통업체 맥시리얼Maxilier사를 공략하기로 결심하고, 그는 곧장 맥시리얼사로 가서 사장 면담을 신청했다. 그런데 명함을 들고 사장실에 들어갔던 직원이 한참 후에 돌아와 사장이 없다고 했다.

어쩌면 너무 바빠서 자신을 만나 주지 못하는 것이라 긍정적으로 생각한 그는 다음 날 또 사장을 찾아갔다. 하지만 비교적 한가할 것이라 생각하고 찾아간 시간에도 사장은 부재중이라고 했다.

번번이 사장을 만나지 못한 우노시는 나흘째 되어서야 사장을 만날 수 있었다.

맥시리얼의 사장은 우노시가 용건을 말하기도 전에 "우리는 소니 제품을 팔지 않습니다! 당신 회사 제품은 계속 가격을 내려서 판매하기 때문에 마치 바람 빠진 공을 차는 것처럼 누구도 원하지 않아요."라고 말했다.

거래를 하려면 인내심이 필요하다고 생각한 우노시는 굴욕을 삭이며 앞으로는 가격을 인하해서 팔지 않겠다고 약속했다. 사무실로 돌아온 그는 제품의 이미지 개선 작업에 들어갔다.

우노시는 매장에 있는 소니 제품들을 모두 회수하고 저가 판매를 중단한 뒤 새롭게 신문에 광고를 실어 상품의 이미지를 변화시키기 위해 총력을 기울였다.

그리고 광고가 실린 신문을 들고 맥시리얼의 사장을 찾아가 설득에 나섰다. 그러나 "소니의 애프터서비스가 형편없어서 취급할 수 없어요"라고 다시 거절당했다.

아무 말 없이 돌아온 우노시는 텔레비전 수리 팀을 조직하여 애프터서비스를 강화했다. 그리고 신문 광고에 수리 팀의 주소와 전화번호를 실어 고객들이 언제라도 서비스를 받을 수 있다는 사실을 알렸다.

우노시가 맥시리얼의 사장을 세 번째 만나 또 거절당한 사유는 "소니의 지명도가 낮아 소비자들에게 인기가 없다"라는 것이었다.

　이에 우노시는 실망한 것이 아니라 오히려 자신감을 갖게 되었다. 그는 30여 명의 직원들을 불러 한 사람이 매일 5번씩 맥시리얼사에 소니 텔레비전을 들여놓으라는 전화를 하라고 지시했다. 끊임없이 전화를 거는 소니 직원들의 끈기에 놀란 맥시리얼 직원이 소니 텔레비전을 입고 명단에 올리는 실수를 했다.

　우노시가 다시 찾아갔을 때 사장은 벌컥 화를 냈다. "무슨 장난질을 치는 거요? 여론을 조작해서 우리 회사의 업무를 방해하고 있다는 것 아시오? 도대체 뭐하는 건지 참!"

　우노시는 사장의 화가 누그러지기를 조용히 기다렸다가 소니 텔레비전의 우수성에 대해 열변을 토했다. 일본에서 가장 인기 있는 제품 중의 하나임을 강조한 우노시는 최대한 정중하게 "제가 여러 차례 사장님을 뵙자고 한 이유는 저희 회사의 이익을 위해서이지만, 동시에 귀사의 이익도 고려했기 때문입니다. 일본에서 가장 많이 팔리는 저희 제품이 맥시리얼사의 효자 상품이 되리라는 데에는 의심의 여지가 없습니다"라고 말했다.

　그러나 사장은 우노시에게 또 다른 거절 이유를 댔다. 소니 제품은 다른 회사 제품보다 마진율이 2퍼센트 낮다는 것이었다. 이런 말을 들으면 대뜸 마진율을 다른 회사와 동일하게 하겠다고 반응하는 것이 일반적이지만 우노시는 교묘하게 설득해 나갔다. 소니보다 마진을 2퍼센트 더 주는 회사의 제품을 팔지 못하면 맥시리얼에게 돌아가는 이익이 없지만, 소니의 마진이 조금 적더라도 많이 팔면 자금 회전이 원활해지니 더 많은 이익을 내지 않겠냐고 설명했다.

우노시는 맥시리얼 사장의 입장을 고려한 데다 신뢰감을 주는 태도를 잃지 않았으므로 사장은 한 발 물러서서 소니 텔레비전을 매장의 좋은 위치에 진열해 주겠다고 대답했다. 하지만 1주일 내에 팔리지 않으면 매장에서 철수시키겠다는 단서를 달았다.

자신감을 얻어 회사로 돌아간 우노시는 젊고 잘생긴 영업 사원 두 명에게 텔레비전을 매장에 갖다 놓으라면서 이번 거래는 100만 달러어치의 주문을 받기 위한 시작이라고 강조했다. 그리고 사원들에게 맥시리얼의 점원들과 함께 판촉활동에 나서라고 지시했다.

사원들이 매장으로 가기 직전 우노시는 그들에게 점원들과 좋은 관계를 맺고, 휴식 시간에는 돌아가면서 점원들을 카페로 데리고 가서 함께 커피를 마시라는 조언을 했다. 그리고 만약 1주일 내에 가져간 두 대의 텔레비전을 팔지 못하면 다시는 회사로 돌아오지 말라고 못을 박았다.

그날 오후 4시에 두 직원이 돌아와 텔레비전을 모두 팔았고, 맥시리얼 측에서 두 대를 또 주문했다는 보고를 했다. 우노시는 기쁨의 환성을 질렀다.

이로써 소니 텔레비전은 마침내 시카고의 '우두머리 소' 격인 매장에 입성했다. 때는 12월 초로 미국의 가전용품의 성수기였다. 1개월 후, 성탄절이 지나고 정산을 해 보니 소니 텔레비전이 무려 700여 대가 팔린 것이 확인되었다.

소니 제품으로 큰 이윤을 얻은 맥시리얼사의 사장은 우노시를 대하는 태도가 완전히 달라졌다. 사장은 직접 우노시를 찾아와 소니 텔레비전을 다음 해의 주력 상품으로 밀어주겠다고 약속했고, 시카고의 주요 신문들에 대대적인 광고를 실어 상품의 지명도를 높였다.

맥시리얼이라는 '우두머리 소'가 길을 연 것을 계기로 시카고 지역의 100여 개 가전제품 매장이 소니 텔레비전을 주문했다. 3년이 채 안 돼 소니 텔레비전의 시카고 시장 점유율은 3퍼센트로 늘어났다. 이후 소니 텔레비전은 미국의 다른 지역에서도 인기 제품이 되었다.

우노시는 3개 지역에서 총 판매량이 80퍼센트를 넘는 몇 개 매장을 매우 중요한 바이어로 인식했다. 이런 매장들은 판매 기술이 뛰어나므로 '우두머리 소'의 역할을 톡톡히 하기 때문이다.

우노시는 소니 텔레비전이 시장에서 고전을 면치 못하는 상황에서 목동이 소를 모는 모습을 보고 문제를 해결할 힌트를 얻어 시카고 시장을 점령했고, 더 나아가 미국 시장에 뿌리를 내리는 쾌거를 이루었다.

합리적인 의사결정은 CEO의 필수요건이다

군주는 일시적인 분노로 전쟁을 일으켜서는 안 되며, 장수는 성을 참지 못해 전투를 해서는 안 된다. 국가의 이익에 부합하면 전쟁을 일으키되, 그렇지 않으면 전쟁을 해서는 안 된다. 분노가 풀어지면 다시 즐거워지지만, 한번 망한 국가는 다시 존재할 수 없고, 죽은 자는 다시 살아날 수 없기 때문이다. 그러므로 영명한 군주는 전쟁을 삼가며, 뛰어난 장수는 전쟁을 경계한다. 이것이 국가를 안정시키고 군대를 지키는 방법이다.

(主不可以怒而興師, 將不可以慍而致戰. 合於利而動, 不合於利而止. 怒可以復喜, 慍可以復悅, 亡國不可以復存, 死者不可以復生. 故明君愼之, 良將警之. 此安國全軍之道也.)

– 《손자병법》 '화공火攻' 편에서

미국의 굿이어Goodyear 타이어와 일본의 브리지스톤Bridgestone 타이어가 타이완에서 사활을 걸고 경쟁을 한 적이 있다. 타이완 포드자동차사가 본사로부터 3만 대의 자동차 주문을 받자 약 15만 개의 타이어 조달을 위해 공개 입찰을 한 것이다. 타이어 제조사들은 계약을 따내려고 치열한 물밑 작업을 벌였다. 굿이어와 브리지스톤이 유력한 후보로 압축되어 마지막 심사를 한 결과 근소한 차이로 굿이어 타이어가 타이어 공급업체로 선정되었다. 굿이어 타이어는 곧바로 10만 달러 이상을 투입하여 생산 준비 작업에 들어갔다.

그런데 굿이어 타이어의 아시아태평양 지역 담당자가 바뀌면서 변동이 생겼다. 수익성이 떨어진다며 타이완 굿이어사가 책임지고 포드 자동차와 교섭하여 가격을 올리고, 여의치 않으면 계약을 파기하라고 요청했다. 협상에 들어간 타이완 굿이어 사장이 아무런 소득 없이 물러나면서 결국 브리지스톤이 새롭게 계약을 하게 되었다. 이로 인해 타이완 굿이어의 직원들은 사기가 땅에 떨어질 수밖에 없었다.

몇 년 후 굿이어의 량즈궈(梁治國) 회장은 이 사건을 회고하면서 괴로워했다. 아시아태평양 지역 사장이 냉정하고 신중했어야 하는데 감정적으로 일을 처리하고, 시장 환경에 대한 분석도 소홀하여 '솥에서 다 익은 오리가 날아가게 만들었다'는 것이 주위 사람들의 평가였다고 한다. 그로 인해 회사가 입은 손실은 실로 막대했다.

국가는 물론이고 기업도 '분노로 전쟁을 일으켜서'는 안 된다. 상대와 힘을 겨뤄야 할 때는 먼저 환경, 장소, 시점, 조건 등을 면밀하게 검토해야 한다. 만약 상대가 격한 언사를 쓰거나 이익을 내세워 유혹할 때 감정적으로 대응하면 나쁜 결과에 이를 수 있다. 기업을 경영하다 보면 '체면 경쟁'을 자주 벌이게 된다. 경쟁사에서 신제품을 출시하면 비슷한 제품을 만들어 내는 기업들이 있다. 하지만 제품의 품질에 문제는 없는지, 수요가 포화 상태에 이르지 않았는지, 수익이 제대로 날 것인지 등을 충분히 고려하지 않고 단지 경쟁의식에서 유사품을 시장에 내놓으면 오히려 많은 문제가 생길 수 있다.

손자의 '패배하지 않을 준비를 하고 싸워야' 한다거나 '자신의 군사력을 그대로 보전하면서 승리를 거둬야' 한다는 병법사상은 오늘날에도 시사하는 바가 크다.

앞날을 내다볼 수 없이 변화가 극심한 시장 환경 속에서 안정적으로 성장하려면 객관적이고 냉철하게 시장을 인식해야 한다. '적과 자신을 알면 백번 싸워도 위태롭지 않다'는 병법의 가르침은 자신이 처한 환경에 대한 중요성을 강조한 것이다. 그러므로 CEO는 먼저 자사의 실체를 정확하게 파악하여 경쟁사가 승리하지 못하게 하고, 그런 다음에 싸움의 준비를 하면서 기회를 찾아야 한다. 만약 업무 확장 계획이 불투명하다고 예상되면 현재의 업무를 유지하는 수세적 자세가 유리하다. 만일 현재의 입지가 확실하여 시장 점유율을 높일 수 있다거나 신제품을 출시할 계획이 있다면 자신의 전략이나 핵심 기술을 노출하지 않는 편이 낫다. 이러한 '수세적' 경영은 일본 기업의 특징 중의 하나다.

일본 기업들의 철두철미한 기술 보안은 세계적으로 유명하고, 특히 핵심기술은 합작 상대에게 절대로 가르쳐 주지 않는다. 새로운 기술이 출현해서 쓸모없어진 다음에야 기술을 전수하는 것은 '스스로를 지킴으로써 승리한다'는 병법의 진수를 그대로 따른 것이다. 기업이 시장의 변화를 내다보고 기존의 점유율을 유지하면서 기회를 틈타 공세를 펼친다면 더 큰 시장을 확보할 수 있다.

경영은 기업의 수익과 존망을 좌우하는 중대사이므로 경영인은 모든 결정을 할 때 세 번 생각하고 행동하는 신중함을 잃지 말아야 한다.

마이클 델은 1983년에 텍사스 대학교 의대에 입학했지만 훗날 정말로 하고 싶은 일은 컴퓨터 회사를 차리는 것이었다. 그는 컴퓨터 가게에서 IBM의 재고 PC를 싸게 구입해서 업그레이드하여 파는 방식으로 목돈을 쥐었다.

첫 번째 사업의 성공으로 자신감을 얻은 델은 1학년 과정이 끝나자 자퇴를 결심했지만 부모의 심한 반대에 부닥쳤다. 부모를 설득하기 위해 델은 여름 방학 동안 판매가 부진하면 학업을 계속하겠다는 절충안을 내놓았다. 아들이 약속을 지키기 어려울 것이라 생각한 부모님은 선뜻 승낙했다. 하지만 부모님의 예상은 보기 좋게 빗나갔다. 한 달 동안 델이 판매한 액수가 무려 18만 달러나 됐기 때문이다. 결국 마이클 델은 다시 학교로 돌아가지 않고 본격적으로 사업을 시작했다.

젊은 경영자 델의 열정과 과감함에 힘입어 1991년에 델Dell 컴퓨터는 8억 달러의 매출을 올렸다. 1992년에 델은 15억 달러의 매출을 예상했지만, 놀랍게도 20억 달러를 돌파했다.

그러나 별 어려움 없이 순항을 계속하면서 마이클 델은 기본에 충실해야 한다는 경영의 왕도를 망각했다. 외형적 성장에만 전념하느라 기본 설비와 관리에 소홀하다 보니 회사가 무질서한 상태가 된 것이다. 그 결과 창립 이래 처음으로 적자를 기록했고, 주가도 대폭 하락했다.

처음 겪는 타격에 델은 그동안 붕 떠 있던 상태에서 정신을 차리고 땅 위로 내려왔다. 회사 설립 이래 9년 동안의 실적과 경영 상태를 분석한 그는 '최대 생산량을 지향한다'는 잘못된 발전 비전을 버리고 새로운 경영 전략을 짰다. 그리고 복잡한 의사 결정을 초래한 중간 단계 줄이기, 고객과의 소통 확대, 구조 조정, 저가 제품으로 시장 점유율 높이기, 적극적인 정보 수집, 직원들의 혁신적 마인드 확립, 고객의 욕구 파악, 고객 제일의 서비스 제공 등의 조치를 취했다. 일련의 행동 지침과 실천은 경영진의 의식을 바꾸었고, 안정적인 경영 방식이 정착되었다. 이와 동시에 끊임없는 혁신 정신을 통한 기업의 지속적인 발전을 꾀하게 되었다.

한 차례의 위기에서 벗어난 이후 델 컴퓨터는 320억 달러의 연간 매출을 기록했고, 명실상부한 대기업으로 성장했다. 마이클 델 역시 노련한 기업가로 변신했다. 마이클 델은 500대 기업의 가장 젊은 CEO라는 영예를 얻었다.

CEO는 신중한 결정을 내리기 위해 지식을 최대한 쓸모 있게 활용하는 방법을 알아야 한다. 특히 손자가 말한 승패를 결정짓는 요인, 적의 상황을 파악하여 이기는 방법, 이해득실을 함께 고려하는 지혜, 융통성 있게 변화를 추구하는 지식 등을 습득하고 업무와 의사결정에서 적절하게 활용해야 한다.

자연, 경제, 정치, 문화 등 여러 요인을 포함하는 시장 환경은 경영의 성패에 지대한 영향을 미친다. 하지만 세를 자신에게 유리하게 바꾸고, 환경을 합리적으로 이용하는 역량은 전적으로 CEO의 지적 능력에 달려 있다.

미국 자동차의 발전사에서 빼놓을 수 없는 중요한 인물 중의 하나가 포드자동차의 부회장이었던 제임스 쿠젠스James Couzens이다. 그는 전문성과 지혜를 발휘하여 포드자동차를 세계 최고의 자리에 올려놓았다. 하지만 '경영조직의 혁신을 이룩한 천재'라는 찬사를 받은 제너럴모터스GM의 앨프리드 프리차드 슬론Alfred Pritchard Sloan 회장은 포드자동차를 거의 파산 직전까지 몰고 갈 정도로 뛰어난 경영 능력을 발휘했다. 두 사람은 기업 발전에 있어 뛰어난 경영자가 얼마나 큰 역할을 하는지를 생생히 보여 주었다.

뛰어난 경영자가 되기 위해서는 광범위한 지식을 갖춰야 하고 자신의 업무, 환경, 취향 등에 맞는 공부를 부단히 해야 한다. 한 사람이 모든 분야에 만능일 수는 없으므로 CEO는 먼저 자신의 일에 필요한 지식을 습득하는 것이 바람직하다. 그다음에는 실행력, 의사결정 능력, 조직과 사람을 움직이는 능력, 협조와 소통 능력, 창의력, 변화에 적응하는 능력 등 여섯 가지 능력을 키워야 한다. 이러한 능력은 경영자로서의 임무를 제대로 해내기 위한 필수 조건이다. 물론 경영자의 능력은 충분한 지식을 바탕으로 생겨난다. 그러나 잊지 말아야 할 점은 모든 능력은 실천 속에서 더욱 견고해지고 완벽해진다는 것이다.

제 5 장

관리

管
理

상과 벌을 공정히 하면
조직의 기강이 바로 선다

기업의 안정적 발전을 위해서는 부드러움과 강함, 상과 벌을 효과적으로 병행해야 한다. 실제로 지시나 명령은 부드럽게, 실행은 엄격하게 하지 않으면 조직의 기강이 확고하게 설 수 없다. 한 사람의 인격은 아랫사람을 대하는 태도에서 대략적으로 드러난다. 아랫사람을 아끼는 사람은 덕이 있지만, 윗사람에게 아첨을 잘 하는 사람은 품격이 높을 리 없다. '장수는 병사를 갓난아이 돌보듯, 사랑하는 자식 대하듯이 하라'는 손자의 가르침을 실천하는 CEO는 경영자로서 최고의 경지에 올랐다고 할 수 있다. 이렇게 높은 경지에 오른 사람은 반드시 그에 걸맞은 성과를 얻는다.

사람은 인덕으로,
조직은 권위로 이끌어야 한다

병사들과 미처 친해지기도 전에 벌을 주면 복종하지 않고, 복종하지 않으면 통솔하기 어렵다. 또한 이미 친해졌는데도 벌을 주지 않으면 위계질서가 없어져 다스리기 어렵다. 그러므로 군사는 덕으로 통솔하고, 군대는 위엄과 강력함으로 다스려야 승리한다.

(卒未親附而罰之, 則不服, 不服則難用也. 卒已親附而罰不行, 則不可用也. 故令之以文, 齊之以武, 是謂必取.)

– 《손자병법》 '행군行軍' 편에서

주周나라 양왕襄王 16년(기원전 636년), 진晉나라의 중이重耳가 19년 동안의 유랑을 마치고 마침내 진나라로 돌아가 대권을 잡고 문공文公이 되었다. 제나라의 환공桓公과 더불어 역사적 인물로 꼽히는 문공은 오랜 세월 환난을 겪으면서 천하를 제패하겠다는 야심을 품었고, 그를 따르는 인물들도 하나같이 출중했다. 중이가 대권을 잡는 데에는 진秦나라의 도움이 컸다. 그가 왕이 된 후에도 호시탐탐 노리는 반대파가 있었으므로 진나라에서는 3,000명의 호위 병사를 보내 만약에 대비하도록 했다.

문공은 중원을 평정하기 위해 먼저 정치를 안정시키고 백성을 위무하는 작업에 착수했다. 그의 업적을 살펴보면 다음과 같다. 백관들을 만나 정치를 의논하고, 공이 있는 관리에게는 관직을 하사했다. 민생 문제에 있어서는 부역을 낮추고, 오랜 채무를 탕감해 주었으며, 극빈자들을 구제했다. 관세를 경감하고, 도둑들을 소탕했으며, 도로를 넓혀 상업 활동에 도움을 주었다. 농사를 격려하고, 부자들에게는 빈자를 돕게 했고, 국가 재정을 아끼고 양식을 비축하여 재해에 대비했다. 상관(常官, 상설관직)을 설치하여 국가의 기능을 강화했고, 어질고 능력 있는 사람들을 중용했으며, 중신들을 후대했고, 민풍을 순화하는 데에도 힘을 기울였다.

이 당시 조정의 관직은 서胥, 적籍, 호狐, 기箕, 란欒, 욕欲, 백柏, 선先, 양설羊舌, 동董, 한韓씨 등으로 채워졌다. 하지만 지방 관리는 주류 성씨가 아닌 다른 성씨의 어질고 유능한 인물들을 임명했다. 왕은 각지에서 올린 공물을 먹었고, 대부는 식읍에서 생산한 음식물을, 선비는 공전公田에서 나온 작물을, 일반 서민은 스스로 생산해 먹었고, 각종 장인과 관상(官商, 국영 상인)은 자신의 소득으로 식량을 구입했다. 지속적인 정치와 경제 방면의 개혁으로 진나라는 빠르게 안정을 찾은 뒤 발전을 거듭했다.

개혁이 성과를 거둔 다음 해에 문공이 천하를 제패하겠다는 의중을 넌지시 밝히자 자범子犯은 "백성은 의義가 무엇인지 모릅니다. 하물며 백성은 아직 안정을 찾지 못했습니다"라고 제동을 걸었다. 당시 상황은 실제로 문공에게 유리했다. 얼마 전 주나라 왕실에서 내란이 일어났을 때 문공이 양왕의 요청을 받아 군사를 보내 내란 세력을 진압했기 때문이다. 문공의 도움으로 천자의 권위를 회복한 양왕은 보답 차원에서 남양南陽의 읍 8개를 하사했다.

승전한 군사들이 돌아온 후 문공은 계속해서 민생을 위한 정책들을 시행했다. 백성을 동원해서 천하를 얻으려는 의도였던 것이다. 그러나 자범은 "백성은 아직 신의가 무엇인지 모르므로 동원할 수 없습니다"라고 했다.

이 무렵 양왕이 내린 8개의 읍 중에서 원原이 진나라에 귀속되는 것을 거부했다. 문공은 원을 굴복시킴으로써 백성에게 신의가 무엇인지 보여 주기로 결심했다. 그는 원을 정벌하러 떠나는 군대에 사흘 치 양식만을 준 뒤 이 기한 내에 공략하지 못하면 군사 행동을 중지하라고 명령했다. 사흘 후 원의 군대가 항복하지 않자 문공은 군대를 철수하라는 명을 내렸다. 그런데 원에 숨어 있던 첩자가 진의 군대로 돌아와 하루 이틀이면 승리할 수 있다고 보고했다. 이 소식을 문공에게 알리자 "원을 얻더라도 내가 한 말이 신의를 잃는다면 어떻게 백성을 다스릴 수 있겠는가? 나와 백성 사이에 신의가 없다면 어떻게 되겠는가. 나는 절대로 신의를 잃을 수 없다"라고 했다. 철수에 들어간 진나라 군대가 원에서 30여 리 떨어진 맹문孟門에 이르렀을 때, 그곳에 있던 원의 백성이 문공이 신의를 굳게 지키는 사람이라는 사실을 알고 순순히 투항했다.

문공의 선정으로 진나라의 풍속은 크게 변했다. 사람들은 상거래를 할 때 가격은 말하지 않고 서로 트집만 잡던 잘못된 습관을 버리고 가격을 흥정했다. 문공은 사회가 안정되었으니 꿈을 이룰 수 있겠다고 생각해 자범에게 이제는 천하를 다툴 때가 아니겠느냐고 물었다. 그러나 자범은 "백성은 아직 예를 몰라 공경하는 마음이 없습니다"라고 부정적인 대답을 했다.

이에 문공은 대규모 군사 훈련을 실시하여 백성에게 예를 가르쳤고, 질서를 관리하는 관리들을 선발하여 스스로 모범적인 행동을 하도록 했다. 그리하여 모범적인 관리의 명령을 백성이 순순히 따를 때가 되면 자신의 꿈을 펼치리라 결심했다.

문공 4년(기원전 633년), 초나라의 공격을 받은 송나라가 지원을 요청하자 문공은 친히 군대를 이끌고 출전하여 성복城濮에서 초나라의 명장 자옥子玉을 격파하여 마침내 중원의 패자가 되었다.

문공은 '군사는 덕으로 통솔하고, 군대는 위엄과 강력함으로 다스려야 승리한다(令之以文, 齊之以武)'는 손자의 가르침을 실천하여 민심을 샀기에 패자의 자리에 오르는 성공을 거두었다.

법령이 평소에 잘 행해지면서 병사들을 가르치면 병사들이 복종하지만, 법령이 평소에 잘 행해지지도 않으면서 가르치면 병사들은 복종하지 않는다. 법령이 평소에 잘 시행되면 병사들과 일심동체가 될 수 있다.
(令素行以敎其民, 則民服; 令不素行以敎其民, 則民不服. 令素信著者, 與衆相得也.)

– 《손자병법》 '행군行軍' 편에서

조직의 관리자는 인격 수양을 통해 '큰 그릇'의 도량과 자질을 갖추어야 한다. 군대로 말하면 장군, 조직에서라면 리더에게 필요한 자질은 냉정함, 침착함, 위기 앞에서도 흔들리지 않는 대담함 등이다.

사람은 경력, 학식, 기질 등이 저마다 다르므로 자신이 리더로서의 자질과 태도를 갖추었는지 스스로 파악해야 한다. 경영자의 경우, 자신의 개성과 기업 경영에 필요한 요소가 부합하는지를 이해해야 한다. 사람의 기질과 성격은 크게 두 가지로 나눌 수 있다. 하나는 내향적이고 '타자 주도적인', 즉 '협조적'인 성격이다. 다른 하나는 외향적이고 '자기 주도적'인 '진취적' 성격이다. 일반적으로 내향적이고 협조적인 사람은 회사가 정상적으로 발전하고 있는 단계의 경영자로 적합하다. 이에 비해 외향적이고 진취적인 사람은 개혁을 단행하여 기업의 국면을 전환하는 작업에 적합하다.

병법에서 경영의 지혜를 배우다

손자가 지적한 군사를 다스리는 원칙과 지혜는 기업 경영에서 거울로 삼을 만하다.

산시(陝西)건설기계는 손자의 병법 사상에 입각하여 사람을 중시하되 '엄격한 관리'를 모토로 삼았다. 엄격한 관리만이 기업의 전체 수준을 높여 일류 제품을 생산하고, 경쟁에서 승자가 될 수 있다고 믿기 때문이다.

철저한 관리를 위해 산시건설기계는 품질, 근로 기율, 작업, 생산, 물자, 설비, 에너지, 자금, 안전, 환경 등 10개 분야에 걸쳐 엄격한 기준을 세웠다.

2001년과 2002년에 이 회사는 건설부로부터 '품질관리상'을 수상했고, 중국건설기계위원회로부터는 '우수 생산 업체'라는 평가를 받았다. 직원들의 기율 확립과 업무 향상을 위해 상과 벌을 확실히 함으로써 얻은 결과였다. 2001년 여름에 한 여성 임원이 미니스커트와 슬리퍼 차림으로 공장에 들어갔다가 벌금 20위안을 물어야 했다. 더운 날씨에 편안한 복장으로 업무에 임하려는 의도였지만, 복장 지침을 어겼기 때문에 제재를 받은 것이다.

2002년에는 외부 손님을 수행하여 공장 견학을 한 고위 임원이 반바지를 입었다가 품위 손상으로 벌금을 물었다.

회사 내의 규정이나 제도를 어긴 직원들에게 사정을 참작하여 벌금, 급여 삭감, 직위 강등 등의 조치를 취한 결과, 내부 단결력은 현저히 높아졌다. 이와 함께 시행된 격려제도에 고무된 직원들은 비전을 가지고 업무에 더욱 매진하는 모습을 보였다.

　기율과 규범이 철저히 지켜지기 위해서는 평소에 구성원의 교육을
잘 시켜야 하며, 또한 리더와 조직의 구성원이 서로 신뢰해야 한다. 기
업도 군대와 마찬가지로 안정적인 발전을 위해서는 합리적으로 명령
을 내리고 엄격하게 조직을 다스려야 한다. 이런 원칙을 적용하여 조
직 구성원 모두가 정확한 방향으로 전진하면 기업은 치열한 경쟁 속에
서도 입지를 확고히 굳힐 수 있다.

보상은 인재 관리를 위한 필수조건이다

적의 물자를 빼앗으려면 사졸들에게 재물을 상으로 주어야 한다.

(取敵之利者, 貨也.)

– 《손자병법》 '작전作戰' 편에서

손자는 병사들의 정신력을 높이는 문제와 더불어 물질적 보상도 중요하게 생각했다. "후한 상을 내리면 반드시 용감한 자가 나타난다"는 속담이 말해주듯이, 병법가들은 군사들에게 상을 내리고 장려하는 것이 사기 진작과 직결된다는 사실을 크게 강조했다. 상벌을 분명히 하면 병사들은 적극적으로 움직이기 때문에 전투력이 향상된다. 하지만 봉건 시대에는 승리한 군사들에게 약탈을 허용했기 때문에 민중의 삶과 생산 활동에 끔찍한 재앙을 초래했다.

후한 시대의 환제桓帝 연희延熹 5년(162년), 장사長沙와 영릉零陵 지역에서 8,000여 명이 반란을 일으켰다. 반란군은 계양桂陽, 창오蒼梧, 남해南海, 교지交趾 4개 군을 공격했다. 교지의 자사와 창오의 태수가 싸움도 하기도 전에 도망가 버린 덕에 반란군은 이 지역을 쉽게 점령했다. 조정에서는 어사중승御史中丞 성수盛修에게 군사를 모집하여 토벌하게 했으나 실패했다. 설상가상으로 군사들 가운데 하남 성 장애章艾현 출신 600여 명은 대우를 제대로 받지 못하자 반란을 일으켜 장사 일대의 군현을 불태우고 익양益陽을 공격하여 현령을 죽이는 등 세력이 점차 확대되었다. 조정에서는 마목馬睦과 유도劉度를 보내 진압을 시도했지만 대패했고, 두 사람은 도주했다.

환제는 형주 자사 도상度尙에게 유도를 대신해 반란을 진압하도록 했다. 도상은 병사들과 동고동락하여 신임을 얻는 한편 소수 민족 부락에서 용감한 전사들을 모집하여 반란군을 크게 무찔렀다. 그 결과 투항자의 숫자가 1만 명이 넘었다. 계양 일대의 복양卜陽과 반홍潘鴻에서는 도상의 공세를 피해 깊은 산속으로 숨어들어가 그곳을 기반으로 출몰하면서 백성을 괴롭혔다. 도상은 수백 리 떨어진 곳까지 추격해 반란자를 처단하고 대량의 재물을 노획했다.

그러나 잔여 세력의 규모는 상당했다. 문제는 도상의 군사들이 승리를 거듭하고 약탈한 재물로 배가 불러 교만해지는 바람에 투지를 잃은 것이었다. 도상은 이대로 군대를 방종하게 놔두면 결사적으로 싸우지 않을 것이고, 고삐를 늦추지 않고 싸움을 하면 도망할 것이라 예상했다. 고민을 거듭한 그는 자신의 병력으로 진압할 수 없다고 판단해 각

지의 지원군이 도착하면 함께 반란군을 공격하기로 결심하고 당분간
은 병사들에게 사냥을 하라고 명령했다.

사병들은 전투를 하지 않아도 된다는 기쁨에 무리를 지어 사냥에 나
섰다. 얼마 후 도상은 심복들에게 군영에 불을 지르도록 했다. 사냥에
서 돌아온 병사들은 생명과 바꿔 얻은 재물이 다 타 버린 것을 알고 통
곡했다. 도상은 군사들을 위로하면서 군영을 제대로 관리하지 못한 것
이 자신의 책임이라며 사과했다. "적군에게서 얻은 재화로 우리 군사
들이 몇 대는 잘 먹고 잘살 수 있었다. 하지만 그들을 다 죽이지 못한
것은 우리가 최선을 다하지 않았기 때문이다. 적들을 다 죽이면 우리
는 얻을 것이 많다. 오늘의 손실은 아까워할 필요도 없이 별것 아니
다." 도상의 말에 설득당한 군사들은 다시 사기충천했다. 이들은 도상
의 명령에 따라 공격 준비를 마치고 다음 날 적의 군영을 습격했다. 반
란군은 며칠 동안 공격을 받지 않은 데다 방어 태세가 공고하다고 방
심한 터라 도상 군대의 기습에 대패했다. 이로써 반란군은 완전히 진
압되었다.

도상은 반란군 진압에 들어간 초기에 모집한 군사들에게 상을 내려
사기를 높였다. 하지만 싸움에서 계속 승리하여 재물을 모은 사병들은
투지를 잃었다. 이런 상황을 역전하기 위해 도상은 자신의 군영을 불
태우게 하여 병사들이 재물을 잃게 하는 극적인 방법을 썼다. 그리고
병사들을 다시 자극하여 죽기 살기로 싸우게 한 결과 승리를 거두었다.

병서 《육도삼략六韜三略》의 '용도龍韜'에서는 "승패를 짐작하려면 먼
저 적의 정신 상태를 봐야 한다. 명민한 장수는 승패의 징조를 잘 살피

고, 행동을 보면 정신력을 알 수 있다(勝負之征, 精神先見, 名將察之, 其敗在人)”라고 했다. 상업전쟁에서도 병법의 진리는 예외 없이 통한다. 기업은 혼이 담긴 제품을 만들어 소비자들에게 좋은 이미지를 심어 주어야 그 미래가 밝다.

다임러벤츠는 독일 최대의 자동차회사로, 고급차의 대명사로 통하는 ‘메르세데스 벤츠’로 세계적인 명성을 얻었다. 다임러 벤츠는 1890년 다임러가 설립한 다임러와 1883년에 K. 벤츠가 설립한 벤츠를 1926년에 합병하여 설립된 회사로, 지금까지 몇 번의 심각한 위기를 겪기도 했다. 적지 않은 자동차 메이커들이 치열한 경쟁을 거듭하다 사라진 것과 비교하면 운이 좋았다고 할 수 있지만, 그보다는 기업정신에서 성공 비결을 찾을 수 있다.

벤츠사는 기술력이 워낙 뛰어나다고 정평이 나 있기 때문에 벤츠 자동차는 소유한 사람의 부와 사회적 지위의 상징이 되었다. 벤츠가 이렇게 사람들의 큰 신뢰를 얻게 된 이유는 무엇일까?

벤츠사가 시종일관 탁월한 품질을 유지할 수 있는 이유는 모든 구성원이 제품의 질을 중시하기 때문이다. 고품질의 제품을 생산하기 위해서는 직원들의 자질이 우수해야 함은 말할 나위가 없다. 벤츠는 기술 인력의 양성에 전사적 차원의 지원을 아끼지 않아서 독일 내의 트레이닝 센터만도 502곳에 달한다. 훈련을 받는 인력은 두 유형이다. 하나는 기본적인 직업 훈련을 받은 젊은이들, 다른 하나는 직업 훈련 교육을 받은 경험이 있는 생산직, 영업직, 기술직 등이 대상이다. 기본 훈련을 받는 인력은 평균 6,000명인데 대부분 10년제 직업학교를 졸업

병법에서 경영의 지혜를 배우다

한 뒤 공장에서 2년간의 교육을 받는다. 훈련 과정은 1주에 하루는 강의를 듣고, 나머지 시간에는 공장에서 생산에 필요한 기본 이론과 실습을 하는 것이다. 이들은 졸업 시험에 합격해야 정식 근로자가 된다. 불합격자들에게는 1회 재시험의 기회를 주고, 여기서 불합격하면 퇴소해야 한다. 각처에 있는 공장에서는 간단한 보조 업무만 젊은 근로자들이 담당하고, 기술이 필요한 작업은 경력이 많은 사람이 사수가 되어 이끌어 나간다.

벤츠사의 핵심 인력인 엔지니어, 영업직, 기술직은 대략 전체 인원의 20퍼센트를 차지한다. 회사에서는 이들의 재교육에 아낌없는 투자를 한다. 전문성 높은 강의, 해외 연수, 과외 활동 등 다양한 재교육 프로그램에 참여하는 인원은 1년 평균 2만~3만 명에 달한다.

이 밖에도 회사에서는 직원들의 생활을 보살피고 노동의욕을 고취하는 제도와 활동을 적극적으로 시행한다. 이를 통해 직원들이 제품의 고퀄러티는 회사의 운명과 자신들의 이익과 직결된다는 인식을 갖게 한다.

벤츠사는 제품의 작은 부품 하나에도 하자가 없도록 만전을 기한다. 흔히 자동차의 품질을 논할 때 외관과 성능에 주의를 할 뿐 좌석에는 별로 신경을 쓰지 않는다. 하지만 벤츠사는 좌석 제작에도 세심한 주의를 기울인다. 질 좋은 가죽 좌석을 만들기 위해 가죽을 납품하는 세계 각지의 업체들을 실사한다. 소 목장을 방문하여 소의 몸에 상처가 생기거나 기생충이 없도록 위생 상태를 점검하고, 납품된 소가죽(1장은 6제곱미터)의 절반만 사용한다. 너무 얇은 부분, 주름진 부분 등은 적합하지 않기 때문이다. 가죽의 재단, 염색 등의 공정은 모두 전문가가 책임진다. 좌석 하나를 만드는 데도 세심한 정성을 기울이는 사실에서 완벽한 제품 생산을 위한 그들의 치밀함을 엿볼 수 있다.

새로운 차종의 개발 후 품질과 성능을 테스트하는 과정을 보아도 역시 명불허전이다. 컴퓨터로 정밀 검사를 하는 것 이외에도 8.4헥타르(약 25,000평) 규모의 시험장에서 로드테스트를 한다. 현지 상황에 적합한지를 판정하기 위해 미국, 캐나다, 유럽, 남아메리카, 아시아 국가에도 테스트 센터를 마련했다. 테스트 센터에서는 매년 1만 대 이상의 표본 조사를 한다.

이제 자동차는 단순한 교통수단에서 벗어나 소유자의 사회적 신분과 성공의 상징물이 되었다. 교통수단으로서의 자동차는 운전자의 안전을 보장해야 하므로 품질이 매우 중요하다. 벤츠 자동차는 지속적인 품질 향상으로 소비자의 안전감에 대한 요구를 만족시켰을 뿐만 아니라, 사회적 위상과 품위를 대표하는 심벌로 확고히 자리매김했다. 한 제품이 시장에서 경쟁력을 가지려면 소비자가 원하는 바를 충족시켜야 함은 물론이고 독특한 개성으로 차별성이 있어야 한다. 벤츠는 경쟁력의 두 가지 요건을 모두 갖춤으로써 성공 일로를 걸은 것이다.

벤츠의 자동차는 내구성, 쾌적함, 안전성 등의 요건을 완벽하게 갖춤은 물론 고급스러운 이미지로 확고하게 자리 잡아 세계인이 선망하는 제품이 되었다.

배려와 이해가
가장 큰 리더십이다

장수가 병사를 갓난아기 돌보듯 아끼면 병사들은 깊고 험한 골짜기
까지도 함께 들어갈 수 있고, 병사들을 자식처럼 사랑하면 생사를 같
이할 것이다.

(視卒如嬰兒, 故可以與之赴深溪; 視卒如愛子, 故可與之俱死.)

– 《손자병법》 '지형地形' 편에서

손자는 "병사를 사랑하는 자식처럼 대하라"고 장수에게 당부했다.
전통적인 가부장 사회의 혈연관계가 그러하듯이 장수와 병사가 끈끈
한 정으로 연결되어야 한다는 의미다.

삼국 시대 말기에 진晉나라의 왕준王遵은 파군巴郡의 태수였다. 파군
은 오나라와 국경을 맞대고 있는 전략적 요지였으므로 이곳의 병사들
은 몹시 고된 병역의 의무를 져야 했다. 힘든 병역을 하지 않도록 갓
낳은 아들을 죽이거나 버리는 사람들이 많다는 소문을 들은 왕준은 영

아 살해를 엄격히 금지했다. 이와 함께 어린 아이를 키우는 가정에서는 수년 동안 요역(徭役, 국가가 백성의 노동력을 무상으로 징발하던 수취 제도)을 면제해 주어서 정성껏 아이들을 키우도록 했다. 왕준의 조치로 인해 파군에서는 남자아이들의 수가 늘어났다. 진 무제武帝 함녕咸寧 5년(279년), 왕준이 군사를 이끌고 오나라를 공격했다. 파군의 어린 남자아이들은 이때에 이르러 성인이 되었으므로 군역에 동원되었다. 이들의 부모는 "왕공께서 너희들을 키웠으니 충성을 다해 싸워야 한다"라는 당부로 왕준의 은혜에 보답하라고 격려했다.

손자의 사상은 선진先秦 시대 '인애仁愛' 사상에서 영향을 받았다. 장수는 '병사를 사랑하는' 미덕을 갖춰야 한다는 당위성을 강조한 것이 바로 그러하다. 병사를 아끼고 사랑하되 그 방식은 두 가지로 나눌 수 있다. 즉, 자비로운 부모의 마음으로 사랑하는 것과 엄격한 아버지의 자세로 사랑하는 것이다. 전자가 사랑 자체를 말하는 것이라면, 후자는 수단적인 것이다. 그리하여 두 가지 사랑을 베풂으로써 '위험을 무릅쓰고, 죽음도 함께하는' 군대가 되는 것이 궁극적 목적이었다.

중국 역사상 병사를 마치 자식처럼 사랑한 예는 수없이 많다. 칭기즈칸은 병사를 사랑해야 한다는 손자의 사상에 깊은 감명을 받아 평생 엄격히 군대를 다스리면서도 병사들을 자식처럼 아꼈다. 그는 장수들에게 일반 병사들을 잘 보살피면서 고통에 관심을 보이라고 강조했다. 행군을 할 때는 거리를 따져 병사와 말이 피곤하면 휴식을 취하게 했고, 부상당한 병사에게는 위로를, 전사한 병사에게는 애도를 표하고 유가족을 보살폈다. 칭기즈칸의 병사를 사랑하는 마음은 군대의 단결과 투지로 이어져 최강의 전력을 갖출 수 있었다.

사람을 판단할 때 그가 자신보다 지위가 낮은 사람을 어떻게 대하는지를 보면 인격을 대략 짐작할 수 있다. '아랫사람을 사랑한다면 덕이 높은 것이고, 윗사람에게 아부하는 사람은 인격이 낮은 것이다(愛下者德高, 媚上者品低)'는 말은 그냥 나온 것이 아니다.

솔 프라이스가 설립한 '프라이스 클럽'은 클럽과 백화점의 성격을 겸비한 창고형 할인점의 효시로서 독특한 경영에 힘입어 큰 성공을 거두었다. 프라이스 클럽의 성공 요인을 한마디로 말하면 '박리다매'다.

프라이스 클럽의 가장 큰 특징은 소비자가 1년에 25달러의 회비를 내면 회원카드를 발급받아 모든 매장에서 쇼핑을 할 수 있고, 가격 우대를 받는다는 것이다. 이 밖에 경영상의 특징을 살펴보면 다음과 같다.

첫째, 마진율을 최소화한 다량 판매다. 예를 들어 46.95달러짜리 유명 브랜드 운동화를 프라이스 클럽에서는 32.99달러에 판매한다. 이윤을 낮추어 판매량을 늘리는 방식은 결과적으로 높은 매출을 통해 이윤을 얻게 해 준다. 이런 시스템으로 일반 소매점에서 컬러텔레비전을 하루 1대 판매할 때 프라이스 클럽에서는 같은 제품을 8~10대 가량 판매할 수 있다.

둘째, 회원제로 운용했다. 일단 회원이 된 소비자는 회비를 내고 물건을 사지 않으면 손해라는 생각 때문에 가급적 이곳에서 쇼핑을 하는 부수 효과도 크다.

셋째, 넓은 매장에 온갖 제품을 다 구비함으로써 고객의 수요를 충분히 만족시킨다. 회원들이 이용하는 주차장이 무료라는 점도 큰 매력으로 작용한다. 매장에서 값싼 제품을 무한정 살 수 있으므로 회원 중에는 자신이 구매한 것을 되팔아 이익을 남기는 경우도 있다.

넷째, 프라이스 클럽은 고객에게 친절한 서비스를 제공했다. 회원 중에는 저소득층도, 백만장자도 있지만 빈부 차에 따른 차별을 전혀 하지 않는다. 솔 프라이스는 "부자들도 값싸고 질 좋은 물건을 좋아하기 때문에 우리는 부자나 가난한 사람을 완전히 동일시한다"라고 말했다. 그는 상품의 가격을 더 이상 낮출 수 없는 수준까지 낮췄다. 일례로, 창고를 마련하지 않고 직접 매장에 상품을 배열하여 창고비와 운반비를 낮추는 식이었다. 또 회원들과 가까워지기 위해 자체적으로 제작한 소식지를 발송하고, 직원들에게 '회원과 우리는 한 가족'이라는 교육을 실시했다. 직원 교육과 다양한 행사는 회원들의 프라이스 클럽에 대한 유대감을 강화하는 역할을 했다.

고객이 어떤 물건을 선호하는 이유는 두 가지, 곧 가격과 기분이다. 프라이스 클럽은 싼 가격과 고객에 대한 친절로 두 가지 동기를 모두 만족시킨다. 솔 프라이스는 일종의 성동격서聲東擊西 작전으로 성공한 대표적 인물이라 할 수 있다. 표면적으로는 파격적인 가격 할인을 통해 고객과 친밀감을 쌓는 듯하지만, 지갑을 열게 하는 것이 진짜 목적이기 때문이다.

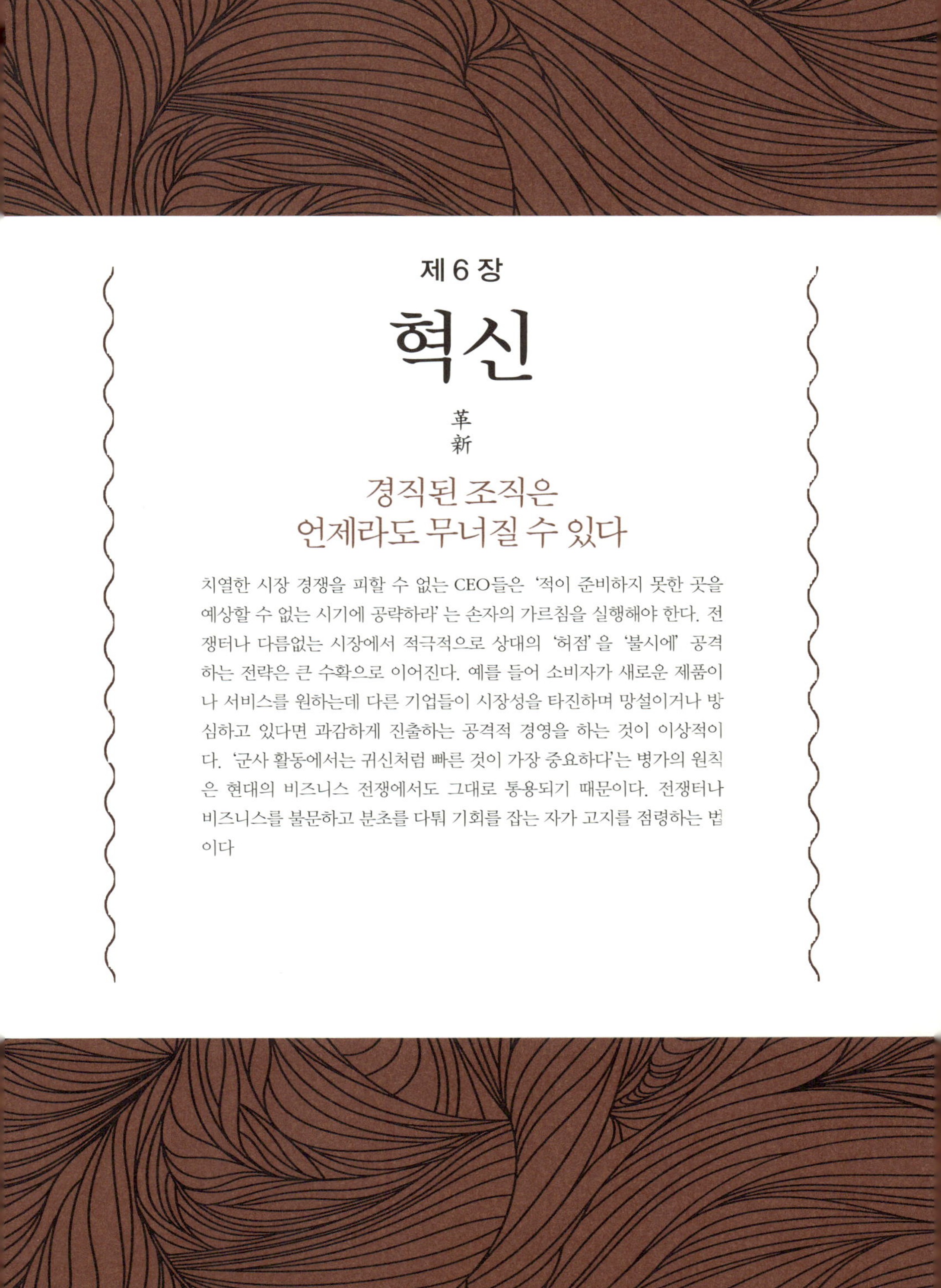

제 6 장

혁신

革
新

경직된 조직은
언제라도 무너질 수 있다

치열한 시장 경쟁을 피할 수 없는 CEO들은 '적이 준비하지 못한 곳을 예상할 수 없는 시기에 공략하라'는 손자의 가르침을 실행해야 한다. 전쟁터나 다름없는 시장에서 적극적으로 상대의 '허점'을 '불시에' 공격하는 전략은 큰 수확으로 이어진다. 예를 들어 소비자가 새로운 제품이나 서비스를 원하는데 다른 기업들이 시장성을 타진하며 망설이거나 방심하고 있다면 과감하게 진출하는 공격적 경영을 하는 것이 이상적이다. '군사 활동에서는 귀신처럼 빠른 것이 가장 중요하다'는 병가의 원칙은 현대의 비즈니스 전쟁에서도 그대로 통용되기 때문이다. 전쟁터나 비즈니스를 불문하고 분초를 다퉈 기회를 잡는 자가 고지를 점령하는 법이다

시장과 상대의 틈새를 찾으면 그곳에 기회가 있다

적이 무방비 상태일 때 공격하고, 예상하고 있지 못하는 상황에서 출격한다. 이러한 기만술은 병법가의 승리의 비결이므로 사전에 누설되어서는 안 된다.

(攻其無備, 出其不意. 此兵家之勝, 不可先傳也.)

– 《손자병법》 '시계始計' 편에서

손자가 설파한 기만술 12가지를 관통하는 정신은 '적이 무방비 상태일 때 공격하고, 예상하고 있지 못하는 상황에서 출격한다'는 것이다. 전쟁은 기본적으로 힘과 두뇌의 다툼이지만 전략가들이 더욱 선호하는 것은 두뇌 싸움이다.

적을 혼란스럽게 만드는 구체적인 기만술은 '능력이 있으면서도 적에게 능력이 없는 것처럼 보이게 하고, 필요하면서도 필요하지 않은 것처럼 위장한다. 가까운 것을 노리면서도 적에게는 먼 곳을 노리는

병법에서 경영의 지혜를 배우다

것처럼 보이게 하고, 먼 곳을 노리면서도 가까운 곳을 공격할 듯이 보이게' 하는 것이다. 또한 '적이 이익을 탐하면 이익으로 유혹하고, 적들이 혼란에 빠져 있으면 기회를 틈타 무너뜨린다. 적의 군비가 충실하면 대비를 하고, 적의 전력이 막강하면 정면충돌을 피하는' 것은 적이 예상하지 못하는 상황을 이용하는 방법이다.

일본 세이코 시계의 핫토리 이치로(服部一郎) 사장은 시계의 명가 스위스에 조용히 도전장을 냈다. 그는 스위스 시계의 세계적 명성은 기계식 시계(태엽을 감거나 손목의 움직임으로 동력을 얻는 시계)에서 온 것이므로 세이코는 다른 종류의 시계를 개발해야 이길 수 있다고 판단했다.

스위스 시계 업체들이 기계식 시계의 세계적인 시장점유율에 만족하고 있을 때, 세이코는 1969년 전지로 움직이는 세계 최초의 쿼츠 손목시계 '세이코 아스트론'을 발표하면서 시계의 역사를 새롭게 써 나갔다. 그리고 1973년 디지털시계를 만들어 '표시의 혁명'을 이끌어 냈다.

세이코사는 천천히, 조심스럽게 스위스 시계를 포위하는 한편 고급기술 개발을 위해 대량의 우수 인력과 자본을 투입하여 스위스제 시계에 대항할 만한 실력을 갖췄다. 또한 스위스 2위의 시계회사 장 라셀을 거액에 사들여 '세이코 라셀'이라는 고급 브랜드를 선보였다. 이 브랜드는 다양한 모델로 시장을 석권하여 스위스 시계회사들을 긴장시켰다.

세이코 시계의 돌풍에 스위스 업계는 경악을 금치 못했다. 스위스 회사들은 '눈에는 눈, 이에는 이'라는 강경한 방식으로 세이코의 공세를 막아 내려 했다. 하지만 세이코가 치밀하게 시장을 잠식했기 때문에 스위스 시계는 과거의 영광을 재현하기 어려웠다. 세이코 이외에도 일본의 쿼츠 시계들이 워낙 인기를 끌었기 때문에 스위스의 수많은 시계 공장들이 도산하여 실업자가 양산되었다.

현대의 상업전쟁에서 '적이 무방비 상태일 때 허점을 찌르는' 전략은 신속하게 시장이라는 싸움터를 장악하여 시기적절하게 맹공을 퍼붓는 것이다. 예를 들어 시장에서 어떤 제품이나 서비스가 필요할 때 상대의 예상보다 빨리, 상대가 보지 못한 수요를, 상대가 미처 결정하지 못한 순간에 먼저 출격하여 성과를 내야 한다.

신문에서 모터사이클 사고 기사를 자주 접했던 한 쇼핑몰 사장이 헬멧을 대량으로 사들였다. 그 후 한 달도 되지 않아 교통 담당 부서에서 헬멧을 착용하지 않으면 벌금형에 처한다는 조례를 만들었다. 그러자 헬멧이 불티나게 팔려 쇼핑몰 사장은 큰돈을 벌었다. 남들이 미처 발견하지 못한 현상을 먼저 알아차린 통찰력이 성공으로 이어진 것이다.

도미야스 히로오(富安宏雄)는 한때 폐병을 얻어 온종일 누워서만 생활했다. 20세기 초기에는 폐병이 불치병이었기 때문에 가난했던 그는 누추한 방 안에서 병이 낫기만을 기다렸다.

하루는 잠을 자려는데 머리맡에 있는 화로에 놓아둔 찻주전자에서 수증기가 나오면서 차 뚜껑이 '달그락 달그락' 소리를 내며 들썩였다. 이 소리에 신경이 곤두선 그는 잠이 달아나자 화가 났다.

도미야스가 자리에서 일어나 날카로운 송곳으로 찻주전자 뚜껑을 힘껏 찌르자 작은 구멍이 났다. 그러자 신경이 거슬렸던 소리가 순식간에 사라졌다.

잠이 완전히 달아난 도미야스는 주전자에서 나던 소리가 사라진 이유를 곰곰이 생각해 보았다. 주전자 속의 수증기가 작은 구멍으로 빠져 나가면서 소리가 나지 않은 것은 물리학적으로 보면 별로 이상한 일이 아니지만 이런 현상을 주목한 사람이 아무도 없었던 것이다. 그는 자신이 발견한 신기한 일에 흥분되면서 앞으로 건강과 생활이 나아지라는 기대를 갖게 되었다.

다음 날부터 자리를 털고 일어난 도미야스는 병든 몸으로 한 달 동안 열심히 뛰어다니다 마침내 메이지 주전자회사에 자신이 발견한 구멍 뚫린 주전자의 아이디어를 2,000엔을 받고 팔았다. 그는 그 돈으로 고향에 집과 가게를 사들여 장사를 시작했다. 약으로 치유되지 않았던 그의 병도 씻은 듯이 나았다. 희망과 활력을 가지고 일에 몰두하면서 병마에서 벗어난 것이다.

사람들은 도미야스가 정말 운이 좋았다고 말했지만, 실제로는 사소한 일도 놓치지 않고 그것을 아이디어로 연결해 상품화하도록 행동으로 옮긴 그의 안목과 행동력이 행운을 안겨 준 것이다. 비록 기회는 우연하게 다가왔지만, 도미야스는 그 기회를 우연으로 치부하지 않고 활용할 줄 아는 능력을 가진 지혜로운 사람이라고 할 수 있다.

미국 나이키가 오랜 역사의 아디다스를 제치고 최대 스포츠용품 제조사가 된 것은 아디다스의 경쟁 상대에 대한 '방심'에 힘입은 덕분이다. 나이키는 아디다스의 장점을 모방했다. 적극적인 마케팅, 신제품의 연구와 개발, 치밀한 가격 전략, 판매망 구축 등은 나이키의 성공 비결이었다. 이와 동시에 나이키는 자사만의 특징을 살리면서 아디다스가 취약한 부분, 즉 소비자의 까다로운 요구를 만족시키는 다양한 모델의 신제품 개발, 발 빠른 기회 포착과 트렌드 따라잡기 등으로 일거에 아디다스를 추월했다. 결론적으로 말해, 나이키의 승리는 외부 환경의 변화와 상대의 공세에 다소 무심한 아디다스의 허점을 파고들었기에 가능했다.

'군사 활동에서는 귀신처럼 빠른 것이 가장 중요하다(兵貴神速)'는 병법의 금언처럼 현대의 사업가는 신속하게 기회를 잡아 출격해서 시장을 점령해야 한다.

경쟁에서 정보 파악은
실력 이상으로 중요하다

상대를 알고 나를 알면 백번 싸워도 위태롭지 않다. 상대를 모르지만 자신을 잘 알면 한 번은 승리하고 한 번은 패배한다. 자신과 상대를 모두 알지 못하면 모든 싸움에서 패배한다.

(知彼知己, 百戰不殆; 不知彼而知己, 一勝一負; 不知彼不知己, 每戰必殆.)

– 《손자병법》 '모공謨攻' 편에서

경영자는 자신과 상대의 상황을 철저히 이해해야만 우위를 점할 수 있다.

외국의 많은 기업은 자기만의 독특한 방법으로 신제품을 개발한다. 그중에서도 '남들보다 반 템포 늦은' 방법은 큰 효과가 있는 것으로 입증되었다.

일본의 닛산자동차는 '서니Sunny'를 개발할 때 전국적으로 광고와 판촉 활동을 벌여 성공적으로 런칭했다. 그런데 라이벌인 도요타자동차도 닛산의 성공에 환호작약했다. 그 이유는 닛산의 대대적인 광고 덕분에 사람들의 자동차에 대한 관심과 흥미가 커졌기 때문이다. 도요타의 입장에서 보면, 닛산의 홍보가 자동차 업계에게는 고속도로를 닦아 준 것이나 다름없었다. 닛산의 자동차 수요 창출에 힘입고, 닛산의 장단점을 연구한 도요타는 성능이 더 좋은 '카로라Corolla'를 만들었다. 카로라는 시장에서 닛산의 서니를 압도하여 도요타에게 막대한 수익을 안겨 주었다.

일본의 통신 · 전자기기 종합회사 NEC 역시 '반 템포 늦은' 개발 전략으로 톡톡히 재미를 보았다. 혹자는 이런 전략이 남들을 모방하는 것이라 폄하하지만 NEC는 전혀 개의치 않았다. 비판은 비판일 뿐, 실익이 워낙 크기 때문이다.

앞서가기보다 상대의 동향을 파악한 뒤 반 발자국 뒤에서 가는 방식이 기술력이 뒤떨어지기 때문만은 아니다. 그보다는 숨을 고르며 2등의 위치에서 1등을 따라가는 데에서 얻는 이점이 있는 것이다.

CEO가 다른 기업들과의 경쟁에서 승자가 되기 위해서는 먼저 '지식'에 큰 비중을 두어야 한다. 특히 정보화 시대에 경영에서 정보가 얼마나 중요한지는 말할 나위가 없다. 그리고 그 지식은 시대적 요구에 부합해야 한다.

미국의 크라이슬러사는 제너럴모터스와 포드자동차에 이어 세계 3대 자동차 메이커 중의 하나였다. 그런데 1970~1980년 도산 위기에 처했다. 천문학적 규모의 적자는 자본과 기술력의 문제 때문이 아니었다. 그들이 간과한 것은 자동차 업계의 변화와 경쟁이었다. 경쟁에서의 승패는 실력만이 아니라 정보를 어떻게 활용하느냐에 따라 크게 좌우된다는 사실을 인식하지 못했던 것이다. 1973년에 세계적인 오일 쇼크가 발생하면서 자동차 산업은 큰 위기를 맞이했다. 미국의 자동차 메이커들 가운데 오일 쇼크의 타격을 받지 않은 곳이 없었다. 석유 가격이 천정부지로 치솟자 그동안 석유를 물 쓰듯 썼던 미국인들도 연비가 높은 대형 자동차를 버리고 소형 자동차를 구입하기 시작했다. 제너럴모터스와 포드자동차는 변화를 감지하여 기름이 적게 드는 소형차를 생산했다. 이에 비해 크라이슬러는 소비자의 수요 변화를 읽지 못하고 미국인은 럭셔리한 자동차를 선호한다는 기존의 인식을 바꾸지 않았다. 그 결과 1979년 제2차 오일 쇼크가 일어났을 때 고급 자동차의 판매량은 급감했고, 크라이슬러는 재고가 산처럼 쌓였다. 파산이 눈앞의 일로 다가서자 회장은 인책 사임했고, 후임자인 포드자동차의 전임 회장이었던 리 아이아코카는 정부에 15억 달러의 구제 금융을 요청해 가까스로 위기를 모면했다.

적과 자신을 알기 위해서는 정보를 충분히 수집하고 사태의 변화에 각별한 주의를 기울여야 한다.

세계적인 패스트푸드 회사 켄터키프라이드치킨KFC은 중국 시장 진출에 성공한 미국 기업의 대표 주자다. KFC의 성공 요인은 과학적이고 심층적인 시장 조사로 중국을 철저히 이해한 것이다. 《손자병법》에서 승리의 핵심 요소로 강조한 '지피지기知彼知己'를 경영에서 잘 실천한 사례라 할 수 있다.

중국 시장을 파악하기 위해 베이징에 온 KFC의 집행이사는 활기찬 사람들과 거리의 풍경에 깊은 인상을 받아 본사에 시장의 잠재력이 무한하다는 보고를 했다. 그는 시장성을 파악하기 위해 치밀하게 몇 가지 조사를 진행했다. 그는 직접 베이징의 주요 도로에서 초 단위로 유동 인구를 체크하여 대략적인 1일 예상 매출액을 계산했다. 그다음으로는 여름방학에 경제학 전공의 대학생들을 임시 직원으로 고용하여 시식 코너를 운영하게 했다. 다양한 연령층과 직업군을 대상으로 KFC의 튀김 닭을 시식하게 하여 광범위하게 설문 조사를 한 것이다.

시식 과정을 구체적으로 살펴보면, 대학생 직원들은 행인이나 초대한 고객에게 무료로 표준화된 서비스를 제공했다. 먼저 시식자들에게 물수건을 제공하고 비스킷, 물, 프라이드치킨을 맛보게 한 뒤 여성 직원이 전문적이고 상세한 질문을 하게 했다. 시식하는 사람이 지루하지 않게 친절하고 흥미로운 질문을 20분간 진행한 다음에는 치킨을 'KFC' 로고가 찍혀진 종이봉투에 넣어 증정품으로 주면서 정중하게 "저희 제품을 시식해 주셔서 감사합니다"라고 인사했다.

주도면밀한 조사를 통해 KFC는 드디어 중국 시장에 진출할 준비 작업을 마쳤다. 1987년에 KFC는 베이징의 중심가에 청결하고 소박한 미국 컨트리풍의 영업점을 처음으로 열었다. 맛과 위생에서 뛰어나고 피아노 음악을 늘 틀어주는 실내 분위기에 베이징의 시민들은 크게 열광했다. KFC의 가격은 저렴하지 않았지만 식사 시간이 되면 손님들로 붐볐는데, 특히 주말에는 문 앞이 장사진을 이루는 대성공을 거두었다. 이 영업점은 300일 만에 KFC의 세계 각국 매장 중 수익성 1위를 기록하는 기염을 토했다. 원래는 투자액 회수에 5년이 걸릴 것으로 예상했지만, 2년이 채 안 되어 목표치를 달성했다.

KFC가 중국에서 올린 개가는 참신한 시식 행사, 소비자 의견 청취, 시장 조사 등의 초기 전략의 성공에 기인한다. 하지만 진정으로 '자신을 알고 적을 아는' 행동을 통해 '백번을 싸워도 위태롭지 않는' 기반을 쌓음으로써 순탄하게 중국에 진출한 것이다.

진부한 사고방식과 안목으로는 새로운 트렌드를 읽어 낼 수 없고, 위기의 단서도 발견하지 못한다. 한때의 성공에 도취하여 구태의연하게 사태에 대처하는 경영자는 실패를 면할 수 없다.

경영자는 동종업계의 기술 수준이나 생산 능력을 파악하는 것도 중요하지만, 외부 환경을 기민하게 파악하는 것도 매우 중요하다. 경영에 영향을 미치는 외부 여건을 고려하여 발전 방향을 설정하고, 적극적인 전략을 짜야 경쟁에서 여유롭게 살아남을 수 있다. 서구의 경영자들은 지식의 폭과 깊이를 더하기 위해 거금을 아끼지 않고 '싱크탱크Think Tank'를 구성한다. 현명한 경영자들은 현장을 정확히 이해하기 위해 직접 체험하고 생산 현장의 근로자들에게 자문을 구하기도 한다. 자신의 경험과 지휘 능력에 만족하는 경영자는 변화에 대처하고 자신과 남을 정확하게 파악할 수 있는 능력을 결여하기 때문에 더 이상의 발전을 기대하기 어렵다.

미국은 자국의 산업 보호를 위한 수입 제한 정책을 취하면서 한 가지 법률을 입안했다. 정부가 조달 입찰을 한 후 미국 제조업체가 제시한 오퍼가격은 그대로 받아들이지만, 외국 회사의 오퍼가격은 일률적으로 50퍼센트를 가산한다. 이렇게 되면 미국 정부의 조달 담당자는 본국 제품을 채택할 수밖에 없다. 미국 상법에 의하면 '본국 상품'의 정의는, '하나의 상품에서 미국에서 제조된 부품의 가치가 반드시 상품 총 가치의 절반 이상을 차지해야' 한다는 것이다. 일본 회사들은 이 법률에 대처하기 위해 절묘한 대책을 마련했다. 20개의 부품이 들어가는 상품이라면 본국에서 생산된 19개의 부품을 사용하고, 나머지 한 개 부품은 미국에서 가장 비싼 것을 사서 일본에서 조립한 뒤 다시 미국으로 보내 판매하는 것이다. 이렇게 하면 일본의 부품과 노동력을 최대한 이용하면서 미국에서 가장 비싼 1개의 부품이 생산가의 절반 이상이 되어 미국 법률이 규정한 미국 상품이 된다. 일본 기업들의 비상한 대응책으로 인해 실제로는 일본 상품이 미국 상품이 되어 미국 시장을 공략한 것이다.

일본 기업들은 미국 시장 진출에 앞서 미국 고객의 취향과 수요를 속속들이 연구한다. 도요타자동차는 다양한 채널을 통해 미국인들이 선호하고 기대하는 자동차의 모든 것을 이해했고, 캘리포니아에 디자인 센터를 세워 미국 시장에 적합한 자동차를 만들었다. 소비자의 기호에 맞춘 도요타 자동차는 미국산 자동차를 오랫동안 타 왔던 고객들을 사로잡았다. 미국 자동차 메이커들은 도요타의 노력을 인식하지 못하다가 도로 곳곳을 달리는 도요타 자동차를 발견하고 나서야 경각심을 갖게 되었다.

일본의 소형차가 일거에 미국 진출에 성공할 수 있었던 요인은 미국산 자동차의 약점을 파고들었기 때문이다. 당시 미국 자동차회사들은 대형차의 생산에만 주력했지만 시장이 포화상태였고 에너지 낭비가

병법에서 경영의 지혜를 배우다

컸다. 일본 자동차 업계에서는 미국의 틈새시장, 즉 작고 저렴하지만 세련된 디자인과 유지와 수리가 용이한 소형차를 생산함으로써 미국 시장에서 좋은 반응을 얻었다. 1989년에 이르러 일본 소형차는 미국 자동차 시장의 30.96퍼센트를 차지했다. 일본과 미국의 자동차전쟁에서 일본은 상대를 치밀하게 연구하여 허점을 찔러 시장을 공략하는 전략이 얼마나 효과적인가를 입증했다.

요즘 미국 기업들은 '고객에 대한 투자'에 매진하고 있다. 고객의 요구를 이해하고 부응하는 것이 설비 투자보다 훨씬 중요하다는 사실을 인식하면서 생겨난 변화다. '당신의 고객을 이해하라'는 모토는 이제 판매의 금과옥조가 되었다. 예를 들어, 포드자동차는 이미 개발이 끝난 시제품 모델을 고객의 의견에 따라 변경하여 도요타자동차에 맞섰다. 미국기업연합회의 대기업과 중기업, 흔히 ABC 기업이라 불리는 기업들은 경쟁력이 매우 높고, 주요 고객은 세계적인 부국들이다. ABC기업들은 부유한 고객들의 요구를 만족시키기 위해 독특하고 세련된 제품과 품질 유지에 심혈을 기울인다. 또한 외국에 연구소를 설립해 일류 연구원들로 하여금 끊임없이 선진국 시장에서 베스트셀러가 될 만한 제품을 개발하도록 한다.

다칭(大慶) 유전은 중국이 1960년대에 독자적으로 개발한 최초의 유전이다. 대부분의 중국인들은 다칭 유전이 어디에 있는지도 몰랐지만 일본에서는 이 유전에 대해 많은 정보를 갖고 있었다.

다칭 유전에서 석유가 나온 뒤 〈중국화보〉라는 잡지가 유전 개발의 주역인 '철인' 왕진시(王進喜)에 대한 기사를 사진과 함께 실었다. 일본에서는 왕진시의 사진을 보고 다칭 유전이 동북 3성(중국 동북부에 위치한 지린성, 랴오닝성, 헤이룽장성을 지칭)의 북부라고 추측했다. 사진 배경이 사방이 눈밭인 데다 왕진시가 두꺼운 솜옷을 입은 것이 단서였다. 그리고 다른 사진에서 짐을 지거나 유전 설비 근처에 있는 노동자들의 모습에서 유전이 철로에서 멀지 않은 곳이라 추측했다. 〈인민일보〉에서 왕진시가 마자자오(馬家窰)에 왔다는 기사를 접한 일본인들은 다칭 유전의 중심이 마자자오라고 확신했다.

다칭 유전에서 석유가 생산된 시기에 대해서도 일본은 정확하게 1964년이라고 추정했다. 왕진시가 이해에 제3기 전국인민대표대회에서 대표로 선출된 것이 유전 개발에 성공한 공로를 인정받은 것이라 판단했기 때문이다.

일본에서는 다칭 유전의 크기와 산유량까지도 계산해 냈다. 〈인민일보〉에 실린 유전탑 사진과 국무원 보고서를 근거로 연간 산유량을 5,000만 톤으로 추측했는데, 이는 실제 산유량과 일치했다.

일본 측에서는 정보를 수집하여 과학적으로 분석하면서 유전 개발 방안과 설비를 마련했다. 중국 정부가 세계 각국에 유전 개발을 위한 입찰 공고를 냈을 때 일본이 압도적 우세로 수주한 것은 당연한 귀결이었다.

병법에서 경영의 지혜를 배우다

끊임없이 혁신하지 않으면
언제라도 무너질 수 있다

군대에는 주병, 이병, 함병, 붕병, 난병, 배병 등이 있다. 이 여섯 종류의 병사는 천지의 재앙이 아니라 장수의 과실에서 비롯한 것이다. 군사력이 동등한데 1의 병력으로 10의 규모의 병력을 공격한다면 싸우기도 전에 도주할 수밖에 없다. 이것이 주병走兵이다. 병사들은 강한데 장교가 약하면 군대가 해이할 수밖에 없다. 이것이 이병弛兵이다. 장교들은 강한데 병사들이 나약하면 군은 마침내 함정에 빠질 수밖에 없으니, 이를 함병陷兵이라 한다. 부장들이 분노를 참지 못해 장수에게 복종하지 않고, 적을 만나면 참지 못하고 제멋대로 싸우는데도 장수가 이러한 사실을 모른다면 군은 붕괴할 수밖에 없다. 이것이 붕병崩兵이다. 장수가 나약하여 위엄이 없고, 훈련방법이 분명치 않으며, 장교와 사병들 간에 질서가 없고, 전투 배치가 혼란한 것이 난병亂兵이다. 장수가 적의 역량을 정확히 판단하지 못해 적은 병력으로 우세한 적을 상대하면 패배할 수밖에 없으니 이를 배병北兵이라 한다. 무릇 이 여섯 가지는 패배의 원인이니 장수는 신중히 살펴야 한다.

(故兵有走者, 有弛者, 有陷者, 有崩者, 有亂者, 有北者. 凡此六者, 非天之災, 將之過也. 夫勢均, 以一擊十曰走. 卒强吏弱曰弛. 吏强卒弱曰陷. 大吏怒而不服, 遇敵懟而自戰, 將不知其能曰崩. 將弱不嚴, 敎道不明, 吏卒無常, 陳兵縱橫曰亂. 將不能料敵, 以少合衆, 以弱擊强, 兵無選鋒曰北. 凡此六者, 敗之道也, 將之至任, 不可不察也.)

– 《손자병법》 '지형地形' 편에서

장수가 적의 역량을 정확히 판단하지 못해 적은 병력으로 강력한 적을 공격하여 패배하는 것을 배병北兵이라 한다.

벡톤디킨슨사는 의료용 주사기 바늘을 생산하는 회사다. 한 개에 10센트짜리 주사기 바늘을 1년에 10억 개 넘게 생산하는 이 회사는 10년 넘게 가격을 인상하지 않았다. 1980년대부터 이 업종에 진출한 일본의 중소기업들은 가격을 7센트로 낮췄다. 이윤이 남지 않는 가격으로 덤핑을 하다 보니 일본 기업들은 경영난에 부닥쳤다.

자본력이 좋은 대기업이 생산에 들어가 값을 더 낮추면 중소기업들이 속수무책으로 망할 수밖에 없는 상황이 되었을 때 극적인 변화가 생겼다. 백스터라는 사람이 바늘이 필요 없는 주사기를 발명한 것이다. 원래 주사기 바늘을 생산하던 회사들은 신형 주사기 생산에 투자했고, 제품은 25센트의 고가였지만 날개 돋친 듯이 팔려 나갔다.

신제품의 장점은 바늘 대신 스프링 압축을 통해 약물을 발사하여 의료사고를 크게 줄일 수 있다는 것이었다. 병원들은 명예 실추는 물론이고 막대한 액수의 손해 배상을 해야 하는 의료사고를 크게 줄일 수 있는 바늘 없는 주사기를 크게 반겼다. 바늘 없는 주사기의 성공은 남들이 가격으로 출혈 경쟁을 하고 있을 때 연구에 몰두해 혁신적인 제품을 개발함으로써 성취한 것이다.

경영인은 우수한 제품은 새롭고 기발한 아이디어에서 나온다는 사실을 분명히 인식해야 한다. 현상에 만족하여 쇄신하지 않으면 예상치 못한 적에게 일격을 당해 무너진다.

시장의 역사를 살펴봐도 큰 성공은 언제나 혁신에 의해 가능했다.

지금으로부터 50여 년 전, 안도 모모후쿠(安藤百福)는 오사카에서 식품

가공 회사를 세웠다. 전차로 출퇴근하던 그는 국수 가게 앞에 매일 사람들이 긴 줄을 서서 국수를 기다리는 모습을 보았다. 눈에 익은 풍경이라 그냥 지나쳤던 그는 어느 날 국수를 좋아하는 사람들이 저렇게 많으니 장사를 하면 괜찮을 것이라는 생각을 했다.

안도 모모후쿠는 이런저런 구상을 하다 식당의 따끈한 국수를 먹으려면 오래 기다려야 하는 불편이 있으므로 집에서도 뜨거운 물을 붓고 조미를 하여 즉석에서 먹을 수 있는 국수를 개발하면 큰 인기를 끌 것이라는 아이디어를 얻었다. 국수 뽑는 기계를 사들여 실험을 시작한 그는 셀 수 없이 실패를 거듭했지만, 전혀 의기소침하지 않고 분발했다. 3년 동안 면발 개발에 심혈을 기울인 끝에 드디어 성공의 날을 맞이했다. 그리하여 그가 만든 '라면'은 소비자들에게 획기적인 편리함을 가져다주며 식탁에 올랐다.

안도 모모후쿠의 라면은 일본인들에게 폭발적인 인기를 얻어 정식으로 출시된 지 8개월 만에 1,300만 개가 팔려 나가며 그는 일약 엄청난 자산가가 되었다.

라면의 등장은 식품업계에 돌풍을 불러일으켰다. 바쁘게 살아가는 현대인들의 식사 시간을 줄여 주고, 간편하게 먹을 수 있다는 점이 라면의 인기를 더해 주었다. 라면의 수요가 폭발적으로 늘자 많은 기업들이 라면 생산에 들어갔고, 일본 농림성에서는 기술 규격을 만들어 식품업계가 준수하도록 했다. 처음에는 생소한 식품 정도로 출발한 라면은 대중화되면서 안정된 시장을 형성했고, 대중의 애용 식품으로 부상했다.

'남들이 안 하는 것을 하고, 남들이 하면 나는 더 우수해져야 하고, 남들도 잘하면 나는 다른 것으로 전환한다'는 모토는 경영을 위한 초석이 된다.

안도 모모후쿠는 라면을 제조하는 업체들이 늘어나 시장이 포화상태가 되자 다시 남들과는 차별화되는 상품을 만들기 위해 고심했다.

어느 날 우연히 보게 된 광경에서 안도 사장은 제품 개발의 힌트를 얻었다. 젊은 여자 판매원들이 조미된 라면을 잘게 부숴 컵에 넣고 뜨거운 물을 부어 먹는 것이었다. 봉지에 든 라면은 냄비에 넣고 끓여야 하는 불편함이 있지만, 컵 포장을 하면 어디서나 뜨거운 물만 있으면 먹을 수 있다는 아이디어를 얻은 그는 즉시 연구진에게 개발을 지시했다.

1971년 가을에 출시된 컵 포장과 용기 포장의 라면은 일본 시장에서의 인기를 내세워 미국에 진출해 젊은이들의 기호식품이 되었다. 용기 포장의 라면은 소비자의 요구를 만족시켜 짧은 몇 년 동안 봉지 라면을 추월했고, 계속해서 수요가 늘었다.

세계적으로 1년에 팔리는 모터사이클의 4분의 1은 혼다 제품이다. 모터사이클 시장에서 높은 점유율을 차지한 비결은 뛰어난 품질 이외에도 촘촘하고도 거대한 판매망을 구축했기 때문이다. 혼다의 판매망은 영세 자전거 가게를 바탕으로 했다.

미국은 제2차 세계대전에서 패전국이 된 일본의 군수물자를 몰수하여 소각했다. 혼다 소이치로는 운 좋게 군대에서 사용했던 소형 엔진 500대를 손에 넣어 자전거에 장착했다. 엔진에서 역겨운 냄새가 났지만, 고객들은 개의치 않아 개조된 자전거 500대가 순식간에 팔렸다.

이를 계기로 모터사이클의 시장성을 내다본 혼다 소이치로는 혼다 기술연구공업주식회사를 설립하여 자전거에 장착할 수 있는 엔진을 생산했다. 하지만 관건은 상품을 팔 수 있는 시장의 개척이었다.

혼다 소이치로는 영업과 판매에 뛰어난 후지사와 다케오(藤澤武夫)와 동업을 시작하면서 판매망을 어떻게 구축할 것인지 물었다. 후지사와는 이미 혼다의 기술과 시장성을 조사했기 때문에 "현 상황에서 독립적인 판매망을 형성하는 것은 현실적이지 않습니다"라고 대답했다.

"그 점에 대해서는 저도 이의가 없습니다. 하지만 일본 전역을 파고들지 않으면 우리는 그저 영세업자로 끝날 것입니다."

후지사와는 혼다의 포부에 동의하면서 "우리는 현재 독립적인 판매망을 구축할 만한 능력이 없습니다. 하지만 전혀 방법이 없지는 않습니다. 기존의 자전거 영세상들을 이용하면 되니까요"라는 다소 희망적인 의견을 내놓았다.

후지사와는 이어서 말했다. "저에게 좋은 타개책이 있습니다. 일본에는 1만 8,000여 개의 자전거 소매상이 있습니다. 그들이 우리의 엔진을 구매해 장착하면 자전거 판매가 늘어날 것입니다. 게다가 우리가 합리적인 이윤을 보장한다면 판매망은 계속해서 늘어날 겁니다."

"맞습니다. 그들과 접촉을 시작하십시오!" 혼다는 후시자와의 계획에 선뜻 동의했다.

"아닙니다. 우리의 조건이 너무 좋으니 덥석 받아먹게 할 필요는 없습니다. 그냥 통고만 하면 됩니다. 그렇게 하면 비용을 아낄 수 있고, 우리의 위상도 높일 수 있습니다."

“그렇군요. 후지사와 씨 계획대로 하십시오.”

이렇게 하여 혼다와 후지사와는 전국에 산재한 자전거 소매상들에게 자사가 만든 엔진의 성능을 상세히 설명하고, 판매 마진도 알려 주는 안내문을 발송했다. 2주일 후 5,000개 상점에서 적극적인 반응을 보였다. 후지사와의 절묘한 판매망 구축 기술을 바탕으로 혼다 제품은 일본 시장 전역을 파고들었고, 그것은 혼다 발전의 중추 역할을 했다.

정석과 편법이 조화를 이루면
큰 성공을 얻을 수 있다

다수의 병력을 마치 소수의 병력을 통솔하듯이 할 수 있는 것은 조직의 편제 덕분이요, 또 다수의 군사를 마치 소수의 군사를 싸우게 하듯이 할 수 있는 것은 지휘 체계 덕분이다. 전군이 적을 맞아 반드시 패하지 않게 하는 것은 정공법과 기습 공격을 절묘하게 운용하기 때문이요, 병력을 마치 돌로써 달걀을 치듯 움직이는 것은 충실함으로 적의 허점을 공격하는 것이다.

(凡治衆如治寡, 分數是也; 鬪衆如鬪寡, 形名是也; 三軍之衆, 可使必受敵而無敗者, 奇正是也; 兵之所加, 如以碬投卵者, 虛實是也.)

– 《손자병법》 '병세兵勢' 편에서

정공법과 변칙적인 공격은 고대의 전술에서 상호 보완적인 관계에 있었다. 병법의 운용은 천지의 무궁무진한 변화, 강물의 흐름, 무지개의 뜨고 지는 것과 같이 일정한 법칙이 없다. 그러므로 우수한 군사전문가는 정공법과 변칙 모두를 적절하게 활용할 줄 안다. 기업도 정석적인 경영과 비정석적인 경영 방식을 함께 사용하여 변화무쌍한 시장 환경에 대응하면서 유리한 고지를 차지해야 한다.

당 태종이 이정李靖과 군사에 관해 나눈 98차례의 문답을 기록한 《당이문대唐李問對》라는 병법서가 있다. 이 책에서 태종은 '정병(正兵, 정정당당하게 싸우는 군대)'을 적이 '기병(奇兵, 기습병)'으로 착각하게 하고, 기병을 정병으로 착각하게 하는 것을 '무형인無形人'이라 했다. 그리고 기병을 정병으로, 정병을 기병으로 변화시키는 것은 '무형無形'이라 불렀다. 정공법과 변칙적인 공격을 자유자재로 구사할 수 있다면 어떤 싸움에서도 승리할 수 있고, 현대의 비즈니스에서도 예외는 아니다.

경영을 가장 효율적으로 만드는 것은 바로 혁신이다. 일본에서 '경영의 신'으로 추앙받는 마쓰시타전기의 고故 마쓰시타 고노스케 회장은 "자연은 매일 달라지는데 인간의 경영은 왜 매일 달라지지 않는가?"라며 항상 변화하고 발전해야 한다고 주장했다. 그의 말처럼, 뛰어난 경영자는 사물과 인간의 변화 추세를 읽어 내어 적응하고 발전함으로써 사업에서 성취를 이룬다.

이탈리아의 피아트 자동차사는 세계 5위, 유럽 2위의 자동차 메이커로서 100년 이상의 역사를 가지고 있다. 피아트는 매출액 690억 달러, 종업원 23만 6,000명, 세계 30여 개국에 공장과 지사를 두었다.

천연자원이 부족하여 산업 발전에 불리한 이탈리아에서 피아트 자동차가 꾸준하게 발전을 거듭할 수 있었던 이유는 두 가지로 요약할 수 있다. 소형 자동차 생산과 세계화가 피아트의 성장을 뒷받침한 두 개의 기둥이다. 피아트는 이 두 개의 지주에 기대어 두 차례의 세계대전, 오일 쇼크, 90년대의 경제 불황 등의 고비를 이겨 냈다. 우리가 주목할 만한 것은 피아트의 '양대 전략'이다.

피아트의 양대 전략은 가장 저렴한 대중화된 자동차와 가장 비싼 귀족풍의 스포츠카—페라리가 대표적임—를 생산하는 것이다. 대중화된 자동차는 피아트에 돈을 벌어 주고, 스포츠카는 피아트의 명성을 높여 준다. 고급 차량이 기업의 이미지를 높여주는 데 비해 알짜 수익을 창출하는 것은 저가의 제품이다. 이는 정공법과 변칙을 적절히 활용한 경영법이라 할 수 있다.

홍콩의 '선박왕' 바오위강(包玉剛)이 세계적인 해운 재벌이 될 수 있었던 비결 중의 하나가 '기발함'이다. 해운업을 가업으로 하는 집안에서 태어난 그는 중년에 이르러 해운업에 진출했지만 '해운이 뭔지도 모르는 얼간이'라는 비웃음을 샀다. 하지만 그는 리스크가 큰 해운업계에서 노후한 선박으로 창업했다. 출발은 힘들었지만 그는 선박 문제, 회사 인수, 외국계 기업과의 통합 등 몇 번의 위기를 맞이했을 때 적극적인 태도로 어려움을 극복했다. 30여 년 동안의 경영을 통해 그는 기적적으로 세계를 아우르는 물류그룹을 탄생시켜 홍콩 굴지의 재벌이 되었다.

모두가 뛰어드는 분야를 피해 기발한 아이디어를 살린다면 어느 분야에서든 성공할 수 있다. 현재 도시를 중심으로 유행하는 채식 전문 음식점들이 좋은 사례다. 육류에 탐닉했던 사람들이 웰빙 음식에 눈을 돌리는 추세를 잘 살린 것이다. 채식이 값이 싸야 한다는 통념을 깨고 일부 채식 음식점은 고가 정책을 취함에도 문전성시를 이루고 있다. 이는 시대의 흐름과 사람들의 취향의 변화를 잘 포착한 것이다. 사업가라면 예민한 통찰력과 더불어 '두뇌'를 잘 활용할 줄 알아야 한다.

상식을 깬 기발함으로 성공을 거두기 위해 기술 개발에 막대한 투자를 하는 기업들이 적지 않다. 일본의 카시오사는 '개발이 곧 경영'이라는 전략을 고수하고 있다. 설립자 카시오 타다오(檢尾忠雄)는 한 기업의 성공 여부는 획기적인 제품을 꾸준히 출시하여 시장에서 환영을 받는 것에 달렸다고 생각했다. 카시오 전자에서 생산된 계산기가 국내외적으로 매년 2,600만 개 이상 팔리는 이유는 해마다 여러 차례 품질을 개선한 독특한 신제품을 내놓기 때문이다. 트랜지스터 계산기를 최초로 개발한 회사는 샤프전자다. 그러나 카시오사는 샤프전자의 제품보다 훨씬 뛰어난 계산기를 개발했다. 포켓에 들어갈 정도의 작은 크기, 담뱃갑보다 가벼운 중량, 영화 관람료보다 저렴한 가격, 시계의 기능까지 장착한 뛰어난 기능을 갖춘 것이다. 남들이 생각지 못한 새로운 아이디어를 한껏 살린 덕분에 카시오사는 전자업계의 거물이 되었다.

또 경영 부실로 도산한 기업이나 상점을 사람들은 거들떠보지도 않지만 여기에서 기회를 발견하고 성공으로 연결시키는 사업가들도 있다.

석유업계의 거물인 아먼드 해머는 원래 죽은 기업을 살리는 능력자로 이름이 높았는데, 본격적으로 석유 개발에 뛰어든 시기는 1960년대였다. 당시 텍사코라는 석유회사가 샌프란시스코 동부에서 5,600피트나 굴착을 했는데도 천연가스를 발견하지 못하자 경영진에서는 비용 문제를 들어 채굴을 포기했다. 이 정보를 들은 해머는 전문가를 파견하여 실사를 하게 한 뒤 텍사코의 채굴권을 싼값에 사들였다. 해머는 원래 개발을 하던 곳을 3,000피트나 더 파들어 간 결과 천연가스를 발견했다.

이후에도 세계적인 석유회사 에쏘ESSO오일과 쉘 오일이 아프리카의 리비아에서 원유 개발을 하다 사업성이 없어 포기한 유전들을 사들였다. 해머는 가능성이 없다는 비웃음을 무시하고 유전 채굴을 계속하여 9곳에서 원유를 발견했다.

광둥 사람들은 이익을 얻으면 '죽은 새를 주웠다'고 표현하는데, 남들이 모두 '죽은 새'라고 거들떠보지도 않는 사업들을 인수하여 살려내면 '봉황'이 된다는 사실을 아먼드 해머는 여러 차례 증명했다.

전투를 지휘하는 장군과 마찬가지로 CEO도 사업에서 정석과 변칙의 운용에 대해 정확히 이해해야 한다. 흔히 정석은 정당한 것, 변칙은 옳지 않은 수단으로 이해된다. 그래서 정석과 변칙을 함께 구사하는 것이 수단과 방법을 가리지 않는 행동으로 비쳐져 큰 비난을 받기도 한다. 기업들이 타 기업의 첨단 정보를 빼내는 행위, 산업 스파이의 이용, 미인계, 심지어 폭력을 동원하는 행태 등이 그러하다. 실제로 어떤 기업이 '변칙'만으로 성공한다면 불명예스런 기업으로 낙인찍힐 것이고, 단기적인 발전은 가능할지 모르나 장기적인 발전은 기대하기 어려울 것이다. 그러나 변칙과 정석을 조화롭게 운용한다면 더 큰 성과를 얻을 수 있음은 역사적인 사례들이 증명하고 있다.

효율의 제고는 혁신을 낳는다

전쟁에서 무엇보다 중요한 것은 신속하게 승리하는 것이다. 조속히 승부가 나지 않고 대치 상태가 오래 지속되면 병사가 둔해지고 예기가 꺾여서 공격력이 약화된다. 또한 군대가 장기간 국외에 주둔하면 재정이 고갈된다. 만약 군의 사기와 병력이 저하되고, 재정이 고갈되면 다른 제후국들이 이런 상황을 틈타 침략하려 할 것이다. 그러면 아무리 지략이 뛰어난 사람이라도 수습하기 어려워진다. 계획과 전략에서 미흡한 부분이 있더라도 속전속결해야 한다는 말은 들었지만, 치밀하게 전쟁을 수행하겠다고 오래 끌어서 승리한 경우를 보지 못했다. 무릇 장기전을 하여 이득을 본 나라는 없다. 그러므로 전쟁의 폐해를 완전히 이해하지 못한 자는 전쟁으로 얻는 이익 역시 잘 알고 있지 못한 것이다.

(其用戰也貴勝, 久則鈍兵挫銳, 攻城則力屈, 久暴師則國用不足. 夫鈍兵挫銳, 屈力殫彈貨, 則諸侯乘其弊而起. 雖有智者, 不能善其後矣. 故兵聞拙速, 未睹巧之久也. 夫兵久而國利者, 未之有也. 故不盡知用兵之害者, 則不能盡知用兵之利也.)

– 《손자병법》 '작전作戰' 편에서

경쟁에서는 신속함이 승리를 좌우하기도 한다.

1984년 4월, 이제는 스포츠음료의 대명사로 통하는 '젠리바오(健力

寶)’가 막 시험 생산에 성공해 캔 포장 공정을 기다리고 있었다. 이때 리징웨이(李經緯) 사장은 아시아축구연맹AFC의 회의가 광저우(廣州) 화이트 스완 호텔에서 열릴 것이라는 소식을 들었다. 리 사장은 이 회의가 젠리바오를 세계적으로 알릴 수 있는 절호의 기회라 직감했다.

하지만 소식을 들은 날부터 회의 당일까지 남은 기간은 열흘 남짓이었다. 열흘 동안 포장 작업을 마치기는 거의 불가능했고, 출시에 필요한 복잡한 수속도 보통 문제가 아니었다. 리징웨이는 ‘시간은 금’이요 ‘승리의 관건은 시간’이라는 진리를 잘 알고 있는 사람이었다. 그는 선전(深圳)의 펩시콜라 공장을 찾아갔고 빈 캔을 구입한 뒤 펩시콜라 공장 근로자들이 퇴근 후 젠리바오 원료를 캔 포장하고 자신의 상표를 붙이도록 도급을 맡겼다. 전광석화처럼 이루어진 작업 덕분에 리징웨이는 회의 당일에 잘 포장된 젠리바오를 회의장에 내놓을 수 있었다. 마침 아벨랑제 총재가 음료를 마시는 장면을 기자들이 대대적으로 보도하면서 이 음료가 지구촌에 알려졌다.

3개월 후 리징웨이는 같은 방법으로 젠리바오 3만 상자를 LA올림픽 선수촌에 공급했다.

젠리바오를 세계적인 스포츠음료로 만든 것은 LA올림픽에서 중국과 미국의 여자 배구 결승전이었다. 경기를 취재하던 일본의 기자는 중국 팀의 선수들이 잠시 휴식을 취할 때마다 마시는 음료가 코카콜라가 아닌 젠리바오라는 점에 주목했다. 이 기자가 쓴 기사는 즉시 〈동경신문東京新聞〉의 특종란에 실렸다. 기사의 내용은 이러했다. “중국 팀의 엄청난 에너지의 배후에는 ‘마법의 물’이 있었다. 이 물을 한 모금 마시면 선수들은 힘이 넘쳐났다. 새로 개발된 것으로 보이는 이 음료는 아마도 스포츠음료 시장에 선풍을 몰고 올 것이다.”

올림픽 기간에 오리건 주의 유진에서 올림픽 과학 세미나가 열렸다. 중국의 과학자들은 참석한 50개국 과학자들에게 이온음료 젠리바오가 운동성 피로를 해소해 준다는 논문을 발표했다.

젠리바오는 세미나를 통해 세계적으로 주목을 받았다. 3년이라는 짧은 시간에 젠리바오는 1억 위안의 매출을 기록했다.

제1차 세계대전이 끝난 후 과거에 중국 소다(탄산나트륨(NaCO)의 속칭) 시장을 독점했던 브루너 몬드Brunner Mond사가 다시 돌아왔다. 브루너 몬드사는 중국의 융리(永利)사가 시장을 독차지하고 있는 것을 발견하고 온갖 수단을 동원해 시장을 탈환하려 했지만 실패했다. 브루너 몬드사는 절치부심 끝에 원가의 40퍼센트 라는 파격적인 덤핑으로 융리를 무너뜨리기로 전략을 짰다.

신생 회사인 융리의 사활이 기로에 서게 된 순간, 판쉬둥(范旭東) 사장은 브루너 몬드사에 비해 사세가 현저히 떨어지므로 가격으로 경쟁을 했다가는 재정 위기로 도산할 가능성이 농후하다고 판단했다. 하지만 가격을 인하하지 않으면 재고 누적으로 자금이 회전되지 않아 생산을 계속하기 어려웠다.

어느 날 판쉬둥 사장은 서재에서 위기를 벗어날 묘책을 구상하다 벽에 걸린 사진을 보았다. 그것은 자신이 일본 유학을 할 때 찍었던 사진이었으므로 청년 시절의 추억이 파노라마처럼 스쳐 지나갔다. ‘무술변법’에 참여했던 그는 이 개혁 운동이 실패로 돌아가자 청나라 정부의 칼날을 피해 일본으로 망명했던 것이다. 이제는 브루너 몬드사가 자신을 위협하는 상황에서 또다시 일본을 피난처로 삼아야겠다고 결심하며 한 가지 생각을 떠올렸다. '지금 일본은 산업이 발달한 나라여서 브루너 몬드사에게 아시아 최대의 시장이다. 하지만 세계대전의 여파로 브루너 몬드사의 생산량은 한계가 있으므로 아시아로 수출할 수 있는 소다의 총량은 그렇게 많지 않다. 그렇다면 브루너 몬드사가 소다를 중국에 많이 수출하면 일본에서는 반드시 소다의 공급 부족에 시달릴 것이므로 융리가 일본 시장을 공격하는 것이 먹혀들 것이다.'

이 무렵 일본의 미쓰비시와 미쓰이 그룹은 재계 1위를 차지하기 위한 치열한 경쟁을 벌이고 있었다. 미쓰비시가 자체적으로 소다 공장을 갖고 있는데 비해 미쓰이는 생산 시설이 없어 전량을 수입에 의존하고 있었다. 이는 융리에게 돌파구가 될 수 있었다.

판쉬둥은 재빨리 미쓰이와 협상을 벌여 미쓰이가 융리가 수출한 소다를 브루너 몬드사보다 싼 가격으로 대리 판매하기로 합의했다. 미쓰이로서는 손해될 것이 하나도 없었으므로 융리의 홍산자오(紅三角)표 소다를 판매하는 데 흔쾌히 응했던 것이다. 이로써 융리는 미쓰이의 전국적인 판매망을 이용하여 홍산자오 소다를 판매함으로써 브루너 몬드사를 공격할 기회를 얻었다. 브루너 몬드사와 동일한 품질에 가격은 저렴한 홍산자오 소다는 일본의 소다 가격을 떨어뜨리는 효과를 냈다. 브루너 몬드사가 일본 시장을 지키기 위해 어쩔 수 없이 가격을 인하했기 때문이다.

브루너 몬드사의 일본 판매량은 중국 판매량과 비교할 수 없이 많았으므로 가격 인하 때문에 입은 손해는 막심했다. 융리의 일본 판매량은 브루너 몬드사의 10분의 1도 되지 않았고, 가격도 브루너 몬드사의 중국 가격보다 비쌌으므로 손실은 상대적으로 미약했다. 양사의 경쟁 결과 브루너 몬드사는 중국에서 우위를 점했지만 일본에서는 융리의 공격에 대응하느라 불리해졌다.

중국과 일본 두 곳으로부터 협공을 당한 브루너 몬드사는 고민 끝에 일본 시장을 지키는 것이 중국의 융리와 싸우는 것보다 중요하다는 결정을 내렸다. 그리하여 융리가 일본에서 공세를 편 지 얼마 안 되어 브루너 몬드사는 타협안을 내놓았다. 자신들이 중국에서 소다의 가격 덤핑을 중단하는 대신 융리도 일본에서 유사한 전략을 중지해 달라는 것이었다. 판쉬둥은 그들에게 몇 가지 조건을 더 제시했다. 브루너 몬드사가 앞으로 중국 시장에서 가격을 조정하려면 반드시 먼저 융리의 동의를 받아야 한다는 등이었다. 브루너 몬드사는 어쩔 수 없이 판쉬둥의 요구를 받아들였다. 막강한 자본력과 경영 노하우를 갖춘 브루너 몬드사는 날개를 펼친 지 얼마 안 된 융리의 공격이 별것 아니라고 착각했다. 하지만 융리의 살상력은 판쉬둥의 절묘한 전략에 힘입어 엄청난 힘을 발휘했다.

아무리 강해 보이는 상대라도 약점이 있기 마련이므로 날카로운 날을 피해 약점을 공격하면 승산은 있다. 이것이 바로 효율적인 전략이자 성공하는 사람들의 성공 비결이다.

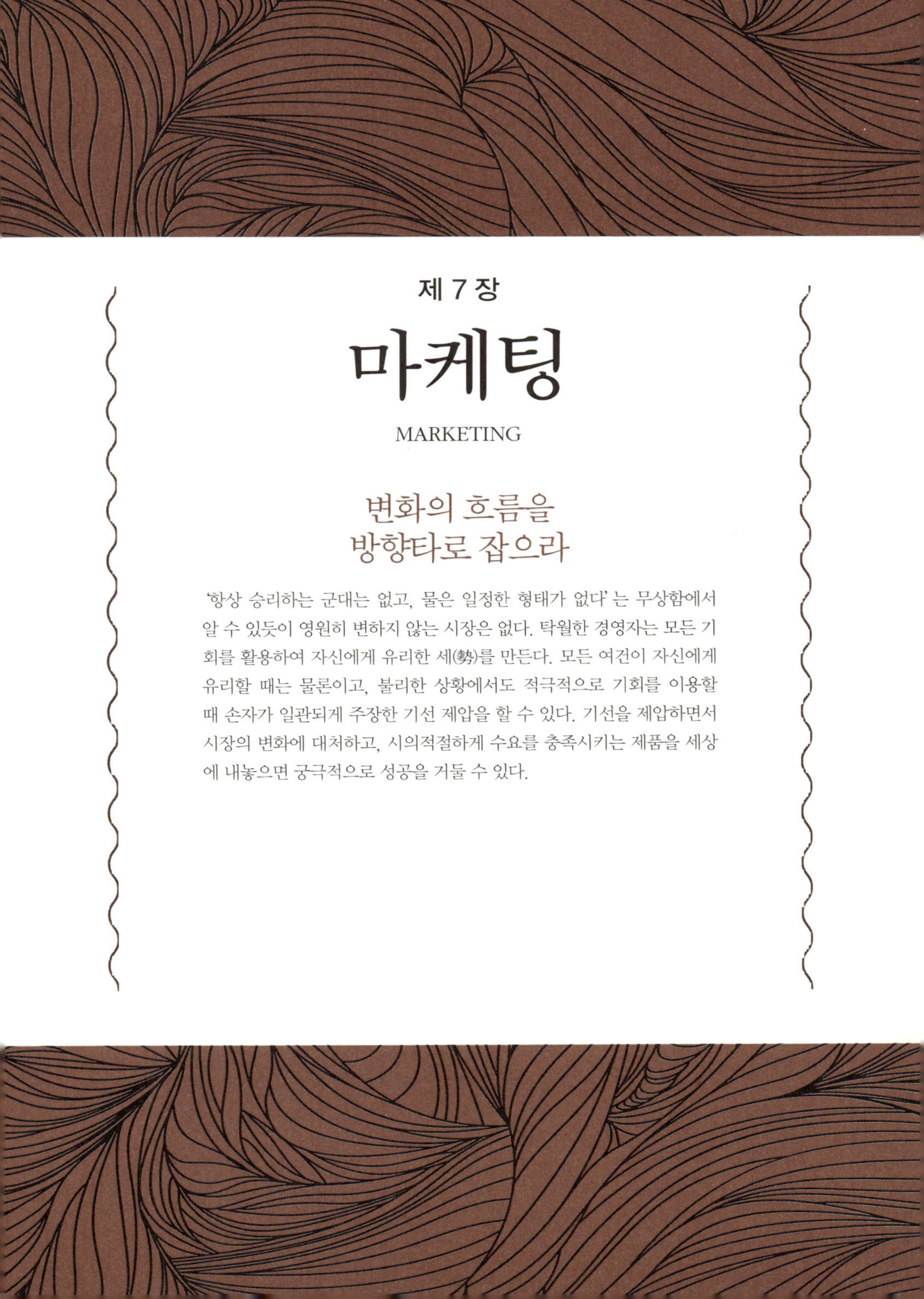

제 7 장

마케팅

MARKETING

변화의 흐름을 방향타로 잡으라

'항상 승리하는 군대는 없고, 물은 일정한 형태가 없다'는 무상함에서 알 수 있듯이 영원히 변하지 않는 시장은 없다. 탁월한 경영자는 모든 기회를 활용하여 자신에게 유리한 세(勢)를 만든다. 모든 여건이 자신에게 유리할 때는 물론이고, 불리한 상황에서도 적극적으로 기회를 이용할 때 손자가 일관되게 주장한 기선 제압을 할 수 있다. 기선을 제압하면서 시장의 변화에 대처하고, 시의적절하게 수요를 충족시키는 제품을 세상에 내놓으면 궁극적으로 성공을 거둘 수 있다.

유리한 조건을 활용하는 것이 성공하는 마케팅의 지름길이다

나의 전략이 그럴 듯하다고 여겨 채택하면 나는 당신(장수)을 위해 군사적으로 세력을 형성하여 보좌할 것이다. 군사적으로 세력을 형성한다는 의미는 변화무쌍한 전쟁 상황에서 유리한 시기를 포착하여 임기응변의 조치를 취하는 것이다.

(計利以聽, 乃爲之勢, 以佐其外. 勢者, 因利而制權也.)

– 《손자병법》 '시계始計' 편에서

초나라와 한나라가 치열하게 싸우던 한 고조 3년(기원전 204년)에 유방은 연이은 패배에 지칠 대로 지쳤다. 이때 한신이 상황을 역전시킬 수 있는 전략을 유방에게 건의했다. "저에게 군대를 내주시면 북의 연나라와 조나라를 정복하고, 동쪽으로 제나라를 빼앗겠습니다. 그리고 곧바로 남쪽으로 내려가 항우 군대에 식량을 공급하는 길을 차단하겠습니다. 만약 이 계획이 성공하면 저는 서쪽으로 와서 영양에서 대왕과 합류하겠습니다." 한신의 계략에 동의한 유방은 한신과 장이張耳에게

병법에서 경영의 지혜를 배우다

3만 명의 군사를 이끌고 작전을 펴도록 했다.

한신과 장이는 태행산을 넘어 조나라를 공격했다. 정형구井陘口 싸움에서 한신은 3만의 군사로 조나라의 20만 대군을 물리쳐 왕을 포로로 잡고 수장 진여陳餘를 죽이는 개가를 올렸다. 싸움에 앞서 조나라의 모사 이좌거李左車는 진여에게 "군대를 지휘하여 한신의 식량 운반 길을 끊어야 한다"고 건의했으나 받아들여지지 않았다. 한신은 조나라 군대를 공격하면서 이좌거를 죽이지 말 것이며, 생포하는 자에게는 천금을 상으로 내린다고 알렸다. 이좌거가 포로로 잡힌 뒤 한신은 직접 포승줄을 풀어 주고 상석에 앉히는 등 정중하게 예를 갖춰 대한 뒤, 연나라와 제나라를 정벌하기 위한 책략을 조언해 달라고 청했다. 이좌거는 처음에는 사양하다가 한신 군대의 장단점을 정확하게 분석해 주었다.

"장군께서는 위나라 왕을 포로로 잡고, 다시 정형구를 공격하여 하루 만에 조나라의 20만 대군을 대파하고 왕을 사로잡고 진여를 죽여서 큰 승리를 거두셨습니다. 또한 몇 번의 싸움에서 승리하면서 장군의 명성과 용맹함이 천하에 알려졌습니다. 하지만 천하의 백성은 언제 생명을 잃을지 모른다는 불안감에 떨고 있습니다. 이런 형세는 장군에게 유리합니다. 그렇지만 장군의 군사들은 오랫동안 전쟁에 동원되었기에 극도로 피곤한 상태이므로 더 이상 싸움을 하기 어렵습니다. 만약 장군께서 지친 병사들을 이끌고 굳건한 연나라와 싸운다면 성공하기 어렵고, 군사력에 영향을 받게 될 것입니다. 또 싸움이 오래 계속된다면 군량이 떨어지는 위기에 빠질 것입니다. 게다가 연나라가 항복하지 않으면 제나라도 방비를 철저히 할 것입니다. 장군께서 연나라와 제나라를 정벌하지 못한다면 유방과 항우의 싸움도 결판이 나지 않을 것입니다. 이 점은 장군에게 지극히 불리하게 작용할 것입니다. 감히 우둔한 자가 아뢰옵기 송구하오나 장군께서 연나라에 출병하시는 것은 전세를 잘못 판단한 것이라 사료됩니다. 뛰어난 장수는 자신의 장점으로 적의 단점을 공격합니다.”

한신이 좀 더 상세한 계책을 청하자 이좌거는 이어서 말했다.

“지금은 군사들에게 휴식을 취하게 하고, 먼저 조나라를 잘 달래면서 전쟁으로 부모를 잃은 아이들을 보살펴 인심을 얻어야 합니다. 그렇게 하면 100리 안에 있는 백성이 소고기와 술을 가지고 와서 장군의 군사들을 위로할 것입니다. 이런 연후에 군대를 연나라로 보내면서 언변이 뛰어난 자를 사신으로 보내십시오. 사신에게 장군의 유리한 점을 적은 서신을 보내면 연나라가 굽히지 않을 수 없습니다. 연나라가 항복한 뒤에 다시 제나라에 사신을 보내 설득하면 분명 복종할 것입니다. 사정이 이렇게 되면 아무리 지모가 뛰어난 인물이라도 제나라에 이로운 계책을 내놓을 수 없을 것입니다. 연나라와 제나라가 굴복하면 천하의 대세는 거의 결정되었다고 할 수 있습니다. 다시 말해, 먼저 소리를 질러 상대의 기세를 꺾는 병법을 그대로 사용했다고 말할 수 있습니다.”

한신은 이좌거의 조언대로 연나라에 사신을 보냈고 과연 항복을 받아냈다.

후한 말기, 헌제 건안 5년(200년)에 조조는 관도대전에서 원소를 꺾음으로써 북방 통일의 기반을 마련했다. 이후 몇 년간의 정복전쟁을 거치면서 북방에 할거했던 세력들이 거의 사라지게 되었다. 건안 12년에 이르러 원소의 아들 원상袁尚과 원희袁熙는 흉노에게 의탁했다가 조조와 싸워 패배했다. 두 사람은 남은 군사 수천 명을 이끌고 조조와 여전히 대치하고 있던 요동 태수 공손강公孫康에게 또다시 찾아가 의탁했다. 조조의 부하가 원씨 형제들을 포로로 잡아야 한다고 했지만 조조는 동의하지 않았다. "나는 공손강이 원상과 원희를 죽여 그 머리를 가져오기를 기다리고 있다. 그렇게 되면 우리는 번거롭게 군사를 출동시키지 않아도 된다."

얼마 후 조조의 말대로 공손강이 원상과 원희의 수급을 보내왔다. 장수들이 조조의 예지력에 놀라 어떻게 된 연유인지를 묻자 조조는 "공손강은 원래 원상과 원희를 두려워했다. 내가 만약 무력으로 정벌하려 했다면 그들은 힘을 합쳐 저항했을 것이다. 하지만 느긋하게 기다리면 공손강과 원씨 형제들이 서로 견제하면서 내분이 일어날 수밖에 없었다"라고 설명했다.

한신은 연전연승의 위세를 활용해 사신 한 명을 연나라에 보내 항복을 받아냈다. 조조 역시 공손강과 원씨 형제들 사이의 갈등이 일어나길 기다리면서 공손강이 원씨 세력을 뿌리 뽑게 만들었다. 두 사람은 자신의 유리한 위상을 이용해 무력을 동원하지 않고 적을 이기는 병법을 매우 적절하게 사용해 최소한의 비용으로 최고의 성과를 거둔 것이다.

제품은 충실하게 마케팅은 과감하게 해야
시장을 사로잡을 수 있다

빨리 전투를 끝내면 생존할 수 있으나 그렇지 못하면 죽음을 면치 못하는 곳을 사지死地라고 한다. 그러므로 산지散地에서는 전쟁을 하지 말아야 하며, 경지輕地에서는 주둔하면 안 된다. 쟁지爭地는 공격하지 말아야 하며, 교지交地에서는 부대 간 연락이 끊겨서는 안 된다. 구지衢地에서는 제3국과 외교관계를 맺어야 하며, 중지重地에서는 병참을 현지 조달해야 한다. 비지圮地는 빨리 통과해야 하며, 위지圍地에서는 계략을 써서 빠져나와야 한다. 사지死地에서는 전력을 다해 싸워야 한다.

(疾戰則存, 不疾戰則亡者, 爲死地. 是故散地則無戰, 輕地則無止, 爭地則無攻, 交地則無絶, 衢地則合交, 重地則掠, 圮地則行, 圍地則謀, 死地則戰.)

– 《손자병법》 '구지九地' 편에서

구이저우(貴州)의 마오타이주를 세계적인 명주로 만든 것은 뛰어난 '향'이다. 마오타이주가 명성을 얻게 된 데에는 기막힌 사연이 있다. 1915년에 열린 파나마 만국박람회는 몰려든 인파로 인산인해를 이뤘지만 중국 전시관을 찾는 사람은 드물었다. 당시 서양인들은 중국을 하찮게 여겼으므로 변변하게 전시할 것이 없으리라 생각했던 것이다.

박람회가 개막된 지 며칠이 지나도록 중국 전시관은 파리만 날렸다. 그래서 중국 전시관에 출품한 회사의 사장들은 속이 바짝 타들어 갔다. 특히 구이저우에서 온 마오타이주 회사의 사장은 초조함이 더했다. 며칠 동안 서양인들이 마오타이주에 눈길 한 번 주지 않은 이유가 포장이 너무 촌스럽고 소박해서 그런 것은 아닌지, 중국술에 대해 전혀 아는 바가 없어서 그런지, 중국에 대한 편견 때문은 아닌지 등등 많은 생각이 들었다.

마오타이주는 구이저우 성 런화이(仁懷) 현에서 수수를 빚어서 만든, 도수가 높은 증류주다. 술의 재료인 물은 윈난 성 전슝(鎭雄) 현에서 발원하여 고산지대를 거쳐 마오타이 진으로 흘러들어온 츠수이(赤水) 강물이다. 츠수이 강물은 무색, 무미, 투명한 데다 미세한 단맛과 시원함이 특징이다. 깨끗하고 좋은 물로 빚은 마오타이주는 투명하고 향이 강해서 중국에서 많은 사랑을 받았다.

어느 날 외국 관람객들이 중국 전시관 옆으로 몰려 들어오는 모습을 본 마오타이주 회사의 사장은 갑자기 좋은 아이디어가 떠올랐다. 그는 전시관 입구에서 일부러 '앗!' 하고 소리를 지르며 도자기 술병을 바닥에 떨어뜨렸다. 그런데 술병이 박살 난 곳에서 향기가 피어올라 사방으로 퍼졌다.

"이 향이 뭐지? 너무 좋은데."

"술 냄새 같은데, 이게 무슨 술이지?"

"이렇게 좋은 술 냄새는 맡아본 적이 없어."

관람객들은 처음 맡는 술 향기에 술렁이다가 중국 전시관으로 들어

갔다.

깨진 술병을 치우고 바닥을 닦았지만 며칠이 지나도록 중국 전시관 안팎으로 마오타이주의 향내는 사라지지 않았고, 덕분에 사람들의 발길이 끊이지 않았다.

중국의 마오타이주는 이렇게 사람들을 놀라게 한 소동 끝에 세계적으로 유명해졌다.

경영자들은 파괴적인 시험과 기능성을 강조한 시연 등의 방식으로 바이어를 사로잡으려 한다. 파괴적인 시험이란 많은 사람이 보는 앞에서 제품에 강력한 충격을 주어 견고함을 과시하는 것이다.

1986년 장쑤성 소재의 한 공장에서 '쑤허(蘇鶴)'라는 브랜드의 침대 매트리스를 생산하기 시작했다. 처음에는 찾는 사람이 거의 없을 정도로 판매 실적이 부진했다. 그해 11월에 영업사원들은 제품을 마안산(馬鞍山)시로 가지고 가서 대로변에서 10톤 트럭으로 누르는 시험을 했다. 10톤 무게에도 전혀 손상되지 않는 매트리스를 본 사람들의 입소문이 삽시간에 퍼진 결과, 6개월 만에 침대 매트리스는 상하이, 난징, 우시 등 수십 개 도시에서 날개 돋친 듯이 팔렸다.

벤츠사는 "벤츠의 차가 고장 나서 견인된다면 1만 달러를 드리겠습니다!"라는 광고를 낸 적이 있다. 벤츠사는 그만큼 품질에 자신이 있었던 것이다.

'품질 제일, 고객 만족'이라는 원칙을 지키기 위해 벤츠사는 안전성, 견고함, 쾌적함, 뛰어난 디자인을 고루 갖춘 자동차를 개발하고 있다. 1950년대에는 차체의 용접 방식을 개선하여 접촉사고가 나도 차체가

병법에서 경영의 지혜를 배우다

뒤틀리지 않고 충격을 흡수하여 운전자가 다치지 않는 획기적인 안전 시스템을 만들어 냈다. 1960년대에는 자동차가 급제동할 때 바퀴가 잠기는 현상을 방지하는 특수 브레이크인 ABSanti-lock brake system를 개발했다. ABS가 장착된 자동차는 바퀴의 균형을 잘 유지하기 때문에 미끄러지는 스키드 현상이 일어나지 않고 제동 거리도 훨씬 짧다. 1970년대 들어서는 차축의 문제를 개선하여 커브 돌기가 환상적이라는 호평을 받았으며, 연비도 12~20퍼센트 향상했다. 이제 벤츠사는 '고객의 취향에 맞춘 최고의 서비스'를 제공한다는 마케팅을 시행하고 있다. 주문 제작을 하고 있는 차에는 고객의 이름, 원하는 차량 번호, 텔레비전, 오디오, 전화 등의 옵션을 적은 작은 팻말이 걸려 있다. 벤츠사는 시장 변화의 흐름에 맞춰 고객이 원하는 어떤 요구도 만족시킨다는 고객 중심의 경영을 지향하는 것이다.

기발하고 과감한 판매 방식은 사람들의 주의를 끌어 큰 성공을 가져다줄 수 있다. 그러나 중요한 점은 제품의 질이 뒷받침되어야 한다는 것이다. 만약 제품의 품질이 뒷받침되지 못한다면 장기적인 발전으로 이어질 수 없다.

마케팅은 이론보다 행동력이 성공을 좌우한다

이길 수 없는 자는 지키고, 이길 수 있는 자는 공격한다. 방어는 힘이 부족하기 때문이고, 공격은 힘이 있기 때문이다. 방어를 잘하는 자는 병력을 땅속 깊숙이 감춰 둔 것 같이 하여 적이 공격하는 데 어려움을 느끼도록 한다. 공격을 잘하는 자는 하늘 위에서 움직이듯 하여 적이 대응할 수 없게 만든다. 그렇게 함으로써 자신의 군사력을 그대로 보전하면서 완전한 승리를 거둘 수 있다.

(不可勝者, 守也 ; 可勝者, 攻也. 守則不足, 攻則有餘. 善守者, 藏於九地之下 ; 善攻者, 動於九天之上. 故能自保而全勝也.)

– 《손자병법》 '군형軍形' 편에서

미국의 한 유명한 세일즈맨은 이렇게 말했다. "성공한 세일즈맨은 매번 다른 방식으로 고객을 대한다." 이 말을 다양하게 해석할 수 있겠지만, 판촉에는 일정한 공식이 없고 다만 세일즈맨의 뛰어난 역량과 임기응변이 관건이라 하겠다.

일반적으로 세일즈맨의 태도는 강경함과 감성적인 접근으로 양분된다. 마음 약하고 고집이 세지 않은 고객에 대해서는 부드럽고 우호적인 '연성' 방식으로 접근하는 것이 좋다. 이와는 대조적으로, 고지식하고 여간해서는 주장을 꺾지 않는 고객에게는 제품의 품질과 성능을 내세워 직선적이고 강력하게 호소하는 영업이 먹힌다. 특히 자기주장이 강한 고객들은 남을 쉽게 믿지 않으므로 직접 제품을 보여주고 설득해야 한다.

예를 들어, 복사지를 파는 영업 직원은 '하드'한 마케팅을 해야 한다. 복사가게에서 일하는 사람들은 양질의 제품과 질이 떨어지는 제품을 모두 사용해 본 경험이 있으므로 구구절절한 설명은 효과적이지 않다. 그보다는 직접 제품을 시험해 보도록 하는 것이 좋다.

고객이 어떤 문제를 고민하고 있다면 영업사원은 그것을 해결할 수 있는 해답을 던져 주어야 한다. 그것은 가장 큰 효력을 발휘하게 마련이다. 그리고 대화를 통해 고객의 관심 분야를 파악하고 그것 위주로 대화를 나누는 것이 좋다.

중국에는 "집안의 수치를 밖으로 드러내지 마라"라는 속담이 있다. 모든 세일즈맨은 자기 제품이 최고라고 허풍을 떨 수밖에 없다.

그러나 미국의 헨리 식품회사 사장 헨리 호킨스는 자신이 최고의 제품을 판다는 자부심을 가지라는 세일즈의 철칙을 버리고 '집안의 수치를 밖으로 드러내는' 용기를 냈다. 미국의 헨리 식품회사 사장 헨리 호킨스는 자사 제품의 신선도 유지를 위해 사용하는 첨가제가 인체에 유해하다는 실험 보고서를 받았다. 치명적이지는 않지만 장기간 먹게 되면 몸에 좋지 않다는 사실에 호킨스는 고민에 빠졌다. 첨가제를 사용하지 않으면 보존 기간이 줄어들어 회사가 손해를 보게 되고, 공개를 하면 같은 첨가제를 쓰는 동종 업계의 반발을 살 것이 불을 보듯 뻔했기 때문이다. 여러 가지 가능성을 검토한 그는 용기를 내서 첨가제가 인체에 유해하다는 사실을 공개했다.

호킨스의 양심선언에 식품가공업계는 반발하면서 인신공격까지 서슴지 않았고, 대리점들도 헨리사의 제품을 보이콧했다. 대대적인 포화를 맞은 헨리사는 도산 일보 직전까지 갔다.

가공제의 유해성 논란이 4년이나 계속되자 호킨스는 회사 문을 닫아야 할 정도로 힘들어졌지만 어린아이들까지도 알아볼 정도로 유명해졌고, 정부의 지지도 얻어 냈다. 상황이 호전되면서 방부제를 넣지 않은 헨리사의 제품들은 불티나게 팔려 나갔다. 힘든 싸움에서 이긴 헨리사의 규모는 2배가 되었고, 호킨스는 미국 식품가공업계의 선두 주자로 부상했다.

'자기의 단점을 드러내는' 상술로 기사회생한 예도 있다. 스위스의 한 시계가게가 파리만 날리게 되자 상점 주인은 출입문에 큰 광고 포스터 한 장을 붙여 놓았다. 포스터에는 가게에서 사들인 새 시계들이 하루가 지날 때마다 24초씩 늦으니 사기 전에 심사숙고하라는 내용이 담겨 있었다. 그런데 포스터가 등장한 그날부터 손님들이 몰리기 시작하더니 어느새 재고가 모두 팔렸고, 과거보다 장사가 훨씬 잘되었다.

소비자의 입장에서 보면 제품의 단점이나 결함을 감추지 않고 그대로 알리는 기업에 신뢰감을 갖게 된다. 앞서 말한 헨리 식품회사는 첨가제의 유해성을 공개함으로써 동종업계에 큰 타격을 주었지만, 자신은 고객을 우선시하는 좋은 회사라는 이미지를 심어 줄 수 있었다. 스위스 시계 가게의 경우도 시계의 하자를 고객에게 먼저 알린 것은 사실상 시계의 정확성을 인식시키는 효과를 노린 것이다. 모든 시계는 오차가 있기 마련인데, 그들이 파는 시계가 하루에 24초 늦게 가는 것은 실제로 상당히 정확한 수준이라는 사실을 간접적으로 광고한 것이나 마찬가지다.

정확한 상황 판단은 기회를 만드는 초석이다

군대의 진격할 수 없는 상황을 알지 못하고 진격하라고 명령하고, 군대가 후퇴하지 말아야 할 때 후퇴를 명령하는 것은 군을 속박하는 일이다.

(不知軍之不可以進而謂之進, 不知軍之不可以退而謂之退, 是爲縻軍.)

– 《손자병법》 '모공謀攻' 편에서

전쟁에서 전진할 때와 퇴각해야 할 때를 알지 못하면 승리의 기회를 얻지 못해 결국 패전하게 된다.

시장에서의 경쟁도 전쟁을 수행하듯 시기를 잘 파악하여 정공법과 변칙적인 전략을 적절하게 구사해야 한다.

1981년, 중국의 한 군의軍醫대학에서 최초로 약물 함유 치약 개발에 성공했다. 학교 측에서는 당시 유명한 치약 회사에 상품화를 권유했지만, 회사는 단번에 거절했다.

병법에서 경영의 지혜를 배우다

그러나 학교에 인접해 있던 화학회사에서 약물치약의 시장성을 알아보고 과감하게 군의대학의 연구 성과를 제품화하여 1982년에 200만 개나 시장에 출시했다.

이 회사가 예측했던 대로 약물치약은 나오자마자 시장의 주목을 받아 1984년에 이르러서는 총 5,000만 개나 팔렸는데, 이것은 군의대학의 제의를 거절했던 치약회사의 1년 매출을 능가하는 수치였다.

세계적 수준을 자랑하는 중국 대표 탁구팀이 제37회 세계탁구선수권대회 6개 부문에서 금메달을 따는 선전을 했다. 중국 내의 탁구용품 제조회사들에게는 이 기회를 잘 이용하면 국제적인 큰 시장을 개척할 수 있는 절호의 기회였다.

그러나 안타깝게도 중국의 탁구용품 회사들은 황금 같은 기회를 활용할 만한 안목이 없었다. 이때 탁구 실력에서는 중국에 한참 뒤져도 상술이 뛰어난 일본은 이 절호의 기회를 놓치지 않았다. 일본에서 탁구용품을 가장 많이 판매하는 니타쿠사는 탁구공 판매율이 중국의 '홍쌍시(紅雙喜)'의 30배가 넘는다.

니타쿠사는 국제대회가 열릴 때마다 개최국에 대규모의 후원을 아끼지 않는다. 선수들에게는 자사의 로고가 들어간 운동복을 입게 하여 광고 효과를 얻는다.

니타쿠사와 비교해서 중국의 '홍쌍시' 탁구공은 품질이 전혀 뒤지지 않지만 마케팅에서 크게 뒤져 결국 판매량에서도 일본의 제품에 비해 크게 밀린 것이다.

일본에서 열린 탁구용품 국제 세미나에서 한 원로는 다음과 같이 말했다. "만약 일본이 금메달을 6개나 땄다면 일본의 탁구용품 회사들은 돈벼락을 맞았을 것이다."

이런 상황은 '진격할 때와 후퇴할 때를 알지 못하는' 장수 때문에 군대의 전력이 상실되는 상황과 유사하다.

보잉사의 설립자 윌리엄 보잉은 1916년 친구 콘래드 웨스트벨트와 2인승 수상 비행기를 생산하는 '퍼시픽 항공제품'이라는 회사를 세웠다. 창업 당시 직원은 겨우 21명이었지만 다음 해에 처음으로 비행기를 세상에 내놓으면서 '보잉 항공기'로 회사명을 바꾸었다.

보잉은 창립 이래 수십 년 동안 새로운 제품을 꾸준히 개발한 결과, 세계 항공기 시장을 점령한 동시에 미국 최대의 민간 항공기 제조회사가 되었다.

보잉사는 민간 항공기, 군용기, 헬리콥터, 미사일, 항공장비, 부품 생산과 수리 서비스 등을 위주로 하면서 컴퓨터 사업에도 진출했다. 현재 보잉사의 직원은 십수만 명에 달한다. 수십 년 동안 세계 제일의 위상을 지켜 온 최고의 비결은 시장 수요의 변화와 트렌드에 맞춰 끊임없이 신제품을 개발한 것이다.

1930년대에 민항기 생산으로 이름을 떨친 보잉사는 제2차 세계대전 시기에는 B17, B29 등의 대형 폭격기를 개발했다. 폭격기의 성능이 워낙 위력적이어서 B17기는 '하늘의 요새', B29기는 '슈퍼 요새'라는 별명을 얻을 정도였다. 연합군의 주력 기종이 된 B17과 B29는 독일, 이탈리아, 일본을 무너뜨리는 일등 공신이 되었다.

그러나 보잉의 전성기는 생각보다 짧았다. 제2차 세계대전이 종식되면서 군부가 전투기 주문을 모두 취소했기 때문에 미국의 항공업계는 완전히 마비 상태가 되었다. 보잉사는 미국의 승전에 크나큰 역할을 했지만, 주문이 취소되고 다른 기종의 개발이 무산되자 날개가 꺾여버렸다.

보잉과 마찬가지로 다른 항공기 제조회사들도 환경 변화에 당황해 어찌할 바를 몰랐다. 하지만 윌리엄 보잉은 기로에 서서 무릎을 꿇지 않고 냉정하게 반성했다. 그는 군부의 발주 취소라는 외형적 요인이 위기를 초래했지만, 회사도 일정 부분 책임이 있다고 생각했다. 군의 주문에 과도하게 의존하면서 기종의 다양화를 꾀하지 않았고, 전쟁이 끝날 것을 예상하여 그다음 행보를 결정해야 했는데 그렇게 하지 못한 것이다.

'소 잃고 외양간 고치기'가 반드시 뒤늦은 어리석은 행위는 아니다. 윌리엄 보잉은 과감하게 경영 방향을 수정하고 그에 걸맞은 조치들을 마련했다. '첫째, 보잉사는 지속적으로 군부와 긴밀한 관계를 유지하면서 군용 비행기와 군대의 수요를 파악하여 다른 제조사들보다 발 빠르게 새로운 기종을 개발한다. 둘째, 군 수요가 주춤한 때에는 인력과 재정을 민간 항공기 개발에 투자한다.' 윌리엄 보잉의 이러한 전략은 '물의 형상이 상황에 따라 변하듯이 병법도 상황에 따라 변하기 마련이다(兵無常勢, 水無常形)', 즉 상대의 변화에 맞춰 자사의 변화를 도모함으로써 승리를 얻는다는 병법의 원칙에 부합하는 것이었다.

전략을 세운 다음에는 구체적인 실행이 따라야 하는 법이므로 보잉사는 무엇보다도 우수 인력의 유치와 육성에 심혈을 기울였다. 또한 보잉사는 직원들에게 충분한 권한을 주는 것으로 유명하다. 이렇게 길러진 인력을 민간 항공기의 연구 개발에 배치하여, 군용 비행기에 지나치게 치중했던 과거와 차별화를 꾀했다.

전쟁이 종식된 후, 경제 복구와 맞물려 민간 항공기 수요가 늘어나자 세계 각국의 항공기 제조업체들은 기술 개발에 박차를 가해 신기종들을 선보였다. 이런 와중에 보잉사는 1954년 7월 15일에 미국 최초로 제트 여객기를 선보였다. 이 당시 타사의 제트 여객기들은 시험 중이거나, 설계 단계에 머물거나, 조립에 매진하는 수준이었다.

보잉사가 최초로 제작한 제트 여객기를 '보잉 707'로 명명한 이유는 미 연방항공국FAA이 성능검사 후 인증한 번호가 70700이었기 때문에 끝자리의 '00'을 빼고 707로 한 것이다. 미국인이 행운의 숫자로 생각하는 7이 두 개나 들어간 '보잉 707'은 이후 '7'로 시작되는 여객기 기종들의 신기원이 되었고, '보잉'은 제트 여객기의 대명사가 되었다.

보잉 707 이후 보잉사는 717, 727, 737, 747, 757, 767, 777 시리즈를 내놓았다. 이와 동시에 해군, 육군, 해병대를 위한 훈련기, 구축기, 정찰기, 순항기, 추적기, 폭격기 등을 생산했다. 성장에 성장을 거듭한 보잉은 오늘날 항공업계에서 부동의 1위를 고수하고 있다. 보잉사는 만고불변의 시장은 없다는 진리를 터득하여 적극적으로 시장 변화에 대처했고, 새로운 수요를 만족시키는 신기종으로 곤경을 벗어나 인류 역사에서 금자탑을 쌓았다.

실패를 발판으로
더 큰 성공을 만들라

그러므로 전쟁의 원칙은 적이 오지 않으리라 믿어서는 안 되며, 적이 언제 와도 대적할 수 있다는 자신의 대비를 믿어야 한다. 적이 공격하지 않으리라 믿지 말고, 감히 공격할 마음을 먹지 못하도록 하는 자신의 실력을 믿어야 한다.

(故用兵之法, 無恃其不來, 恃吾有以待也; 無恃其不攻, 恃吾有所不可攻也.)

– 《손자병법》 '구변九變' 편에서

사업을 하면서 범하는 작은 실수는 만회하기 어려운 손실로 이어진다. 하지만 실수가 곧 실패를 의미하지는 않는다. 실수를 한 후 진지하게 그 원인을 찾아내어 잘 대응한다면 생각지도 못한 기회를 얻을 수 있다.

류광치(劉光啓)는 고서화 감정의 대가다. 사람들은 그를 '류반춘(劉半寸)'이라 부르는데, 고서화를 포장한 종이를 손가락 길이만큼만 뜯어 보고도 진위를 가려내는 신기에 가까운 감식안으로 인해 얻은 별명이다. 그렇지만 그도 사람이기에 눈에 '이상'이 오는 때가 있다.

한번은 류광치가 과거 군벌 집안에서 흘러나온 고서화들을 감정하게 되었다. 100점이 넘는 작품 중에는 예운림倪雲林의 〈고목죽석도枯木竹石圖〉도 있었다. 예운림은 원대 말기 4대 화가 중의 한 명으로, 전해 오는 작품이 많지 않지만 위작은 상당히 많다. 그림 감정을 오래 해 왔지만 그가 접한 예운림의 진짜 작품은 3점에 불과했다. 〈고목죽석도〉의 구도는 예운림의 특징이 그대로 살아 있지만 제발(題跋, 서적이나 비첩(碑帖), 서화 등에 감상이나 기록을 적은 것)에 모작의 흔적이 있었다. 반복해서 감식을 한 그는 이 작품이 가짜라고 판단하여 저가로 분류해 놓았고, 얼마 후 베이징의 유명한 골동품 수집가가 20위안에 사 갔다. 그런데 뜻밖에도 여러 명의 감정가는 〈고목죽석도〉가 예운림의 진작眞作이라고 확인했다.

이 소식을 들은 류광치가 자료를 찾아 보니 예운림이 고의로 제발을 모작처럼 썼다는 기록이 발견되었다. 류광치는 자신의 지식이 부족해 알아보지 못했다는 자괴감에 빠졌다. 하지만 괴로움은 잠시, 오랫동안 팔리지 않아 창고의 먼지를 뒤집어쓰고 있는 그림들을 팔 기회가 왔다는 생각을 했다.

며칠 후 류광치는 창고에 있는 고서화를 가게에 전시했다. 그의 짐작대로 "류반춘이 그림 보는 눈이 맛이 갔다"는 소문을 들은 사람들이 몰려와 그림을 사려 했다. 그림 가격에 상관없이 사람들이 앞다투어 사 간 덕분에 10년 넘게 창고에서 묵은 그림들이 열흘 만에 모두 팔려 나

병법에서 경영의 지혜를 배우다

갔다. 이로써 류광치는 횡재를 했다.

류광치가 소장했던 그림을 사간 사람들은 몇 사람을 거쳐 파는 전매로 쏠쏠한 재미를 보았다. 그림을 사가서 판 사람들은 류광치의 가게에 있는 작품들은 모두 진품이지 가짜는 없을 것이라 생각했기 때문에 활발히 거래를 한 것이다.

류광치가 일으킨 고서화 열풍은 그 후로도 계속되었다. 처음에는 한 작품의 가격이 10~20위안 정도였지만, 나날이 오르다가 어느새 가격이 치솟았다. 걷잡을 수 없이 그림 가격이 올라가자 류광치는 팔렸던 그림들을 다시 사들이기 시작했다. 그러고는 상당히 비싼 가격에 되팔았다.

이우에 도시오(井植歲男)는 제2차 세계대전 후 산요전기를 설립하여 세계적인 기업으로 키웠다.

산요전기가 신제품을 대대적으로 출시하기에 앞서 검사를 해 보니 전등의 지지대가 부러진 것이 발견됐다. 심각한 하자를 그냥 놔둘 수 없다고 생각한 이우에 도시오가 조사를 지시했는데, 놀랍게도 제품의 절반 이상에서 지지대에 문제가 있다는 결과가 나왔다.

신문에 이미 전면 광고를 낸 데다 출시 일자가 코앞에 닥친 상황에서 제품에서 치명적인 실수가 발견되자 이우에 도시오는 속이 타들어 갔다. 창업한 지 1년이 채 되지 않았을 때 자금 회전이 여의치 않아 도산의 위기를 맞이했었는데, 이제 또 심각한 문제에 부닥치니 정신을 차릴 수 없었다.

제품은 약 1만 개로 2개월분 생산량이었다. 이우에는 무책임하게 제품을 시장에 내놓더라도 손해를 보지 않을 것인지, 아니면 신용을 지키기 위해 제품 출시를 늦출 것인지를 놓고 고민했다. 판매를 하면 자금 회전이 되어 회사에는 유리하지만, 제품이 불량으로 드러나면 어렵게 쌓은 신용도가 무너져 시장에서 퇴출될 수도 있었다. 득실을 따져 본 이우에 도시오는 제품을 전량 폐기하고 다시 제조하도록 지시했다.

이우에 도시오의 멀리 보는 안목과 과감한 결정은 손자가 말한 '지혜로운 자의 판단(智者之慮)'이라 할 수 있다.

홍콩의 샤오이푸(邵逸夫)는 쇼 브라더스 영화사와 민영 방송국 TVB의 회장으로 '아시아 영화계의 황제'라는 영예로운 칭호를 얻었다.

1907년생인 그는 스무 살이 되던 1926년에 셋째 형 샤오런메이(邵仁枚)와 싱가포르로 건너가 동남아 영화시장을 개척하기 시작했다. 무성영화로는 관객을 모을 수 없다고 생각한 그는 거금을 들여 외국에서 무성영화에 소리를 덧입히는 기계를 사들여 유성영화를 상영해 공전의 히트를 기록했다. 또한 관객층을 넓히기 위해 도시는 물론이고 자전거에 기재를 싣고 시골 구석구석을 누비며 영화를 틀어 주었다. 그가 겪은 창업 초기의 고생은 말로 형언하기 어려울 정도였다.

1939년에 이르러 샤오 씨 형제는 싱가포르, 말레이시아, 인도네시아, 태국 등에 139개의 극장을 소유하게 되었다. 이 무렵 제2차 세계대전이 발발하면서 피땀 흘려 일군 사업이 물거품이 되었지만 샤오 씨 형제는 절망하지 않았다. 종전 후 샤오 씨 형제는 분투하며 재기의 날을 학수고대했다.

1959년에 홀로 홍콩으로 돌아온 샤오이푸는 쇼 브라더스 영화사를 세워 본격적인 영화 제작에 들어갔다. 전 재산을 털어 칭수이(淸水) 만의 산 하나를 사서 지은 10여 개의 스튜디오에서 1년에 40편 이상 찍은 작품으로 타이완, 홍콩, 싱가포르, 말레이시아 등의 영화 시장을 점령했다. 1960년대 중반기에 홍콩 정부가 TVB의 경영권을 공개 입찰하자 샤오이푸는 텔레비전의 전망을 예측한 뒤 방송 분야에도 손을 뻗쳤다.

방송국도 고속 성장을 했지만 샤오이푸는 뜻밖의 좌절을 겪게 되었다. 1980년대 들어 영화 제작 경쟁이 지나치게 과열되면서 라이벌 영화사들이 샤오이푸의 쇼 브라더스 소속 스타들을 대거 스카우트한 것이다. 스타들의 부재로 제작에 타격을 받은 쇼 브라더스는 제작 편수가 1년에 6편으로 급감했다.

좌절 속에서 냉정을 찾은 샤오이푸는 영화에서 벗어나 비디오 사업에 집중했다. 당시 많은 사람들이 비디오 사업의 미래를 확신하지 못한 것과 비교해 보면 샤오이푸는 뛰어난 사업적 식견을 갖고 있다고 할 수 있다.

비디오 사업과 더불어 샤오이푸는 업종의 다각화를 추진했다. 예를 들어 동남아, 호주, 미국 등지에서 부동산에 투자하여 홍콩에서보다 더 많은 수익을 올렸다. 홍콩 양대 텔레비전 방송국의 지분을 상당량 보유하고 있는 샤오이푸는 100세를 훌쩍 넘은 지금도 홍콩 영화계와 방송계의 거물로서 영향력을 행사하고 있다.

제 8 장

비전

VISION

공생은 더 큰 성공으로 이끄는 최상의 방법이다

기량이 천하를 덮을 정도가 되어야 천하를 포용할 수 있다. 성실함과 믿음이 세상 사람을 감동시킬 정도가 되어야 천하를 다스릴 수 있다. 어진 마음이 무한해야 천하를 위로할 수 있다. 은혜가 세상에 넘친 연후에 천하를 지킬 수 있다. "경영자는 공동의 이익을 함께 나누어야 한다"는 의미는 덕을 갖추어서 세상을 껴안는다는 의미로 해석할 수 있다. 경영자로서의 성공은 천부적 자질, 지혜, 근면함, 기회 등 어느 하나만 갖춘다고 가능한 것이 아니고, 모든 요인이 결합되고 치밀한 전략이 수반되어야 비로소 가능하다. 또한 주위의 우수한 인재들에게 권한을 나눠 주고 함께 가는 도량을 갖추고 있어야 한다. 기업은 한 사람의 힘으로 움직여지지 않는다. 아무리 유능한 관리자라도 탄탄한 팀워크가 없이는 조직을 원활하게 이끌어 갈 수 없는 법이다.

많은 의견을 수렴하면
더 정확한 판단에 이를 수 있다

전쟁의 폐해를 완전히 이해하지 못한 자는 전쟁으로 얻는 이익 역시
잘 알고 있지 못한 것이다.

(不盡知用兵之害者, 則不能盡知用兵之利也.)

– 《손자병법》 '작전作戰' 편에서

전쟁의 폐해를 이해하지 못하는 장수는 전쟁으로 얻는 이익 역시 알지 못한다. 전쟁은 상대에게 재앙을 안겨 줄 뿐만 아니라 아군도 큰 피해를 보기 마련이다. 현대인의 눈으로 보면 전쟁에는 승자가 없다. 전쟁에서 승리하더라도 반드시 엄청난 대가를 치러야 하기 때문이다.

전국 시대 말기에 진秦나라가 강자로 부상할 수 있었던 배경에는 수많은 싸움이 있었다. 진나라는 줄곧 동쪽으로 진출하면서 한, 위, 조, 세 나라를 공격했다. 이 세 나라는 진나라와의 싸움에서 계속 패배하여 영토를 잠식당했다. 세력이 약해진 세 나라는 저항할 역량이 떨어지자 사기가 저하되었다.

조나라는 명장 염파廉頗와 조사趙奢, 재상인 인상여藺相如 등의 활약으로 근근이 위기를 넘기곤 했다. 효성왕孝成王 7년(기원전 259년)에 진나라의 침략을 받은 조나라 군대는 장평長平에서 나라의 운명이 걸린 일전을 벌이게 되었다. 그러나 조사는 이미 죽었고, 인상여는 중병에 걸린 상태였으므로 군사를 지휘할 장수는 늙은 염파밖에 없었다. 염파는 매우 뛰어난 장수였지만 진나라 군대의 맹공을 당하자 전투에서 계속 패배했다. 염파는 하는 수 없이 진의 군대와 정면 승부를 피하면서 수비에 치중하는 전략으로 피해를 줄이려 했다.

여러 차례 도발했지만 염파가 응전을 하지 않자 진나라는 조나라에 첩자를 보내 "진나라가 가장 두려워하는 상대는 마복군馬服君 조사의 아들 조괄趙括이다"라는 말을 퍼뜨리게 했다. 진나라가 이간책으로 지어낸 말을 우연히 듣게 된 효성왕은 염파를 물러나게 하고 조괄을 대장으로 임명했다. 효성왕이 조나라의 이간책에 말려든 이유는 그동안 싸움에서 많이 패한 데다 정면 승부도 피하는 염파에게 불만이 컸기 때문이다. 인상여는 "조괄은 부친이 읽었던 병법서를 많이 봐서 병법에는 능통하지만 경험이 부족하여 임기응변의 능력이 없습니다"라며 반대를 했지만 효성왕은 결정을 번복하지 않고 조괄을 전선으로 보냈다.

조괄은 명장의 아들로서 어렸을 때부터 병법서를 접해왔으므로 군사 분야에서는 자신이 최고라 여기며 자부심이 컸다. 한번은 조괄이 아버지 조사와 전쟁에 관해 토론을 벌였는데, 이론적으로 워낙 뛰어나서 아버지의 말문을 막히게 했다. 하지만 조사는 아들이 실제로 군사를 다스릴 능력은 갖추지 못했다고 했다. 아내가 그 이유를 묻자 조사는 "전쟁은 개인과 국가의 사활이 걸린 대사인데, 괄이는 전쟁을 별것 아닌 일로 생각하기 때문이요. 만약 왕께서 괄이를 장군으로 임명하지 않으면 다행이지만, 그렇지 않으면 괄이가 나라를 망하게 할 것이오"라며 한숨을 쉬었다.

이후 조괄이 장군으로 임명되자 모친은 왕에게 "조괄을 장수로 출정시켜서는 안 됩니다"라는 상소를 올렸다. 왕에게 불려간 조괄의 모친은 상소를 올린 이유를 이렇게 설명했다. "제가 시집왔을 때 남편은 이미 장군이었습니다. 그가 직접 밥과 반찬을 먹여 준 사람이 수십 명이었고, 친구처럼 지내는 병사가 수백 명이었습니다. 또한 왕께서 내리신 재물을 전부 군사들에게 나눠 주었습니다. 조정의 명령을 받은 날부터 더 이상 집안일에 신경 쓰지 않았습니다. 그런데 아들 괄이가 장군이 되어 열병을 하자 병사들이 그를 두려워하여 감히 고개조차 들지 못했습니다. 왕께서 하사하신 재물도 모두 집 안에 감춰 두고 좋은 전답과 호화로운 저택들도 사들였습니다. 그들 부자는 달라도 너무 다릅니다. 그러므로 왕께서는 괄이에게 전쟁의 지휘를 맡겨서는 안 됩니다." 조괄 모친의 말은 추호의 거짓도 없었지만 왕은 이미 마음을 굳혔던 터라 번복하지 않았다. 다만, 조괄 때문에 패배하더라도 그 가족에게까지 죄를 묻지는 않겠다고 약속했다.

장평으로 간 조괄은 염파가 내렸던 군령을 모두 바꾸고 일부 관리들을 경질하는 조치를 취했다. 그리고 염파의 방어 전략과는 정반대로 사생결단을 할 태세를 갖췄다. 진나라 장군 백기白起는 조괄이 새 지휘관으로 왔다는 소식을 듣자 기습을 한 뒤 패배한 것처럼 위장하여 조나라 군대를 유인하기로 결정했다. 조괄은 군사 40여만 명을 거느리고 진나라 군영까지 왔지만 공격에 실패했다. 이때 진은 군사를 두 패로 나눠 배후에서 포위한 뒤 조나라의 군량 보급로를 차단했다.

조나라 군대는 40여 일 동안 진의 포위를 뚫지 못하면서 지체하는 바람에 식량이 떨어지자 군사들이 서로 잡아먹는 처참한 지경에 빠졌다. 결국, 조나라 병사들은 진의 군대에 포로로 잡히거나 생매장을 당했다. 조괄도 화살에 맞아 사망했다. 자만했던 조괄은 실전에서는 맥을 못 추면서 이론만 정통한 인물로 역사상 오명을 남겼다. 장평에서의 대패로 조나라는 45만의 군사를 잃었고, 국력도 크게 쇠퇴했다.

조괄은 쟁쟁한 무장 집안 출신으로 병법을 익혀 이론적으로는 부친을 능가했지만, 오만한 성격 탓에 자신을 천하제일의 병법가로 착각했다. 전쟁의 무서움을 모른 탓에 패장으로 생명을 잃었고, '지상담병紙上談兵, 종이 위에서 병법을 논한다는 의미로, 실제적인 쓰임에서는 쓸모가 없음을 비유한 말'이라는 불명예스런 고사성어를 만든 주인공이 되었다. 조괄은 전쟁의 위험성과 폐해를 모르는 무능한 장수의 전형이었다.

기업 경영이나 제품 개발에서도 현실을 반영하지 않은 전략이나 상품은 성공을 거두기 어렵다. 추세를 파악하고 현실을 잘 알기 위해 타인의 의견을 경청하고 수렴하는 것은 기업 경영에서 무엇보다 중요하다.

정성을 다해 고객의 마음을 얻는 것이 최고의 마케팅이다

도는 백성으로 하여금 군주와 뜻을 일치하게 하는 것을 말한다. 그래야만 생사와 환난을 함께할 수 있게 하여 백성이 위험을 두려워하지 않게 되는 것이다.

(道者, 令民於上同意也, 故可以與之死, 可以與之生, 而不畏危.)

– 《손자병법》 '시계始計' 편에서

《육도삼략六韜三略》의 '무도·순계武韜·順啓' 편에는 문왕이 강태공에게 천하를 다스리려면 어떻게 해야 하는지 묻는 대목이 나온다. 리더라면 누구나 이런 의문을 가질 것이다.

강태공은 "도량이 천하를 덮을 수 있어야 그 후에 천하를 다스릴 수 있습니다. 믿음이 천하를 덮을 만해야 천하에 약속할 수 있고, 인자함이 천하를 덮을 만해야 천하를 회유할 수 있고, 은택이 천하를 덮을 만해야 천하를 보전할 수 있습니다(大盖天下, 然後能容天下; 信盖天下, 然後能約天

下; 仁盖天下, 然後能懷天下; 恩盖天下, 然後能保天下”라고 답했다.

자동차 왕국의 황제 헨리 포드는 1915년 고객과 이익을 함께 나누는 계획을 발표했다. '올해 말까지 T형 포드가 30만 대 이상 팔리면 차를 구매한 모든 고객들에게 50달러를 주겠다'는 내용이었다. 과연 이 계획은 성공을 거둬 그해 말까지 총 30만 8,000대의 T형 포드가 팔렸다. 더불어 30여만 명이 50달러를 받고 포드자동차의 자발적인 세일즈맨이 되었다. 그들은 포드자동차가 소비자와 밀접한 관계를 맺고 있는 기업이라며 선전을 했다. 심지어 포드자동차에 다소 비판적이었던 소비자들과 노동 운동의 리더들도 포드자동차에 대해 호의적인 태도로 돌아섰다.

포드자동차의 '소비자와 함께하는' 캠페인은 '인자함이 천하를 덮고, 은택이 천하를 덮으면 천하를 보전할 수 있다'는 세상사의 이치를 실천한 것이었다.

미국 최고의 자동차 세일즈맨으로서 기네스북에도 이름을 올린 조 지라드는 성공의 비결에 대한 질문에 이렇게 대답했다. "나는 매월 약 1만 3,000여 통의 편지를 보낸다." 그는 서비스, 그것도 상대가 놀랄 만한 서비스를 제공해야 하고, 무엇보다도 판매 후 서비스가 가장 중요하다고 생각했다. 그의 생각은 행동으로 옮겨졌고, 이는 곧 성공으로 이어졌다.

조 지라드가 여느 세일즈맨과 다른 점은 자동차를 판매한 후에도 고객을 끝까지 관리하는 것이었다. 그는 차를 구입한 고객에게 매달 다른 모양의 봉투에 편지를 써서 보내는 정성을 잃지 않았다. 유난스러울 정도로 편지봉투에 신경을 쓴 이유는 고객이 쓰레기라고 생각하여 뜯지도 않고 휴지통에 버리지 않도록 하기 위해서였다. 그는 고객에게 보내는 편지의 내용을 달마다 달리했다. 1월에는 '나는 당신을 좋아합니다'는 문구로 시작하여 '새해를 즐겁게 보내십시오!'라고 썼고, 2월에는 '건국의 아버지 조지 워싱턴의 생일을 축하합니다', 3월에는 '세인트 패트릭의 생일을 축하합니다'라고 쓴 편지를 보냈다. (세인트 패트릭은 아일랜드 수호성인으로, 아일랜드계 고객을 겨냥한 문구다.) 지라드의 편지에 감동한 고객들은 주위 사람들에게 입소문을 냈다. 이렇게 한 명의 고객이 다른 고객을 소개해 주는 방식이 결실을 맺어 조 지라드는 세계 최고의 세일즈맨이 될 수 있었다.

무한 경쟁이 펼쳐지는 항공업계에서 싱가포르항공은 외형적 규모만 따지면 상위 그룹에 속하지 않는다. 그렇지만 관광 성수기가 지난 초겨울에도 싱가포르항공은 탑승률 100퍼센트를 기록한다. 싱가포르항공은 일부 국제 항공사들의 약점인 불친절한 서비스를 겨냥해 보다 친절하고 예의 바른 서비스로 승객들을 유치했다. 이 항공사의 서비스를 살펴보면, 탑승한 승객이 좌석에 앉으면 곧바로 스튜어디스가 다가와 상의를 벗을 것인지 물은 뒤 탈의한 옷을 옷걸이에 걸어서 따로 보관한다. 그다음에는 뜨거운 물수건, 음료, 간단한 스낵 등을 서비스한다. 이어서 슬리퍼, 수면안대, 메뉴판을 나눠 주고 잇달아 메인 요리를 제공한다. 메인 요리 뒤에는 디저트나 과일이 나온다. 또한 승객이 작성한 양식을 컴퓨터에 입력한 뒤 20장의 우대권을 집으로 발송한다. 고객이 1년 내에 이 우대권을 사용하면 수화물의 초과 요금을 면제해 주고, 싱가포르의 백화점에서는 할인 혜택을 준다. 싱가포르항공의 뛰어난 서비스는 승객으로 하여금 '귀빈' 대접을 받는다는 느낌을 갖게 한다. 서비스로 고객의 마음을 사로잡아 명성을 쌓은 경영법은 싱가포르항공을 치열한 경쟁의 승자로 만들었다.

사람들은 어떤 상품을 구입한 후에 지속적으로 서비스나 제조사의 관심을 받으면 그 기업에 대해 자연스럽게 친근감을 갖게 되고, 이는 재구매로 이어진다. 설령 그 기업의 제품을 사지 않더라도 자발적으로 주위사람들에게 광고를 함으로써 기업의 신용과 평판을 높여 준다. 이를 통해 기업은 많은 사람에게 좋은 이미지를 구축할 수 있게 되는 것이다.

경쟁보다는 공생을 할 때
더 큰 이익을 얻게 된다

무릇 전략은 적국과 싸우지 않고 항복을 받아 내는 것이 상책이고, 적국을 격파하여 승복하게 하는 것은 차선책이다.

(用兵之法, 全國爲上, 破國次之.)

– 《손자병법》 '모공謀攻' 편에서

　서로를 잡아먹을 기세로 경쟁을 하면 결과적으로 양측 모두 손해를 보게 된다. 그러므로 함께 이기는 것이 경쟁의 가장 바람직한 결과임은 자명하다.

　스위스의 네슬레사는 100년이 훨씬 넘는 역사를 자랑하는 세계적인 기업이다. 사람들의 입맛은 계속해서 변하기 때문에 식품업체는 끊임없이 새로운 상품을 개발해야 한다. 스위스 인구의 1.5퍼센트를 고용하고 있는 네슬레는 경쟁업체가 도저히 따라갈 수 없는 속도와 규모로 성장을 거듭했다. 발전 요인을 한 가지로 규정할 수는 없지만, 경쟁 전략의 측면에서 보면 네슬레는 소비자를 최우선으로 여기는 점이 남다르다.

"하늘에는 일정한 변화의 규칙이 있고, 백성은 살아가기 위한 업이 있으므로 백성과 함께하면 천하가 안정된다(天有常形, 民有常生, 與天下共其生而天下靜矣)." (《육도삼략》 '무도·문계(武韜·文啓)' 편에서)

네슬레는 타사를 인수 합병하는 방식으로 외국에 투자하고, 합작 생산을 함으로써 경쟁 기업과 가격이나 생산량으로 '육박전'을 벌이는 경쟁을 피한다. 미국의 연유 제품과 경쟁을 할 때, 선진국 시장에 초콜릿을 판매하려 했을 때 네슬레가 현지 회사들과 정면으로 경쟁했다면 양측 모두 손해를 보거나, 네슬레가 실패했을 것이다. 아마도 후자가 될 가능성이 더 컸다. 식품 판매는 다른 제품들과는 달리 현지의 음식 습관과 입맛에 크게 좌우되므로 네슬레 제품이 외국에서도 큰 경쟁력을 갖는 것은 아니다. 이런 점을 잘 아는 네슬레는 합작을 통해 식품업의 특성을 살리는 경영을 했다.

스위스는 세계적인 유제품 생산 국가다. 1866년에 최초로 연유 공장이 생긴 후 미국과 뜨거운 경쟁을 벌였고, 이후에 네슬레는 많은 회사를 인수하여 세계 연유 시장을 석권했다.

네슬레가 초콜릿 시장에서 압도적인 우세를 차지한 시기는 연유 시장 석권보다 훨씬 이르다. 원래 스위스는 초콜릿 회사들이 난립했는데 네슬레가 합병하여 해외시장을 개척했다. 1907년에 미국에 상륙한 후 프랑스, 영국, 이탈리아, 독일, 터키, 스페인 등에 공장을 설립했다. 이어서 네슬레는 스위스의 4개 공장을 인수하여 해외시장에 진출해 빠른 시간 내에 초콜릿 분야의 패자가 되었다.

"정치와 교육을 펴는 데 그 민속을 따르면, 모든 굽은 것은 곧게 되고 모습도 바꾸게 되며, 만국이 서로 넘나들지 않고 각각 그 있는 곳을 즐기게 되며, 사람들은 그 윗사람에게 순종하게 된다. 이를 이름하여 대정이라 한다(陳其政敎, 順其民俗, 群曲化直變於形容, 萬國不通, 各樂其所, 人愛其上, 命之曰大定)."(《육도삼략》'무도 · 문계(武韜 · 文啓)' 편에서)

이는 '자신의 기풍을 바꾸어 민속에 순응하면 대세가 자신에게 이롭게 변한다'는 《육도삼략》의 '변통'의 원리로, 네슬레의 판매 전술은 이를 그대로 적용했다. 네슬레의 공장은 각기 맛이 다른 초콜릿을 생산했다. 이를테면 우유 맛, 단맛, 카카오 향 등 맛의 차이를 둔 것이다. 이 밖에도 네슬레는 장기적인 이익 창출을 위해 국내 시장의 점유율을 높이는 한편, 신제품의 개발에 주력했다. 인스턴트 커피를 처음 세상에 내놓은 것도 네슬레였다.

네슬레는 판매하는 국가에 따라 인스턴트 커피의 브랜드명을 달리했고, 현지 공장에서 생산하는 원칙을 지켰다. 이것은 현지 회사에서 얻는 이익을 네슬레가 그대로 보전해 주는 방식이다.

"배를 함께 타고 강을 건너는 것처럼 건너게 되면 모두 그 이익을 함께하게 된다(同舟而濟, 濟則皆同其利)."(《육도삼략》'무도 · 발계(武韜 · 發啓)' 편에서)

함께 배를 타고 건너듯이 합심하면 보다 쉽게 목적지에 도착하고 성공 확률을 높일 수 있다는 병법의 지혜를 네슬레는 그대로 실천한 것이다.

병법에서 경영의 지혜를 배우다

경쟁에서 상호 손해를 최소화한 승리가 최고의 승리다

백전백승이 결코 최상의 전략은 아니다. 싸우지 않고 적을 굴복시키는 것이 최상의 방법이다.

(百戰百勝, 非善之善者也; 不戰而屈人之兵, 善之善者也.)

– 《손자병법》 '모공謀攻' 편에서

전쟁에 앞서 전체적인 국면을 고려하여 전략을 짜는 것도 중요하지만, 더 중요한 것은 손실을 최소화할 수 있는 전략의 구상이다. 백전백승을 거둔다 하더라도 막대한 군비 소요로 인해 국가 경제가 파탄에 이를 수 있기 때문이다. 싸우지 않고 적에게서 항복을 받아 내는 것이 가장 이상적이라는 병법의 원칙은 전쟁의 목적이 피 흘리는 무력 다툼이 아닌, 싸움을 멈추는 것이라는 사실을 잘 말해 주고 있다. 손자는 싸움을 하지 않고 승리하는 전략을 최상으로 여겼고, 실제로 구체적인 전술로 연결시켰다. 전쟁의 역사를 살펴보면 싸우지 않고 승리하기 위해서는 군사력, 인력, 자원, 시간, 공간, 그 밖의 여러 요인이 적절하게 조화를 이루어 뒷받침되어야 한다.

후한 건무建武 4년(서기 28년), 광무제는 왕패王覇와 포로장군 마무馬武에게 각기 군사를 지휘하여 수혜垂惠 지역을 차지하고 있는 주건周建을 토벌하라고 명령했다. 다른 지역에서 일정 세력을 유지하고 있던 소무蘇茂는 주건이 공격을 받았다는 소식을 접하자 급히 지원병 4,000명을 이끌고 수혜로 왔다. 소무는 먼저 정예 기병으로 하여금 마무 부대의 군량을 약탈하게 했고, 주건은 이 틈을 타서 성 밖으로 나와 한나라 군대를 공격했다. 마무는 왕패의 지원을 받으리라 기대하며 전력을 다해 싸웠지만 결국 소무와 주건의 군대에 대패했다.

마무가 패잔병을 이끌고 왕패의 군영에 이르렀을 때 도와 달라고 소리를 질렀지만 왕패는 꿈쩍도 하지 않고 "적의 전력이 너무 강해서 내가 출동하더라도 지게 됩니다. 장군과 내가 다 패하느니 각기 싸우는 것이 낫습니다"라고 대답했다.

부하들이 마무를 도와야 한다고 했지만 왕패는 전혀 흔들리지 않았다. "포로장군 마무의 사병들은 모두 날쌔고 수적으로도 우리보다 우세하다. 그에 비해 우리의 병사들은 여전히 적군을 두려워한다. 그런데 포로장군이 우리 군사들과 함께 싸운다면 최선을 다하지 않을 것이니 패배를 면할 길이 없다. 우리가 포로장군을 지원하지 않는다는 사실을 알면 적들은 방심할 것이고, 포로장군은 고립무원 상태에서 결사적으로 싸울 것이다. 그렇게 되면 소무의 군대가 금세 피로감을 느낄 것이고, 우리가 그때 출병하면 승리할 수 있다."

소무와 주건은 왕패의 예측대로 전군을 출동시켜 마무를 포위 공격했다. 마무의 군사들은 우군의 지원을 받지 못하는 상황에서 자신의 목숨을 보전하기 위해 사력을 다해 싸웠다. 격렬하게 지구전을 치른 양측이 쌓인 피로로 극도로 지쳐 있는 상황을 안 왕패의 병사들은 흥분해서 빨리 구조를 해야 한다고 외쳤다. 수십 명의 군사가 머리카락을 잘라 사생결단의 의사를 표시하기도 했다. 왕패는 사병들의 투지가 드높아지자 기병을 파견하여 적군의 배후를 기습했다. 소무와 주건의 군대는 앞으로는 마무, 뒤로는 왕패 군사들의 협공을 받자 당황하여 어쩔 줄 모르다 패주했다. 왕패와 마무도 각자 군사를 이끌고 주둔지로 돌아왔다.

얼마 후 주건이 다시 쳐들어왔지만 왕패는 응전하지 않고 군중에서 사병들과 식사를 하며 여흥을 즐겼다. 소무의 군사들이 소나기처럼 화살 공격을 감행하여 왕패의 술잔 앞에 화살이 떨어지는 위험천만한 상황이 연출되었지만 왕패는 눈 하나 깜짝하지 않고 태연했다. 부관들이 "소무가 며칠 전에 우리에게 패했으니 지금은 우리가 더 쉽게 그들을 이길 수 있을 것입니다"라고 말했다. 그러나 왕패는 부관들에게 이렇게 설명했다. "그렇지 않다. 소무는 멀리서 원정을 왔으니 군량이 부족하기 때문에 몇 번이고 도전을 했다. 결사적으로 싸워 승리하면 다행이라는 희망을 품고 있는 것이다. 그러니 우리가 맞서 싸우지 않아 적이 알아서 퇴각하게 만들면 '싸우지 않고 적을 굴복시키는 것이 최고의 전략'이라는 병법의 원리를 그대로 실천하는 셈이 된다." 소무와 주건은 며칠 동안 싸움을 걸어오다가 하는 수 없이 후퇴했다. 그날 밤 주건의 조카 주송周誦은 소무와 주건의 군대가 돌아왔을 때 성문을 열어주지 않았다. 소무와 주건은 어쩔 수 없이 다른 지역으로 도주했고, 주송은 수혜 성을 왕패에게 바치고 항복했다.

왕패는 주건과 소무를 정복하는 싸움에서 첫 승리를 거둔 뒤 전투를 중단하고 휴식을 취했다. 그는 소무가 먼 곳에서 원정을 오느라 식량이 부족한 약점을 이용하여 속전속결을 피함으로써 어쩔 수 없이 퇴각하게 만들었다. 또한 주건 군대의 내부적 갈등이 심해지면서 주송이 성을 바치고 투항하여 왕패는 싸움을 하지도 않고 그 지역을 정복하는 대승을 거둘 수 있었다.

연이은 전쟁이 국력을 하락시키듯이 기업의 과도한 경쟁은 위기를 초래한다. 기업의 경영진이 가장 고심하는 문제는 나날이 격화되는 경쟁에서 어떻게 승자가 되느냐는 것이다. 감정적으로 맹공을 퍼붓는 것은 오늘날의 상업전쟁에서는 통하지 않는다. 이제는 많은 기업이 이성적인 관점에서 경쟁을 인식하고, 그에 맞는 전략을 짜서 시장에서의 생존을 도모하고 있다. 경쟁은 비정할 수밖에 없지만, '비정한 수단'을 남용해서는 안 된다. 적수와의 맹목적인 싸움은 피하면서 가능한 모든 수단을 동원해 상대의 시장을 흡수하거나 경쟁하는 것이 바람직하다. 상대를 무자비하게 짓밟아 막심한 피해를 주는 것은 자기 발등을 찧는 거나 다름없다. 전쟁터를 폐허로 만들어 놓으면 폐허를 복구하는 것은 결국 승자가 떠맡아야 할 몫이기 때문이다.

1990년에 타이완의 2대 도시인 가오슝(高雄)의 유통업계에 혜성과 같이 등장한 다신(大新) 백화점의 우야오팅(吳耀庭) 회장은 다신의 성공에 힘입어 다퉁(大統) 백화점 2개를 연달아 개점하는 등 확장 일로를 걸었다. 그는 한때 경영상의 어려움을 겪기도 했지만 다퉁 백화점의 분점을 여러 개 세우면서 가오슝의 유통업계를 독점하다시피 했다.

다퉁과 경쟁을 한 백화점이 한둘이 아니지만, 필적할 만한 상대는 없었다. 다퉁이 압도적인 승리를 한 이유는 '적과 싸우지 않고 굴복시키는' 뛰어난 전략이 주효했기 때문이다. 그중에서도 주목할 만한 점은 두 가지다. 첫째, 뛰어난 서비스로 소비자들에게 강렬한 인상을 심어 주었다. 소비자의 다양한 심리적 요구를 만족시키기 위해 노력한 다퉁 백화점은 각층을 단독적인 매장처럼 꾸며 놓았다. 그중에서도 신선한 상품으로 인해 식품 매장이 큰 인기를 끌었는데, 이곳의 영업시간을 특별히 밤 12시 반으로 연장했다. 둘째, 같은 지역에 여러 개를 개점하면서 지역을 확대하는 전략은 인지도를 높여 주고 시장을 확대하게 함으로써 경쟁자들이 쉽게 추격할 수 없게 만들었다.

기업이 존재하는 한 경쟁은 사라질 수 없다. 그렇지만 경쟁은 이익을 얻기 위한 수단이지 목적은 아니다. 과도한 경쟁은 기업과 사회에 해악을 끼친다. 기업은 타 기업과의 과도한 경쟁과 충돌을 피하면서 자신과 상대의 장단점과 시장의 장기적 발전 방향을 정확히 인식하여 수시로 목표를 조정하여 구조적인 안정을 꾀해야 한다. 또한 기업의 구성원들이 자신이 몸담고 있는 기업의 목표를 실현하는 것을 자신의 사명으로 여긴다면 경쟁에서의 승리는 보장된 것이라 할 수 있다.

크게 얻고자 한다면
먼저 주라

지혜로운 자는 반드시 이익과 손해의 양면을 동시에 생각한다. 이익을 미리 계산해 두어야 자기가 하는 일에 확신할 수 있고, 손실을 계산해 놓아야 근심되는 일을 배제할 수 있다. 그러므로 적국을 굴복시키려면 공포심을 조장하고, 큰일을 만들어 사역하게 함으로써 피로하게 만들고, 작은 이익들을 제시하여 분망하게 만들면 된다.

(是故智者之慮, 必雜於利害. 雜於利, 而務可信也; 雜於害, 而患可解也. 是故屈諸侯者以害, 役諸侯者以業, 趨諸侯者以利.)

– 《손자병법》 '구변九變' 편에서

세계적으로 가장 긴 역사와 최대 규모의 금융 왕국을 만든 마이어 암셀 로스차일드는 극빈한 환경에서 자라면서 어려서부터 돈 버는 방법을 배웠고, 고전(古錢, 골동품 주화)과 보석에 큰 흥미를 가졌다.

로스차일드는 힘들게 모은 돈을 고전에 투자하고, 전문적 지식과 독특한 경영법으로 전설적인 인물이 되었다. 그는 유태인으로서 차별이 심한 사회에서 입지를 굳히려면 권력 있는 영주와 밀착해야 한다고 결심하고는 백방으로 줄을 찾다 빌헬름 공작과 친분을 맺게 되었다. 로

병법에서 경영의 지혜를 배우다

스차일드는 고가로 매입한 고전을 공작에게 싸게 넘긴 것은 물론이고, 공작이 고전을 다시 팔아넘길 고객들을 소개해 주었다.

고전을 매개로 로스차일드와 친해진 공작은 막대한 돈을 벌었고, 두 사람은 지속적으로 거래하면서 막역한 사이가 되었다.

로스차일드가 보통 상인들과 달랐던 점은 손해를 보면서도 공작과 오랜 기간 거래를 계속한 것이다. 그는 빌헬름 공작의 소개로 왕실을 출입하게 되었지만 경제적으로는 여유가 없었다. 그럼에도 불구하고 그는 장기적인 이익을 위해 눈앞의 소소한 이익은 포기해야 한다는 소신을 잃지 않았다.

돈, 에너지, 정성을 한 사람에게 아낌없이 투자하는 방법은 로스차일드 가문이 대대로 신봉하는 사업상의 전술이 되었다. 귀족, 영주, 금융가와 같은 유력 인사들과 막대한 손실을 감수하면서도 거래를 하고, 귀한 정보를 제공하는 것이다. 이런 관계가 오래되어 신뢰가 깊어지면 로스차일드는 상대에게서 거대한 이익을 얻어냈다.

마이어 암셸 로스차일드가 고수한 비즈니스의 원칙은 긴 낚싯줄을 드리워서 대어를 잡고, 작은 이익을 포기하여 큰 이익을 얻는 것이었다. 또한 힘 있는 상대와 오랫동안 거래를 해서 이익을 얻으려면 먼저 상대가 매력을 느낄 만한 먹이를 주어야 한다는 것이 로스차일드의 처세 철학이었다.

로스차일드의 사교와 비즈니스 방식은 그대로 적중하여, 25세 때 빌헬름 공작의 추천으로 왕실 재정 관리인이 되었다. 공작의 두터운 신임을 받은 로스차일드는 경제적으로 점차 여유가 생겼지만 큰 부를 일

구지는 못했다. 하지만 로스차일드는 20년 동안 빌헬름 공작에게 헌신적으로 봉사했다.

로스차일드가 45세 때 프랑스대혁명이 터지자 유럽 최대의 금융가인 빌헬름 공작은 이 좋은 기회를 놓치지 않았다. 그는 군비 마련에 골치를 앓던 각국의 군주와 귀족들에게 막대한 자금을 빌려주고 무기 거래도 했다.

급변하는 시대는 사업적 두뇌가 뛰어난 상인에게 금맥이나 다름없다. 빌헬름 공작에게 20년을 헌신했던 로스차일드는 마침내 결실을 보았다. 자금과 정보를 이용해 거액을 챙기게 된 것이다.

유럽의 복잡한 정세와 동란 속에서 축적한 거액의 자본은 로스차일드 가문이 향후 금융 제국을 세우는 기반이 되었다. 19세기에 로스차일드 가문의 자산은 일반인들은 꿈도 꿀 수 없는 천문학적인 숫자인 4억 파운드에 달했다.

로스차일드는 작은 이익과 큰 이익이 무엇이며, 큰 이익을 잡기 위해서는 어떻게 행동하고 움직여야 하는지를 잘 알고 있었고, 그것을 이용해 역사에 길이 남을 부의 제국을 건설하는 데 토대를 쌓은 인물이다.

조직에서 조화는
성공을 위한 초석이다

지형에는 통형, 괘형, 지형, 애형, 험형, 원형의 여섯 가지가 있다. 길이 사방으로 터 있어 아군이 나아갈 수도 있고 적군이 쳐들어올 수도 있는 사통팔달의 지형을 통형이라고 한다.

(地形有通者, 有挂者, 有支者, 有隘者, 有險者, 有遠者. 我可以往, 彼可以來, 曰通.)

— 《손자병법》 '지형地形' 편에서

홍수오(鴻碩)라는 작가는 저서 《거부와 명문가》에서 리자청의 '행운'을 설득력 있게 분석했다.

"1979년 10월 29일 자 〈타임〉지는 리자청을 '신의 아들'이라 표현했다. 그가 이룬 엄청난 성과가 행운의 여신에게서 특별한 은총을 받은 결과라는 의미다. 영국인들은 '1온스의 행운이 1파운드의 지혜보다 낫다'는 말을 한다. 그렇다면 리자청의 성공은 행운과 지혜 중 어느 쪽이 더 큰 요소로 작용했을까?"

1981년, 리자청은 위의 질문에 대해 이렇게 대답했다.

"20살 전의 성과는 오로지 근면함에서 얻어지는 것이다. 20살에서 30살까지는 작으나마 이미 기초가 있기 때문에 성공의 10퍼센트는 운으로, 90퍼센트는 노력으로 얻어진다. 그 이후에는 기회 혹은 운의 비중이 점점 커진다. 지금 나의 경우는 운이 30~40퍼센트를 차지하고 있다."

홍수오는 "리자청이 젊은 시절 근면하게 일한 것은 자본을 축적하는 단계였다. 서양 사람들이 말하는 '종자돈'의 개념이라고 보면 된다"라고 설명했다.

홍콩에는 1주일 내내 하루에 10시간 이상 일하는 사람이 10만여 명은 된다. 그런데 그들이 수십 년을 근면함으로 일관해도 소시민의 삶에서 벗어나지 못하는 이유는 무엇일까?

"리자청이 자신이 성공할 수 있었던 가장 큰 자산이 근면함이었다고 한 말은 겸손한 표현에 불과하다. 운이 좋았다는 것도 일반인의 고정관념이다. 그의 성공 과정을 보면 기회를 알아보는 안목이 남달랐다는 사실을 알 수 있다. 보통사람들이 평범한 삶에서 벗어나지 못하는 까닭은 아마도 기회를 알아볼 줄 모르거나, 기회가 와도 과감하게 잡지 못하기 때문일 것이다. 적지 않은 사람들이 기회를 잡으려 해도 '종자돈'이 없어 포기하곤 한다. 눈앞의 이익에 연연하다 좋은 기회를 놓치는 사람들도 있다."

홍수오의 분석은 현실을 냉철하게 꿰뚫어 보았다고 할 수 있다. 근면함과 행운은 큰 의미가 있다. 실제로 창업 초기에 필요한 자본을 축적하는 데는 근면함이 무엇보다 중요하게 작용한다. 하지만 가장 필요한 것은 기회를 알아보고 그것을 잡는 용기와 식견이다.

홍콩의 경제 전문가들은 리자청이 존경받는 이유를 다음과 같이 설명한다.

"리자청은 창장(長江)그룹을 세계적인 수준으로 키우는 과정에서 자신을 희생했고, 공공의 이익을 외면하지 않았다. 누구보다 열심히 일했으면서도 개인 재산을 회사 발전을 위해 내놓은 희생은 쉽게 따라할 수 있는 행동이 아니다."

홍콩은 모험가들의 낙원이자 배금주의가 팽배한 사회다. 기업의 이사들이 회사 공금을 유용하는 비리는 뉴스거리가 되지도 않을 만큼 왜곡된 개인주의로 경영을 하는 경우가 비일비재하다. 이런 풍토에서 자신의 이익을 사회에 환원하는 리자청의 이타적인 행위는 충분히 존경받을 만하다.

탁월한 경영 능력 이외에도 높은 품격을 갖춘 리자청은 홍콩인들에게 이상적인 롤 모델이 되었다.

홍콩 사람들은 세인의 입에 오르내리는 부호들과 리자청은 현격히 다른 인물이라 생각한다. 이렇듯 리자청이 보통사람들에게서 받는 존경은 창장그룹의 가장 귀중한 자산이 아닐 수 없다.

리자청의 사업적 수완은 부동산과 증시에서 유감없이 발휘되었다. 그는 부동산 경영에서 어떤 깨달음을 얻었냐는 기자들의 질문에 친절하게 답변했다.

"거창하게 깨달음이라고 말할 것은 없고, 다만 내가 어떻게 부동산에 투자했는지 말해 줄 수는 있다. 나는 오늘 빌딩 가격이 올랐다고 해서 당장 땅을 사지 않는다. 그보다는 전체적인 국면을 분석해 본다. 이를테면 부동산의 수급 현황, 시민들의 수입과 지출, 세계 경제의 추세 등을 고려해야 한다. 홍콩 경제는 세계 정치와 경제의 변화에 매우 민감하기 때문에 중요한 결정을 하기 전에는 신중을 기하고, 여러 사람과 의견을 나눠야 한다. 하지만 나는 일단 방침을 정하고 나면 절대로 번복하지 않는다.

나는 결정한 일에 대해서는 원래 계획한 대로, 거의 99.9퍼센트를 그대로 밀고 나간다. 과거 수백 가지 프로젝트를 진행하면서 처음 구상을 수정한 경우는 한 번도 없었다. 나는 오늘은 빌딩, 내일은 호텔, 모레는 아파트를 지을 생각을 하는 사람이 아니다. 애초 구상을 할 때 수많은 경우의 수를 계산했기 때문이다. 한번 결정하면 아주 특별한 사정이 생기지 않는 한 계획을 그대로 밀고 나간다. 어떤 사람들은 대지를 대규모로 매입한 뒤에 건설 계획을 몇 번이나 변경하여 10년 넘어서야 건축물을 완성한다. 이런 방식을 좋아하는 사람들도 적지 않지만 나는 결코 그렇게 하지 않는다."

그리고 기업의 리더로서 정책을 추진하는 방식에 대해 리자청은 이렇게 말한다.

"방대한 그룹을 끌고 나가려면 내부적으로 견고한 기초를 쌓아야 한다. 공격을 하기 전에 수비를 해야 하고, 모든 정책을 시행하기에 앞서 기반을 튼튼히 해야 한다. 나는 공격적인 경영을 하려면 100퍼센트 이상의 확신을 가져야 한다고 생각한다. 달리 말하면, 경영에 성공하는

데 필요한 100의 능력을 가졌더라도 반드시 200만큼의 역량이 비축되어야 한다. 도박하듯이 사업을 해서는 안 된다. 이런 이치는 수영에 비유하면 쉽게 이해할 수 있다. 나는 수영 실력이 뛰어나지 않고, 요트 조종 기술도 그저 그렇다. 만일 내가 강을 건너가겠다고 마음먹었다면 헤엄쳐서 건너갈 체력만으로는 곤란하다. 다시 헤엄쳐 돌아올 정도의 체력과 수영 실력이 있을 때 강에 들어가야 한다. 그렇기 때문에 나는 평상시에 많은 훈련을 하고, 기록과 거리를 분석한 다음 장거리 수영을 하거나 요트를 조종한다.

닻이 튼튼하고 배가 크더라도 바람이 세게 불면 배는 언제라도 뒤집힐 수 있으므로 나는 무슨 일을 하든지 사전에 철저하게 준비한다. 사업도 마찬가지다. 내일 날씨가 쾌청하다는 일기예보를 들었어도 나는 5분 후에 태풍이 분다면 어떻게 대처할 것인지 생각한다. 홍콩에서 사업을 하려면 반드시 이런 심리 훈련을 해야 한다.

조직의 리더는 반드시 전략가이어야 한다. 피터 드러커의 말을 빌리면, 리더는 이론에 밝아야 한다. 모든 기업은 변하고 있고, 반드시 변화해야 한다. 하지만 변화의 속도는 자신이 원하는 것보다 훨씬 빠르다. 그러므로 리더는 비전과 상상력, 전략과 분석력을 갖춰야 한다.

리더가 두 번째로 해야 할 일은 주위에 우수한 인재를 배치하고, 그들에게 권력을 나누어 주는 것이다. 최고 경영자가 아무리 유능하더라도 대기업을 혼자서 움직일 수는 없다. 대기업은 경영자를 중심으로 구성원들이 단결, 협력하여 일궈낸 거대한 '팀'이기 때문이다.

리더가 세 번째로 갖춰야 할 덕목은 극심한 스트레스를 견뎌 낼 만한 에너지를 유지하는 것이다. 그다음으로 중요한 것은 소통 능력이다. 내부 사람들과 대화와 의사 전달을 잘 해야 하는 것도 필요하지만, 무엇보다도 외부 인사들과 원활한 소통을 할 수 있어야 한다.”

이상의 발언에서 알 수 있듯이 성공에는 천부적인 자질, 지혜, 근면성, 끈기, 기회 등 여러 조건이 필요하다. 한두 가지 조건은 평범을 겨우 뛰어넘는 성공을 낳지만, 진정으로 존경받는 성공한 사람은 열거한 조건을 모두 갖추고 있다. 그리고 리더는 무엇보다 여러 사람의 능력을 끌어내고 그것이 조화를 이루도록 리더십을 발휘해야 한다. 조직은 혼자서 노를 저어서는 움직일 수 없는 큰 배와도 같기 때문이다.

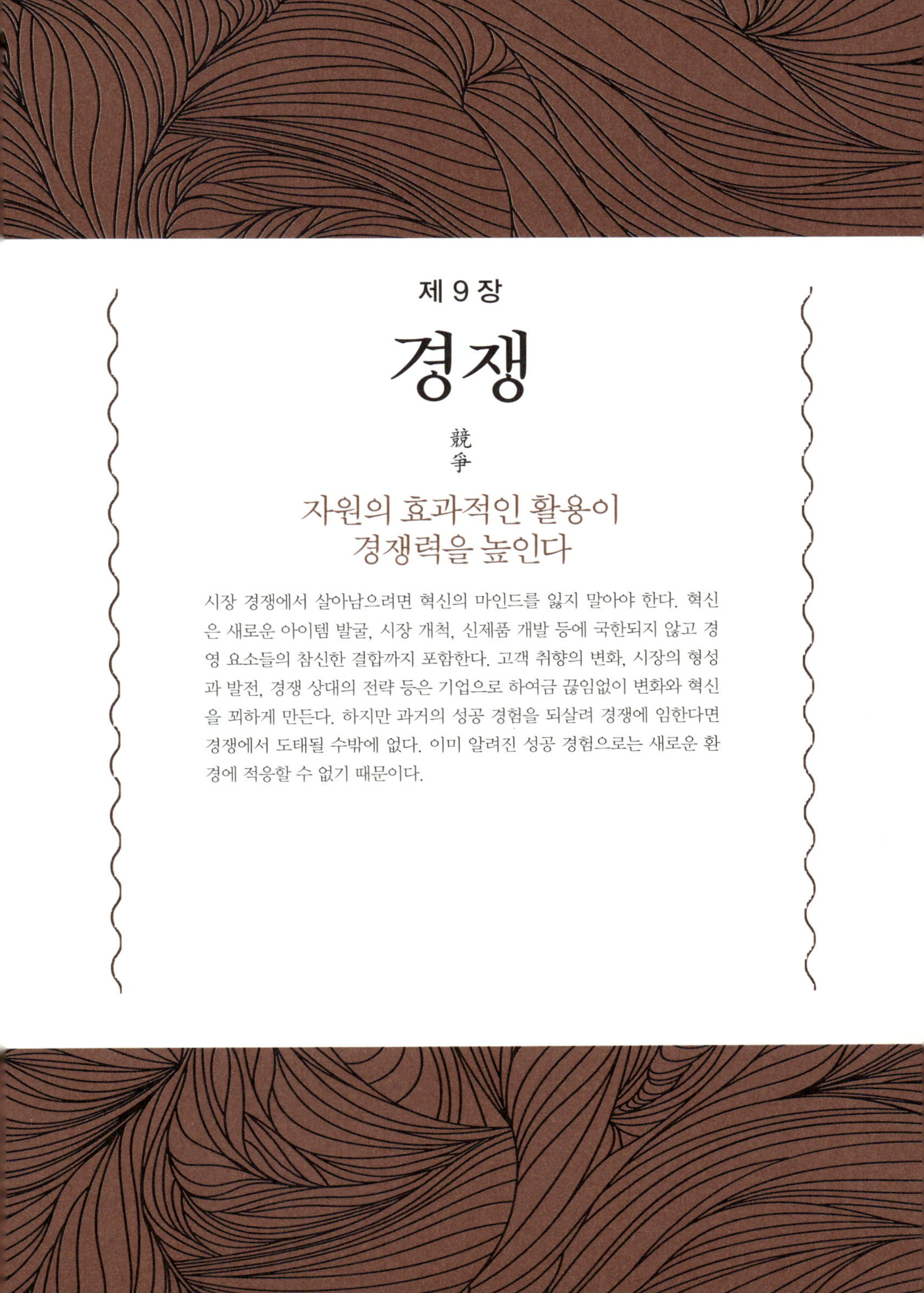

경쟁

競爭

자원의 효과적인 활용이 경쟁력을 높인다

시장 경쟁에서 살아남으려면 혁신의 마인드를 잃지 말아야 한다. 혁신은 새로운 아이템 발굴, 시장 개척, 신제품 개발 등에 국한되지 않고 경영 요소들의 참신한 결합까지 포함한다. 고객 취향의 변화, 시장의 형성과 발전, 경쟁 상대의 전략 등은 기업으로 하여금 끊임없이 변화와 혁신을 꾀하게 만든다. 하지만 과거의 성공 경험을 되살려 경쟁에 임한다면 경쟁에서 도태될 수밖에 없다. 이미 알려진 성공 경험으로는 새로운 환경에 적응할 수 없기 때문이다.

핵심에 집중하는 것이
성공 확률을 높이는 길이다

탐내서는 안 되는 땅이 있다.

(地有所不爭.)

– 《손자병법》 '구변九變' 편에서

아무리 욕심이 나더라도 탐해서는 안 되는 지역이 있다. 첫째, 이익이 크지 않은 땅이다. 둘째, 지키기 어려운 곳이다. 셋째, 도움이 되지 않는 땅이다. 넷째, 적이 점령하고 있는 지역이다.

손자가 말한 '탐내서는 안 되는 땅'을 CEO에게 대입하면 직위, 권력, 인센티브, 명예 등으로 요약할 수 있다. '땅'은 물질적인 것이지만 정신적인 것이 될 수도 있다. 탐내서 안 된다는 것은 '쟁취할 만한 것'을 위해 여지를 남겨야 한다는 의미로도 해석할 수 있다.

병법에서 경영의 지혜를 배우다

미국의 사업가 월프가 어느 날 낯선 의사의 방문을 받았다. 이 의사는 자신이 경영의 비결을 알고 있다고 했지만 월프는 핀잔을 주었다. "내가 회사를 경영한 지 10년이 훨씬 넘었지만 비결을 발견하지 못했소. 미안하지만 내가 지금 몹시 바쁘니까 당신 병원으로 돌아가서 환자나 보시오."

의사는 월프 사장의 불친절한 응대에도 아랑곳하지 않았다. "병이 든 회사에 처방을 해 주는 것도 저의 일입니다. 저는 사장님에게 있어 기회의 신입니다. 2분만 시간을 내주십시오." 월프 사장은 인내심을 가지고 의사의 말을 들었다. "모든 일의 경중과 완급을 따져 사장으로서 꼭 해야 할 일 6가지를 하십시오. 그리고 나머지 일들은 아랫사람들에게 시키십시오." 월프 사장이 "그게 당신이 말하는 '비결'이란 말이요?"라며 떨떠름해하자 의사가 다시 대답했다. "한번 제 말대로 해 보시고 쓸데없는 짓이라 생각되면 저란 존재를 잊으십시오, 하지만 효과가 있다면 저에게 사례를 해 주십시오."

월프 사장은 의사의 조언대로 일을 한 결과 놀랄 만한 효과를 보았다. 그해 크리스마스에 의사는 월프 사장이 쓴 감사 카드와 함께 2만 5,000달러의 수표를 받았다. 의사가 말한 비결은 사실상 '대권은 독점하고 작은 권한은 분산하라'는 권력의 일반적인 원칙이다. 사장으로서 매일 하는 6가지 일이 '대권'이라면, 아랫사람들에게 맡기는 일은 '작은 권한의 분산'이다. 결론적으로 말해, 작은 권한의 분산은 '탐내서는 안 되는 땅'이고, 대권은 '쟁취할 만한 것'이다.

상대의 심리를 좌우하는 것은 전략의 핵심이다

적이 구조를 받을 수 없는 곳으로 출격하여 예상할 수 없는 상황에서 공격한다. 천 리를 행군해도 피로하지 않은 까닭은 적이 방어할 수 없는 곳으로 가기 때문이다. 공격하여 문제없이 점령하는 까닭은 그들이 지킬 수 없는 곳으로 가기 때문이다. 방어가 견고한 이유는 적이 공격할 수 없는 곳을 지키기 때문이다. 그러므로 공격을 잘하는 자는 적이 어디를 방어해야 할지 모르게 하고, 방어를 잘하는 자는 적이 어디를 공격해야 할지 모르게 한다. 이렇게 하면 너무 미묘하여 보이지 않으며, 신비하기 그지없어 들리지 않는다. 그리하여 적의 생사를 손에 쥐고 흔들게 된다.

(出其所不趨, 趨其所不意. 行千里而不勞者, 行於無人之地也. 攻而必取者, 攻其所不守也. 守而必固者, 守其所不攻也. 故善攻者, 敵不知其所守. 善守者, 敵不知其所攻. 微乎微乎, 至於無形, 神乎神乎, 至於無聲, 故能爲敵之司命.)

– 《손자병법》 '허실虛實 편에서

홍콩 신문업계의 여왕으로 통하는 후시엔(胡仙)은 거부 후원후(胡文虎)의 딸이다. 〈싱다오(星島)일보〉와 영자지 〈홍콩 스탠더드〉 등으로 구성된 싱다오 그룹의 대주주인 그녀는 아버지의 후광에서 벗어나 자신의

병법에서 경영의 지혜를 배우다

능력만으로 살인적인 경쟁이 벌어지는 신문업계에 뛰어들었다.

‘돈을 버는 신문이 좋은 신문이다’는 신념을 가진 그녀는 3가지 경영전략을 고수했다.

첫째, 내부 관리에 있어 ‘사업부 시스템’을 철저히 시행했다. 그룹 차원에서 가이드라인과 기본 업무를 확정하고, 실행 방안과 이익 목표를 제시하면 구체적인 업무는 각 사업부에서 책임지고 추진한다. 그룹은 업무에 필요한 지원과 직원들의 인사 고과를 한다.

둘째, 편집자와 발행인은 신문 발행 지역의 특성을 잘 아는 인물로 충원한다. 예를 들어 미국에서 판매되는 신문은 미국인의 심리, 경제, 문화 등에 정통한 인물을 편집장과 발행인으로 기용한다. 후시엔은 이런 방식으로 타이완, 미국의 대도시, 파리, 캔버라 등에 발행 네트워크를 구축했다.

셋째, 영화, 텔레비전과 같은 시청각매체와의 경쟁을 피한다. 후시엔은 신문이 텔레비전과 대항하지 말고 긴밀히 협조해야 한다는 원칙을 지켰다. 이를 위해 신문의 가독성을 높이고, 바쁘고 스트레스에 지친 사람들이 신문을 읽게 하기 위해 무거운 기사를 쓰지 않도록 했다. 또 영화, 텔레비전과 좋은 관계를 유지하기 위해 영화와 텔레비전 프로그램을 적극적으로 소개하고 평론기사를 많이 쓰도록 했다.

후시엔의 세 번째 전략이 큰 효과를 본 뒤 싱다오 그룹의 사람들은 ‘아버지보다 더 무서운 여자’라는 찬사를 보냈다.

2003년 겨울, 미국 빙과류 업계는 유례없는 호황을 누렸다. 해당 회사들은 이 기회를 놓치지 않기 위해 생산량을 크게 늘렸다. 하지만 사람들의 입맛은 워낙 변덕스러워서 시중에 나온 빙과류를 별로 선호하지 않았다.

과잉 생산으로 곤경에 빠진 한 빙과류 회사는 사장까지 열심히 뛰어다녔지만 판매가 늘지 않았다. 집으로 돌아가던 이 회사의 사장은 서커스 공연 포스터를 보는 순간 아이스크림을 판매할 절묘한 아이디어를 얻었다.

그는 각지의 서커스단을 찾아가 자기 회사의 아이스크림을 관객들에게 공짜로 나눠 주겠다는 제안을 했다. 직원들에게 받은 '짠맛 완두콩 아이스크림'을 먹으면서 서커스를 본 관객들은 눈과 입이 즐거워졌다.

공연 중간의 휴식 시간에 갑자기 아이들이 등장해 "아이스크림 사세요!"라고 외쳤다. 관객들은 조금 전에 아이스크림을 먹었기 때문에 목이 마르지 않았지만, 아이들의 아이스크림 파는 소리에 갑자기 목이 마르다는 느낌을 받았다. 관객들은 앞다투어 아이스크림을 샀다. 이렇게 판매를 한 지 5일째 되는 날 이 회사는 창고에 쌓였던 아이스크림을 모두 팔았다.

아이스크림 회사 사장이 '짠맛(갈증을 유발할 정도의 약간 짠맛)' 아이스크림을 무료로 나눠 준 뒤 아이스크림을 판 것은 문자 그대로 '성동격서(聲東擊西)' 전법이었다. 공짜 아이스크림이 '동쪽에서 소리를 내는' 것이라면 진짜 목적인 휴식 시간의 판매는 '서쪽을 공격하는' 전술이었던 것이다.

기업은 수요를 늘리기 위해 파격적인 할인이나 미끼 상품으로 고객을 유인한다. 하지만 고객이 충분히 만족할 만한 조건을 제시하지 못하면 목적은 달성되지 않는다. '성동격서' 전술을 구사하면서 상대를 완전히 속이지 못하면 공격이 성공할 수 없는 것이다.

미국에서 '성동격서' 세일즈가 화제가 된 적이 있다. 어느 날 500명의 사람이 '페인트용 나무 붓을 무료로 증정하니 회사에 와서 직접 받아가라'는 내용의 편지를 받았다.

다음 날, 1,000명이 페인트회사로부터 페인트 붓과 함께 편지를 받았다. 편지의 내용은 다음과 같았다. "집 단장을 위해 페인트칠을 할 의향은 없으십니까? 여러분의 편의를 위해 페인트 브러시를 보내 드립니다. 오늘부터 3개월 동안 이 편지를 가지고 저희 회사를 방문하시는 분께는 페인트를 정가의 20퍼센트를 할인해 드립니다. 이 기회를 놓치지 마십시오."

그 결과 750명이 페인트를 실제로 구입했고, 그 후로 이 페인트 회사의 단골이 되었다.

페인트 회사의 본심은 브러시를 미끼로 하여 소비자가 페인트를 구입하게 하는 것이었다.

위험에 처하지 않도록 하는 것도
하나의 전략이다

지형에는 위험한 곳이 있다. 절벽에 둘러싸인 깊은 계곡(天澗), 사방이 높고 가운데는 낮아 물이 고이는 분지(天井), 험준하여 감옥과 같은 곳(天牢), 그물처럼 초목이 빽빽한 숲(天羅), 늪지대(天陷), 땅이 갈라진 것 같은 험한 골짜기(天隙) 등이 그러하다. 위험한 곳에는 다가가지 말고 반드시 빨리 통과해야 한다.

(凡地有絶澗 · 天井 · 天牢 · 天羅 · 天陷 · 天隙, 必亟去之, 勿近也.)

– 《손자병법》 '행군行軍' 편에서

손자는 군대가 자신이 위험한 지형으로 꼽은 6개 지역을 지나가게 되면 접근하지 말고 신속히 이동해야 한다고 주장했다. CEO들도 '6가지 위험'에 직면하면 재빨리 피해야 한다. 피한다는 의미는 소극적으로 물러나는 것이 아니라 '삼십육계 줄행랑이 상책'이라는 의식으로 적극적으로 회피하는 것이다.

링컨 대통령이 재임 중에 병에 걸려 입원한 적이 있다. 병문안을 빙

자해 찾아와 청탁하는 사람들이 줄을 잇자 링컨과 의사는 견디다 못해 손님들을 병실에서 쫓아냈다. 그런데 또 반갑지 않은 손님이 찾아와 링컨에게 말을 붙이려 할 때 의사가 들어왔다. 링컨은 두 손을 의사에게 보이면서 "이 작은 종기들은 뭐지요?"라고 물었다. 의사가 "확실히는 모르겠지만 가벼운 천연두 증세인 것 같은데요"라고 대답하자 링컨은 "온몸에 종기가 났는데 이 병은 전염되지 않나요?"라고 말했다. 그러자 의사는 기다렸다는 듯이 말했다. "전염성이 엄청 강합니다." 옆에 있던 방문객은 벌떡 일어나 "각하, 이 근처를 지나다가 들렀는데 가 봐야겠습니다"라고 인사했다. "아니, 왜 그렇게 금방 가는 겁니까?"라고 말하는 링컨의 목소리는 아주 밝았다. "다시 오겠습니다. 얼마 있다 다시……." 방문객은 말꼬리를 흐리며 밖으로 나갔다.

CEO들도 귀찮은 사람과 성가신 일에 맞닥뜨리는 경우가 많다. 위험한 지형처럼 당혹스런 사람들을 만났을 때는 링컨과 의사가 위트 있게 곤경에서 벗어난 것과 같이 즉석에서 대처해야 한다.

기억력에 관한 유명한 실험이 있다. 학자들이 진지하게 세미나를 하고 있을 때 갑자기 백인 한 명이 회의장에 들어왔고, 뒤이어 권총을 든 흑인이 쫓아 들어와 몸싸움을 했다. 연이어 밖에서 총소리가 들리자 두 사람은 황급히 도망을 갔는데, 해프닝에 걸린 시간은 20초에 불과했다. 잠시 후 세미나의 사회자가 참석 학자들에게 법정에 제출할 증거로 쓰일 터이니 조금 전에 목격한 사건의 경과를 리포트로 작성해 달라고 요청했다. 학자들이 자신의 목격담을 제출한 후 사회자는 현장을 녹화한 비디오테이프와 대조했다. 참석자 40명에 대한 착각의 정도를 조사한 결과 1명이 10퍼센트, 14명은 20~40퍼센트, 12명은 40~50퍼센트, 13명은 50퍼센트 이상이었다. 결과적으로 절반 이상이 억측해서 리포트를 작성한 것이다. 흑인은 원래 대머리에 검은색 옷을 입었지만, 많은 사람들이 모자를 썼고 붉은색이나 브라운 계열의 옷을 입었다고 했다. 이 밖에도 디테일에서 틀린 부분은 한두 가지가 아니었다. 사회자는 40명의 리포트를 분석한 뒤 실험에 대해 설명했다. "조금 전의 사건은 우발적인 것이 아니라 사전에 계획된 실험이었습니다. 실험을 통해 우리는 사람의 관찰력은 한계가 있다는 사실을 확인했습니다. 여러 조건에 영향을 받기 때문에 관찰과 객관적 사실 사이에 괴리가 생긴 것입니다. 이른바 '내 눈으로 직접 보았다'는 말은 절대로 믿을 것이 못됩니다."

학자들의 결론이 나지 않는 열띤 논쟁은 마치 '6가지 위험한 지형'처럼 상황을 곤란하게 만들기 일쑤다. 그렇기 때문에 사회자는 의도적으로 '절대로 접근하지 말아야' 하는 상황을 설정하여 학자들에게 이론적 인식과 현실 간의 괴리는 언제나 존재한다는 사실을 통감하게 함으로써 분쟁을 사전에 막은 것이다.

기존의 자원을 잘 활용하는 것은
경쟁에서 앞서기 위한 주요 전략이다

무릇 전쟁을 수행하는 방법은 장수가 군주의 명을 받아 백성을 징집하여 군대를 편성하되 작전을 펴기 곤란한 좋지 않은 지형에 주둔하지 말고, 교통의 요지여서 외국 세력이 들어온 곳에서는 제후들과 좋은 관계를 맺고, 연락하기 불편한 곳에서는 머무르지 않아야 하며, 사방이 산이나 강으로 둘러싸여 포위되기 쉬운 지형에서는 조속히 빠져나갈 계획을 세우며, 나갈 수도 물러설 수도 없는 사지에서는 사력을 다해 싸워야 한다. 길에도 가서는 안 되는 길이 있고, 싸워서는 안 되는 적이 있고, 공격해서는 안 되는 성이 있고, 탐을 내서는 안 되는 땅이 있고, 군주의 명령 중에도 들어서는 안 되는 명령이 있다.

(凡用兵之法, 將受命於君, 合軍聚衆, 圮地無舍, 衢地合交, 絶地無留, 圍地則謀, 死地則戰. 塗有所不由, 軍有所不擊, 城有所不攻, 地有所不爭, 君命有所不受.)

– 《손자병법》 '구변九變' 편에서

상업전쟁에서 경쟁사보다 '늦게 출발하지만 먼저 도착하는' 전략은 자원의 효율적인 운용 효과를 노리는 것이다. 외국의 수많은 대기업들은 신제품의 연구 개발에 있어 노하우를 갖고 있는데, 그중에서 후발 주자가 되어 큰 인기를 끄는 방법이 애용되고 있다.

23세의 존 데이비슨 록펠러는 '길에도 먼저 가서는 안 되는 길이 있고, 먼저 공격해서는 안 되는 성이 있다'는 이치를 꿰뚫고 있었다. 젊지만 노인과 같은 지혜와 뛰어난 두뇌를 소유한 록펠러는 경쟁자들이 전면에서 활약하도록 양보한 뒤 기회를 찾아 박차고 나가면 승리할 수 있다고 믿었다. 마라톤의 우승자들 대부분이 처음에는 선두를 양보했다가 막판에 스퍼트를 하는 승리의 노하우를 비즈니스에 적용한 것이다.

석유 개발 붐이 일어 많은 사업가들이 뛰어들었을 때 록펠러도 바쁘게 움직였다. 하지만 너무 많은 사람들이 원유 채굴에 열을 올리는 것을 목격한 록펠러는 자신의 목표 설정이 잘못되었다고 판단했다. 남들도 다 하는 분야를 피해 새로운 싸움터를 찾아야겠다고 결심한 그는 자본을 모두 정유 분야에 투자했다. 그런데 동업자들이 그의 투자가 상식에 어긋난다며 동업을 취소했다.

주위 사람의 이해를 받지 못했지만 록펠러가 정유업에 발을 내디딘 배후에는 믿을 만한 인물이 자리잡고 있었다. 그는 영국 출신 이민자로 화학을 전공하고 독창적인 석유 정제 시스템을 개발한 새뮤얼 앤드류스였다. 록펠러는 사업가의 입장에서 볼 때 원유 생산량이 아무리 많아도 정제하지 않으면 무용하므로 정유업을 해야 많은 돈을 벌 수 있다고 판단했다. 그는 앤드류스와 좋은 관계를 유지하며 클리블랜드 지역의 24개 정유 공장을 도산시키고 독점 체제를 구축했다. 그 후로

타 지역의 정유사를 흡수하며 미국 석유 시장의 95%를 점유했다.

정유업계에서 마이더스의 손이 된 된 록펠러는 운수업에서 또다시 성공을 거두었다. 맨손으로 사업을 시작하여 석유왕이 된 그의 가장 큰 자산은 단계적으로 사업을 확장하는 전략적 사고였다. 철강왕 앤드류 카네기는 록펠러 1세의 경영은 '킬러'의 면모를 유감없이 보여준 것이라고 평가했다.

또 큰 성공을 거둔 사업가들은 관계라는 자원을 최대한 활용해 유리한 세勢를 만들어 간다.

후이펑(匯豊)은행은 홍콩 최대 은행이자 국제적인 금융 그룹이다. 1992년에 영국의 미들랜드은행을 인수한 후이펑 그룹의 자산은 2조 1,000억 홍콩달러에 달해 세계 10대 은행 중의 하나로 등극했다. 이해 말, 후이펑 그룹의 주식 총액은 1,399억 홍콩달러로 홍콩 증시 총액의 10.5퍼센트를 차지했고, 순익만도 129억 홍콩달러에 달했다. 후이펑 그룹은 막대한 자본력뿐만 아니라 홍콩에서 중앙은행에 해당하는 위력을 발휘한다. 실제로 이 그룹은 홍콩 정부의 특별 인가를 받아 화폐를 발행하고 있다. 홍콩에서 몇 차례 현금 인출 위기가 발생했을 때에도 후이펑은 건재했고, 오히려 시장을 구하는 백기사의 역할을 해냈다.

1세기가 훨씬 넘는 역사를 자랑하는 후이펑의 도움을 받아 거부가 된 사람은 그 수를 헤아릴 수 없이 많다. 1960년대에 해운업계에 진출한 바오위강(包玉剛)은 후이펑은행으로부터 거의 무제한의 대출을 받아 세계적인 선박왕이 되었다. 리자청도 후이펑의 신뢰를 얻어 협력 파트너가 되었고, 1978년 사업에서 큰 성공을 거두었다. 이를 계기로 그는 후이펑은행과 손을 잡고 센트럴 지역의 노른자라고 할 수 있는 곳에 화련항Aon China Building을 지었다.

아시아 최고의 거부 리자청의 사업 비결은 변함없는 성실성과 신용이다. 그는 지하철 역세권을 발전시켜 명성을 떨쳤고, 신용도 크게 높아졌다. 이러한 신용을 쌓는 데에는 무엇보다도 후이펑은행과의 좋은 관계가 결정적으로 작용했으며, 리자청이 승승장구하는 데 후이펑이 큰 도움이 되었음은 말할 나위가 없다.

이렇듯 사업에서 큰 성공을 거두는 기업이나 경영자는 자신의 목표를 위해 남의 힘을 빌리거나 기존의 자원을 최대한 활용할 줄 안다. 그것이 성공을 향한 지름길이기 때문이다.

자신의 강점을 발휘할 수 있는 곳에서 경쟁하라

전쟁에서 승리하기 위해서는 적의 강한 곳을 피하면서 허점을 공격해야 한다.

(兵之形, 避實而擊虛.)

– 《손자병법》 '허실虛實' 편에서

경쟁에서 이기는 방법 중의 하나는 과도한 경쟁이 벌어지는 곳이나 강한 상대를 피해 새로운 길을 찾아가는 것이다.

세계적인 호텔왕 콘래드 힐튼은 가난한 집안에서 태어나 5개 객실의 모텔로 사업을 시작했지만 장사가 잘되지 않자 은행을 설립했다. 사업 규모가 워낙 작은 데다 이윤도 보잘것없었으므로 생계 유지도 쉽지 않았다. 어느 날 텍사스에서 유전을 개발한 사람이 하루아침에 백만장자가 되었다는 소식을 들은 힐튼은 3만 7,000달러를 조달하여 텍사스로

갔다.

텍사스에 도착한 힐튼은 유전 개발 경쟁이 너무 과열되어서 자신이 마련한 돈으로는 사업을 할 수 없다는 현실을 깨달았다. 또 한 번 좌절을 맛본 그는 호텔에서 이런저런 생각을 하다가 호텔업이 매우 유망하다는 사실을 발견했다. 객실이 부족해 많은 사람들이 호텔의 테이블에서 잠을 청하는 모습을 보게 된 것이다. 행운의 여신이 도운 듯 힐튼은 우연히 석유로 일확천금을 얻은 한 호텔 주인을 알게 되었다. 호텔을 사들인 힐튼은 다시 예전에 했던 호텔 경영으로 복귀했다. 모두들 석유로 돈을 벌려는 꿈에 들떠 있던 덕분에 힐튼은 경쟁자가 거의 없는 유리한 상황에서 짧은 기간 내에 호텔업에서 성공을 거두었다. 탄탄대로를 달린 그는 마침내 세계적인 힐튼 호텔 체인을 만들어 막대한 부를 거머쥐었다.

뜨거운 경쟁은 많은 기회를 의미하기도 하지만, 관건은 자신에게 적합한 기회를 발견하느냐 하는 것이다. 만약 과도한 경쟁을 피해 잠재력 있는 분야에서 성공하려면 자신만의 독특한 방식과 스타일로 새로운 길을 만들어 가야 한다. 물론 이 방법이 적중하면 뜻하지 않은 큰 성공을 이룰 수 있다.

'적을 이기는 방법은 매번 달라야 하므로 변화에 익숙해야 한다'는 병법의 이치를 기업에 적용한다면, CEO는 경영요소들을 새롭게 조합하는 능력을 갖춰야 한다. 고객 수요의 변화, 시장의 형성과 발전, 경쟁 상대의 전략 변화 등에 대처하기 위해서는 끊임없이 새로운 아이디어를 짜내야 한다. 과거의 성공 경험은 이미 모두가 알고 있으므로 더 이상 효과를 볼 수 없다. 기존의 경영방법을 쇄신하지 않을 때 기업은 열세에서 벗어나지 못하거나 심지어는 도태될 수 있기 때문이다.

일본의 대형 마트 다이에(大榮)의 창업자는 양질의 제품을 저가 판매함으로써 사회에 기여하겠다는 포부를 가지고 사업을 시작했다. 다이에는 시장보다 싼 판매 가격으로 큰 인기를 얻었다. 시장과 고객의 변화에 민감한 다이에는 전국적인 대형마트, 슈퍼마켓, 아울렛, 소형 슈퍼마켓, 백화점, 전문매장, 우편판매, 텔레마케팅, 방문판매 등 전방위적인 판매방식을 동원했다. 1988년에는 다이에의 매장을 찾는 소비자가 하루에 400만에 달하는 기록을 세웠다. 창업 30주년인 1988년 10월에 다이에는 '국경 없는 시대로 진군'이라는 캐치프레이즈를 내세우면서 각국에서 가장 좋은 제품을 찾아 고객에게 제공하겠다는 선언을 했다. 다이에의 발전과 번영은 변화에 대한 기민한 전략과 적극적인 대응이 성공의 지름길임을 증명한 것이다.

다이에의 발 빠른 변화와 혁신과는 달리 바람이 불어야 닻을 올리거나 과거와 용감하게 작별하는 의식을 결여한 경영자들이 적지 않다. 과거와 현재의 성과에 안주하면 자원을 아낄 수 있고 리스크도 작지만 큰 수익을 얻을 수는 없다. 더욱이 시장 변동이 극심한 때에 안일하게 검증된 경영방식만을 고집한다면 '군대도 잃고 병사도 죽이는' 참패를 면할 수 없다.

장점과 단점, 이익과 손해를 따져 자신의 길을 모색할 때 가장 중요한 점은 자신과 적을 아는 것이다. 양자를 정확하게 분별하여 기민하게 움직일 때 승리의 여신을 자신의 편으로 만들 수 있을 것이다.

시장의 선점은
최상의 방어다

전쟁을 잘하는 자는 적을 조종은 하되 적에게 조종을 당하지 않는다.

(善戰者, 致人而不致於人.)

– 《손자병법》 '허실虛實' 편에서

수비에 전념하는 사람은 정신적으로 소극적인 상태를 벗어나지 못한다. 또한 어떤 지역을 수비하고 있을 때 적이 어디서 출동할지를 예상하지 못하면 병력을 여러 곳으로 분산해야 하므로 많은 병력이 필요하다. 하지만 병력을 집중적으로 활용한다면 공격적인 형세로의 변환이 어렵지 않다. 기업이 안정적인 수익을 올리고 있다면 이윤의 일부를 설비와 신제품 개발에 투자하여 '공격적 자세'를 갖추는 것도 무방하다. 하드웨어에 대한 투자 이외에 임금 인상, 복지 향상, 인센티브 제공 등으로 직원들의 투지를 높이는 방법도 바람직하다. 문제는 CEO가 일정한 성과를 올린 뒤에도 '만일'의 경우를 두려워해서 수세적인 자세와 경영에서 벗어나지 못한다면 더 이상의 발전을 기대할 수 없다는 것이다.

기선 제압을 위해서는 '싸우기 전에 승부를 예상'하는 식견, '적이 이기지 못하게' 하는 준비성, '적보다 앞서 채비를 하고 싸움을 기다리는' 실력 등이 필요하다. 모든 일에는 능동적이고 주체적인 자세와 능력으로 기세를 올리는 것이 중요하다. 일본의 바둑 고수들이 흔히 하는 "아무리 고수라도 선수(先手, 먼저 돌을 놓는 것)는 못 당한다"라는 농담이 있다. 상대가 먼저 좋은 착점을 하면 천재 기사라도 불리한 국면에 빠질 수밖에 없기 때문이다.

신제품의 출시 경쟁에서 먼저 제품을 내놓은 회사는 우위를 점하지만 후발업체는 많은 제약에 부닥치게 된다. 불리함을 보완하는 데 들어가는 물질적, 정신적 부담은 상당하다. 일본 장기계의 명인 키무라 요시오(木村義雄)는 독특한 전략 구사로 유명하다. 보통사람들은 열세에 처하면 장고를 하는데 반해, 그는 오히려 유리할 때 장고를 해서 상대의 투지를 꺾어 버렸다. 그가 좋은 상황에서 숙고하는 이유는 흥분하면 만회할 수 없는 실수를 저질러서 적에게 다 차려 놓은 밥상을 넘겨준다는 사실을 잘 알고 있었기 때문이다.

1930년대에 산둥 성 소재의 옌타이(烟台)맥주회사는 상하이라는 큰 시장에 진출하기 위해 '신세계'라는 대형 술집에서 맥주마시기 행사를 벌여 참가한 사람들이 500박스(1박스=48병)라는 어마어마한 양을 마시게 했다. 한 달 후 옌타이맥주는 'x월 x일에 반송위엔(半淞園, 상하이의 유명한 고택)에서 특별한 표기를 한 옌타이 맥주 한 병을 발견한 사람에게 맥주 20박스를 증정한다'는 신문 광고를 냈다. 두 차례의 행사에 걸친 520박스의 맥주로 옌타이맥주는 상하이 사람들에게는 낯설었던 '시골맥주'에서 대박 제품으로 떠올랐다. 옌타이의 기막힌 상술로 인해 다른 회사 맥주는 상하이에서 맥을 못 추었다.

하지만 한 가지 주의할 점은 적극적인 마케팅 전략이 언제나 주효한 것은 아니라는 점이다. 모든 일에는 장단점이 있는 법이므로 적극적인 공격에 의한 기선 제압도 문제를 안고 있다. 무엇보다도 공격형 경영은 기업의 의도를 너무 빨리 노출시킨다. 현실적으로 선도 기업의 혁신이 확실한 장점이 있다면 많은 경쟁 기업들이 따라 하기 마련이므로 시장을 잠식당하게 된다. 두 번째 단점은 선도적 역할을 하는 기업이 치러야 하는 비용은 많이 들지만, 수익자는 동종업계의 모든 기업이므로 자칫하면 좋은 일을 하고도 경쟁에서 뒤처지는 불이익을 당하게 된다는 것이다.

적극적인 경영으로 기선 제압을 노리는 것은 비용을 계산하지 않는 맹목적인 행위가 아니라 자원, 경쟁 동향, 시장 현황 등에 대한 면밀한 분석이 전제되어야 한다. 노르망디 상륙작전의 영웅인 조지 패튼 장군은 적극적인 공격은 최상의 방어이지만 목표와 적군의 정세를 반드시 고려해야 한다고 말했다.

기회를 선점하기로 결심했다면 먼저 자신이 정확히 하고자 하는 일이 무엇인지 확인해야 한다. 그다음으로 하고 싶은 일을 방해하는 요소들을 찾아내 해결해야 한다. 자신이 하고 싶은 일이 무엇인지 모른 채 단지 상대의 일에만 신경 쓴다면 부지불식간에 상대에게 끌려다니게 된다. 그 이유는 상대는 모든 준비를 하고 시행하는데 자신은 상대의 방식에 허겁지겁 반응하다 보면 실수를 면할 수 없기 때문이다. 결과적으로는 목표를 달성하지 못함은 물론이고, 목표에서 점점 더 멀어지는 후퇴를 하게 된다.

핼리 혜성의 출현 시기에 대해 천문학자들은 1986년 3월이나 4월이 될 것이라 예측했다. 수많은 천문학자들이 핼리 혜성에 관심과 기대감을 가진 것은 당연했지만, 사업가들도 이 세기적인, 천재일우의 천문 쇼를 상업적으로 이용하기 위해 열심히 머리를 쥐어짰다. 그런데 누구도 예상치 못한 일이 벌어졌다. 브라질의 유명한 테니스 선수 루이스와 마르셀로라는 광고 사업가가 1984년에 '핼리'라는 이름으로 상표 독점사용권을 획득한 것이다. 두 사람은 앞을 내다보는 안목과 재빠른 행동으로 남들보다 먼저 '정상'에 오름으로써 수많은 경쟁자들에게 좌절감을 안겨 주었다.

루이스와 마르셀로는 핼리라는 브랜드로 스포츠 의류, 장난감, 선글라스, 망원경, 레저용품 등 다양한 제품을 출시하여 세계시장을 파고들었다. 상표 사용권이 독점된 상태이므로 다른 기업이 굳이 '핼리'를 브랜드명으로 제품을 생산하거나 판매하려면 사용료를 지불해야 했고, 그 결과 두 사람은 1986년에 막대한 수입을 올렸다.

인터넷이 보급되던 초기에 사업성을 내다본 많은 사람들이 유명 브랜드의 도메인 이름을 선점해서 등록했다. 도메인 이름은 그대로 돈으로 연결되었지만 많은 명품 브랜드나 역사가 오래된 기업들은 도메인 개념이 없었으므로 뒤늦게 높은 가격으로 등록자들에게서 자신의 브랜드명에 해당하는 도메인을 사들였다.

　사업가가 필수적으로 갖춰야 할 자질은 멀리 볼 수 있는 안목과 식견이다. 그리고 남들보다 한발 앞서갈 때 정상에 우뚝 설 수 있다.

대중의 수요를 읽으면
그 안에 성공이 있다

총명한 군주와 현명한 장수가 움직이기만 하면 승리하여 위업을 달성
하는 이유는 먼저 적의 상황을 알고 있기 때문이다.

(故明君賢將, 所以動而勝人, 成功出於衆者, 先知也.)

– 《손자병법》 '용간用間' 편에서

1984년, 크리스마스를 앞둔 미국의 많은 도시의 장난감 가게 앞에는
추운 날씨를 무릅쓰고 밤을 새우며 긴 줄을 서고 있는 사람들로 넘쳤
다. 그들이 장사진을 친 까닭은 40센티미터의 '양배추 밭의 아기'를 입
양하기 위해서였다.

양배추 밭의 아기는 '양배추 인형'을 말하는데, 귀엽고 정이 가는 생김
새의 인형으로 아팔라치안 아트워크의 사장인 자비에르 로버츠가 디
자인했다.

시장조사를 한 자비에르 로버츠는 유럽과 미국의 완구시장이 전자 완구, 지능 계발형 완구 중심에서 '인간적'인 완구를 선호하는 쪽으로 변화하는 트렌드를 읽었다. 힌트를 얻은 그는 재빨리 독특한 스타일의 '양배추 인형'을 만들어 냈다.

양배추 인형이 다른 인형들과 다른 점은 컴퓨터 디자인으로 차별화를 이룬 것이다. 즉 인형의 헤어스타일, 피부 빛깔, 이목구비, 양말, 옷, 액세서리 등을 달리해서 개성적인 상품을 원하는 소비자들의 심리를 만족시켰다.

디자인 이외에도 양배추 인형이 폭발적인 인기를 얻은 배경에는 사회적 요인이 크게 작용했다. 미국의 높은 이혼율은 아이들의 동심에 깊은 상처를 입혔고, 양육권을 잃은 엄마나 아빠들은 자녀를 그리워하는 마음이 절실했다. 이렇듯 정신적으로 외롭고 지친 미국인들에게 양배추 인형은 큰 위안을 줄 수 있었다. 그래서 양배추 인형은 어린이에게 사랑을 받은 것은 물론이고, 성인들의 마음도 사로잡았다.

자비에르 로버츠는 사람들의 심리를 이용해 장난감 인형을 피와 살이 있고 온기를 느낄 수 있는 '입양아'로 만들었다. 먼저 진짜 아기와 같은 효과를 내기 위해 인형 하나하나에 출생증명, 이름, 지문, 발 도장 등을 붙였다. 심지어 인형의 엉덩이에 출생 병원의 의사와 간호사의 도장까지 찍었다. 고객이 인형을 살 때는 '입양 증서'에 서명을 하고 '잘 키우겠다'는 입양 선서를 하도록 했다.

그다음 아이디어는 양배추 인형과 관련된 상품, 즉 양배추 인형에게 필요한 기저귀, 우유병, 침대보, 옷, 유모차, 가방, 장난감 등을 파는 것이었다.

소비자들은 대부분 양배추 인형을 진짜 아이처럼 생각하면서 감정이입을 했기 때문에 이 입양된 인형을 위해 필요한 제품들을 아낌없이 샀다. 이로써 자비에르 로버츠의 회사는 기록적인 매출을 올렸다.

자비에르 로버츠는 상상력을 발휘하여 누구에게나 사랑받는 '양배추 인형'을 만들어 냈다. 이 인형이 회사의 '화수분'이 된 후 관련 상품을 개발한 아이디어 역시 엄청난 성공을 거두었다. 자비에르 로버츠는 당시의 사회적 조류를 포착하고 대중의 심리를 파악해 감성을 담은 상품을 만들어 냄으로써 부와 명예를 얻을 수 있었다.

유연함이 변화무쌍함을
극복하는 열쇠다

물의 흐름이 지형에 따라 정해지듯, 군사 작전도 적의 상황에 맞춰 승리할 방법을 강구해야 한다. 그래서 군의 형태는 고정불변하지 않고, 물도 일정한 형상이 없다. 적의 상황 변화에 따라 유연하게 대처하여 승리하는 사람은 가히 '전신戰神'이라 할 수 있다.

(水因地而制流, 兵因敵而制勝. 故兵無常勢, 水無常形, 能因敵變化而取勝者, 謂之神.)

- 《손자병법》 '허실虛實' 편에서

'적의 상태에 따라 승리를 얻는다(因敵制勝)'는 개념은 외부 환경의 특성과 적수의 우세와 열세에 맞춰 전략을 유연하게 구사하여 승리하는 것이다. 형편에 맞춰 대응하는 '권변權變'은 《손자병법》 전체를 관통하는 중요한 사상이다. '전쟁은 기만술' '군사 활동에서는 귀신처럼 빠른 것이 가장 중요하다' '적을 한 방향으로 유인하여 공격하고, 천 리 밖에 있는 적장을 죽여야 한다' 등등의 계책은 모두 '권변'에서 파생된 것이다.

시장 환경의 변화와 경쟁에서 기업이 생존하기 위해서는 외부 환경, 특히 경쟁 기업의 동향에 맞춰 경영 방식을 조정, 전환해야 한다.

기업은 환경에 대한 철저한 조사와 연구를 통해 기회와 위기를 예측하면서 동시에 사회적 요구에 부응할 방법을 찾아야 한다. 이 밖에도 라이벌의 현황, 잠재적 능력, 미래 전략까지 분석하여 자사의 상대적 우위와 열세를 인식해야 한다. 특히 이용 가능한 모든 자원을 적절하게 조합하는 능력은 성공적인 경영의 열쇠가 된다. 자원은 언제나 제한적이지만 활용 방법은 무한하므로 외부 여건과 자신과 경쟁사의 역량 변화에 따라 자원을 효율적으로 분배하고 결합한다면 그 효과는 배가된다.

허베이 성 청더(承德) 시의 훙치(紅旗) 화학비료 공장이 경영난으로 적자가 쌓이자 사장은 업종 전환을 구상하던 중 현지의 관광객 증가 현상에서 힌트를 얻었다. 여행을 하다 보면 음주를 하기 마련이므로 맥주 생산이 적합하다고 생각한 그는 비료 공장을 맥주 공장으로 바꾸었고, 결과는 성공적이었다. 처음에는 한 가지 품종만 생산했지만 고객들의 취향에 맞춰 흑맥주, 프리미어 맥주, 드라이 맥주 등을 개발하여 청더 시의 명물이 되었다.

일본 3대 전자메이커의 하나인 히타치(日立)사의 명언이 있다. "우리 마음대로 무엇을 생산하고 팔 것인지 결정해서는 안 된다. 생산자의 결정으로 돈을 벌 수는 없다." 히타치의 초대 사장은 "공장은 고객의 입장에서 제품을 생산하고, 영업 부서는 공장의 입장에서 제품을 판매해야 한다"라는 경영관을 전파했다. 그리하여 히타치는 모든 제품은 사회의 수요와 요구를 기반으로 하여 기획하고 생산해야 한다는 방침을 고수했다.

15세의 레이푸캉(雷福康)은 2002년에 중학교를 자퇴하고 고향인 허난 성 황촨(潢川) 현 탄수(檀樹) 마을로 돌아왔다. 레이푸캉은 아버지가 사용하는 타조깃털 먼지떨이를 보는 순간 깃털 가공을 잘 하면 돈벌이가 될 거라는 희망을 갖게 되었다. 그해 10월에 레이푸캉은 장쑤 성의 한 타조털 가공 공장에 들어가 창업을 꿈꾸며 열심히 기술을 익혔다. 고향으로 다시 돌아온 그는 마을에서 수집한 타조털을 가공하는 공장을 차렸다. 4년 동안 분투한 결과 영세한 가내 공장은 300여 명의 노동자를 거느린 9개 규모의 공장으로 확대되었고, 1년 매출이 80만 달러에 달했다. 그가 개발한 염색 가공의 컬러 타조털은 미국, 일본, 동남아 등에서 큰 인기를 끌었다.

레이푸캉이 어린 나이에 성공할 수 있었던 비결은 사람들의 기본적인 수요를 파악한 것이었다. 경영자는 소비자에게 영향을 줄 수 있는 요인들을 분석하고 변화를 포착하여 능동적으로 제품을 개발하고 시장을 개척해야 한다. 그렇게 해야 백 년을 이어 갈 기업으로 발전시킬 수 있는 것이다.

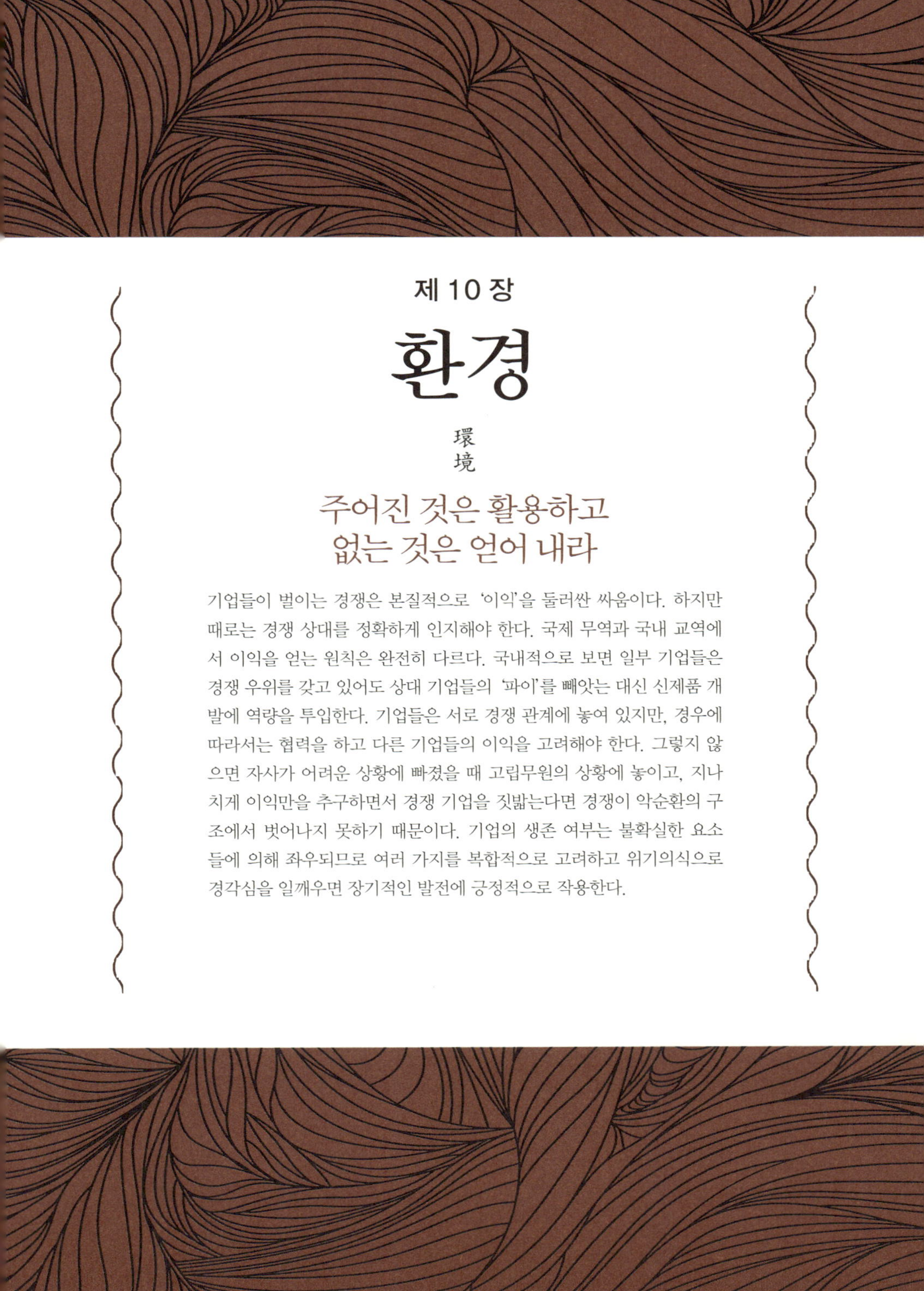

제 10 장

환경

環
境

주어진 것은 활용하고
없는 것은 얻어 내라

기업들이 벌이는 경쟁은 본질적으로 '이익'을 둘러싼 싸움이다. 하지만 때로는 경쟁 상대를 정확하게 인지해야 한다. 국제 무역과 국내 교역에서 이익을 얻는 원칙은 완전히 다르다. 국내적으로 보면 일부 기업들은 경쟁 우위를 갖고 있어도 상대 기업들의 '파이'를 빼앗는 대신 신제품 개발에 역량을 투입한다. 기업들은 서로 경쟁 관계에 놓여 있지만, 경우에 따라서는 협력을 하고 다른 기업들의 이익을 고려해야 한다. 그렇지 않으면 자사가 어려운 상황에 빠졌을 때 고립무원의 상황에 놓이고, 지나치게 이익만을 추구하면서 경쟁 기업을 짓밟는다면 경쟁이 악순환의 구조에서 벗어나지 못하기 때문이다. 기업의 생존 여부는 불확실한 요소들에 의해 좌우되므로 여러 가지를 복합적으로 고려하고 위기의식으로 경각심을 일깨우면 장기적인 발전에 긍정적으로 작용한다.

잘못된 전략은 기업의 생존을 한순간에 무너뜨릴 수 있다

전쟁은 국가의 중대한 일이다. 백성의 생사와 나라의 존망이 달려 있으니 신중히 살펴야만 한다.

(兵者, 國之大事, 死生之地. 存亡之道, 不可不察也.)

– 《손자병법》 '시계始計' 편에서

전국 시대(기원전 403~기원전 221년)는 중국 역사상 유례없이 긴 기간 동안 전쟁이 계속되었던 시기다. 패권을 다투며 싸우던 열국列國이 차례로 멸망하여 전국 7웅으로 정리되면서 국력과 군사력의 우열이 점차 가시화되었다. 서쪽에서 일어난 진秦나라가 강성해지면서 연·제·초·한·위·조의 6국은 상대적인 열세에 처하게 되었다. 6국은 진을 견제하기 위해 북쪽의 연에서 남쪽의 초로 이어지는 세력들이 연합해 합종 전선을 형성했다. 그리고 이들의 합종책은 확실히 진나라의 동진을 상당 기간 저지하는 효과를 보았다. 그러자 진나라는 6개국에 자신을 섬기면 생존을 보장하겠다며 개별로 상하동맹을 맺는 연횡책을 폈다. 또 그다음으로 원교근공(遠交近攻, 먼 나라와 친하고 가까운 나라를 쳐서 영토를 넓히는 정책으로 진나라의 범저(范雎)가 만들었음)정책을 시행했다. 이 정책으로 큰 타격을 입은 나라는 진나라와 가까운 한나라와 위나라였다.

전국 시대 후기에 이르러 산동 6국 가운데 초, 제, 조는 3강 체제를 이뤘다. 하지만 말기가 되자 초나라는 진의 막강한 공격을 받아 점차 몰락의 길을 걸었다. 조나라는 진나라와의 장평 싸움으로 인해 국력이 크게 소진되었다. 제나라는 다른 두 나라에 비해 군사력을 온전히 유지하고 있었다. 하지만 판세가 바뀌면서 진나라는 6국을 멸하고 천하를 통일하려는 야심을 숨기지 않았다. 과거 위(衛)나라의 땅에 군사의 상당수를 집결시킨 진나라는 한나라와 위나라를 먼저 공략하려 했다. 진나라의 목표에서 당분간 멀어진 제나라는 전쟁을 하지 않게 됨으로써 평화로운 국면을 유지할 수 있었다.

제나라는 기원전 264년 양왕이 죽자 건(建)이 즉위했다. 건이 나이가 어려 통치를 할 수 없었으므로 국가 대사는 어머니인 군(君)왕후가 수렴청정 했다. 군왕후의 외교는 진나라를 섬기고, 다른 나라들과는 신의를 지키면서 분쟁에 휘말려 전쟁을 하지 않는다는 것이었다. 제나라의 고립주의적인 외교 원칙은 진나라가 바라 마지않았던 것이었으므로 진나라는 고삐를 바짝 당겨 산동 지역의 나라들을 침략하면서 동쪽으로 세력을 확장했다.

제왕 건 6년, 진나라가 조나라의 장평을 침략하자 제나라와 초나라는 조나라를 지원하기로 합의했다. 이 소식을 들은 진나라는 당시 상황을 이렇게 분석했다. 제나라와 초나라가 군사를 파견하여 조나라를 지원하는데, 만일 그들의 관계가 매우 끈끈하다면 철군해야 한다. 반대로, 세 나라의 관계가 그리 긴밀하지 않다면 조나라를 공격한다. 이 무렵 조나라는 군량이 부족하자 제나라에 식량 원조를 청했는데 군왕후와 제왕 건은 거절했다. 하지만 제나라의 재사 주자周子는 조나라에게 원조를 해야 한다고 주장했다. "조나라의 원조 요청을 받아들여 진나라가 철군하지 않을 수 없게 만들어야 합니다. 만약 조나라의 요청을 받아들이지 않는다면 우리가 조나라, 초나라와 가깝지 않다는 사실을 진나라에게 알리는 꼴이 됩니다. 조나라는 제나라와 초나라를 보호하는 병풍과도 같습니다. 입술이 없으면 이가 시리듯이, 진나라가 조나라를 멸망시키면 그다음으로 화를 입는 것은 제나라와 초나라입니다. 그러므로 한시도 지체하지 말고 조나라를 돕는 일이 무엇보다도 중요합니다. 조나라를 도우면 우리가 의리를 중시한다는 명분을 얻을 수 있고, 진나라가 물러나도록 압박할 수 있다면 대외적으로 크게 이름을 날릴 수 있습니다."

조나라를 도와야 한다는 주자의 주장은 받아들여지지 않았다. 조나라는 유일하게 진나라와 정면 승부를 하면서 동진을 막을 수 있는 나라였지만 제나라는 끝내 도움을 거절함으로써 도의를 잃었음은 물론이고, 진나라의 기세를 돋우는 데 한몫했다. 결국 장평 싸움에서 패한 조나라는 몰락의 길로 들어섰고, 진나라는 천하 통일의 목표를 앞당기게 되었다.

   병법에서 경영의 지혜를 배우다

제왕 건 16년(기원전 249년), 군왕후가 죽자 건이 명실상부하게 집정을 하게 되었다. 나약하고 무능한 제왕 건은 군왕후의 '진나라를 섬기는' 정책을 바꿀 생각을 하지 못했고, 다른 나라들을 돕거나 군사력을 증강할 생각조차 하지 않았다. 제왕 건 18년(기원전 247년), 진나라는 몽오蒙驁 장군에게 위나라를 정벌하도록 했다. 여러 번의 싸움에서 패한 위나라는 신릉군信陵君이 연, 조, 한, 초나라에 군사 원조를 청했다. 그러나 제나라는 군대를 파견하지 않았다. 제왕 건 23년(기원전 242년), 진나라가 동쪽으로 진출하여 제나라의 국경과 접하는 곳에 동군東郡을 설치함으로써 산동 지역의 나라들을 직접적으로 압박했다. 다음 해에는 조나라 장군 방원龐媛이 산동의 나라들과 합종하여 진나라를 공격할 때도 제나라는 참여하지 않았고, 적극적으로 방어 태세를 취하지도 않았다.

진나라는 제왕 건 35년(기원전 230년)부터 본격적으로 6국 정벌에 나서 한나라를 멸망시켰다. 다음 해에 진나라가 조나라를 멸망시키자 조의 공자 가嘉가 대군代郡으로 도주하여 왕위에 올랐다. 제왕 건 38년(기원전 227년) 진나라는 연을 공격하여 그다음 해에 멸망시켰고, 연왕은 요동으로 도주했다. 제왕 건 40년(기원전 225년), 위나라는 진나라에게 멸망당했다. 제왕 건 42년(기원전 223년), 진나라는 초나라를 정복했다. 이듬해 진은 조나라와 연나라의 잔여 세력을 완전히 제거했다. 진나라가 대대적으로 동쪽을 침입하여 산동 6국을 멸망시키는 와중에도 제나라는 내분과 부패가 극심했다. 재상 후승后勝은 진나라의 뇌물을 받을 정도였고, 제나라의 대신들은 진나라에 사신으로 가서 뇌물을 받은 뒤 귀국하여 건에게 다른 나라들의 합종 전술에 참여하지 못하도록 설득했다.

산동의 다섯 개 나라가 잇달아 망한 뒤 제나라는 진나라의 최후의 공략 대상이 되었다. 제왕 건 44년(기원전 221년) 진나라는 가볍게 제나라를 멸망시켰다. 제왕 건은 공共 지역으로 쫓겨 갔다가 얼마 후 굶어 죽었다.

제나라는 멸망하기 40여 년 전부터 진나라를 섬기는 정책을 폈기 때문에 전란을 겪지 않았다. 제의 왕은 전쟁을 하지 않으면 군사력을 강화하지 않아도 별 탈 없이 나라를 지킬 수 있으리라 착각했다. 그래서 진나라에 대비해서 적극적으로 군사력을 키워야 한다는 건의를 무시하면서 외교, 군사적으로 고립주의를 채택했고, 결국 속수무책으로 멸망당했다.

고대에는 각국이 영토를 차지하기 위해 치열한 전쟁을 벌였다면, 현대에는 자원과 세력 확보를 위해 소리 없는 각축전을 벌이고 있다. 그것은 기업들도 마찬가지다. 시장이라는 전쟁터에서 첨예한 상업전쟁을 벌이고 있다. 이러한 이해관계가 얽히고설킨 경쟁 시장에서 자신의 시장 개척을 위한 도전과 자신의 시장을 잃지 않기 위한 응전 활동은 기업의 사활과 직결된다. 또한 협력이 그 어느 때보다 중요해져 가고 있는 추세에 발맞추어 현명한 외교 전략을 펼치는 것은 기업의 주요한 발전 전략이기도 하다.

천시와 지리를 활용하는 사람은
하늘이 내리는 성공을 잡을 수 있다

지형에는 통형, 괘형, 지형, 애형, 험형, 원형의 여섯 가지가 있다. 아군과 적군이 모두 왕래할 수 있는 곳이 통형이다. 통형에서는 높고 양지바른 곳을 선점하고 군량미의 보급로를 확보하면 싸우는 데 유리하다. 괘형은 가기는 쉬워도 돌아오기는 어려운 곳이다. 괘형에서는 적의 방비가 허술하면 출진하여 승리할 수 있지만, 만약 적의 대비가 철저할 때 나가서 싸우면 이기지 못할 뿐 아니라 돌아오기도 어렵기 때문에 불리하다.

(地形有通者, 有挂者, 有支者, 有隘者, 有險者, 有遠者. 我可以往, 彼可以來, 曰通. 通形者, 先居高陽, 利糧道以戰, 則利. 可以往, 難以返, 曰挂. 挂形者, 敵無備, 出而勝之, 敵若有備, 出而不勝, 難以返, 不利.)

– 《손자병법》 '지형地形' 편에서

세계 경제를 살펴보면 고도성장을 이룩하는 국가나 지역들은 대부분 바다에 인접해 있다는 사실을 발견하게 된다. 이런 현상은 지정학적 조건이 경제 발전에 중요한 요소로 작용한다는 이론을 입증하는 것이다. 중국이 개혁 개방 정책을 실시하면서 우선적으로 광둥, 푸젠 지역에 '특구'를 설치하고, 뒤이어 연해 지역의 대도시를 경제 발전의 중심으로 설정한 것은 '지형이 승리에 영향을 준다(地形者, 兵之助也)'는 병법의 원리와 일맥상통한다. 광둥, 푸젠 등과 같은 동남부 연해 지역은 홍콩과 지리적으로 가까운 데다 양쪽 주민들이 혈연관계로 많이 얽혀 있어 무역에 유리하고, 내륙 지역의 경제와 기술 발전을 견인할 수 있는 이점이 있다. 또한 내륙 지역에서 만든 제품들을 세계 시장으로 수출하는 교두보 역할을 할 수 있는 점도 큰 이점이다. 세계 경제는 자본, 자원, 노동력, 기술면에서 서로 보완적인 지역들이 제휴하여 발전하는 양상을 띠고 있다. 유럽의 통합된 시장, 북미자유무역협정NAFTA에 의거해 형성된 자유무역지대, 아시아의 다핵화된 경제구조 등은 경제적 보완성과 지리적 이점이 결합되어 형성된 것이다.

공장을 짓거나 매장을 열 때 가장 먼저 고려해야 할 것은 입지 선정이다. 관광 붐이 일었을 때 대도시에서 멀리 떨어진 산간벽지에서 대형 오락시설을 지었다가 관광객이 예상처럼 많지 않고, 현지인들은 값비싼 시설을 이용할 여력이 없어 투자자들이 망한 경우가 부지기수다. 부동산 구입에 있어서도 사람들은 일반적으로 '지형'을 우선으로 고려한다. 예를 들어 부동산 가격의 상승 가능성, 교통의 편리함, 공공시설, 가격의 합리성, 주위 환경 등과 같은 지리적 여건을 따지지 않을 수 없다.

그러나 지리적 적합성을 분석하는 작업은 쉽지 않은 일이다. 일본 최대 물류회사인 사가와규빈은 일본은 물론이고 해외에도 많은 자회사를 거느리고 있다. 창업자인 사가와 기요시(佐川淸)는 배달원에서 출발하여 자수성가한 인물이다. 성공의 기반이 근면성과 끈기였다면, 결정적인 성공의 요인은 빠른 운송을 원하는 고객의 수요를 만족시킨 것이었다. 사가와 기요시는 당시 경쟁사도 없었고, 시장 규모가 무한한 퀵 서비스 시스템을 도입함으로써 성공의 길을 열었다.

스페인 마드리드의 중심가에 위치한 대형 서점 프낙FNAC은 지리적 이점을 극대화한 케이스로 유명하다. 50여 년 전 프낙이 문을 연 초기에는 하루에 수십 권의 책이 팔릴 정도로 매기買氣가 없어 사장의 속을 태웠다. 얼마 후 사장은 마드리드가 정치와 문화의 중심지이자 유명 인사들이 많이 거주하는 곳이라는 장점을 살려 꾸준히 행사를 열었다. 매일 저명한 작가나 베스트셀러 작가들을 초청하여 강연과 좌담회를 열어 독자들에게 좋은 책을 추천하게 했고, 책을 산 독자들에게는 추첨으로 책과 음반을 증정했다. 다양한 행사들이 자리를 잡으면서 서점 문을 열기도 전에 고객들이 줄을 서는 진풍경이 벌어졌다. 마드리드 시의 문화적 전통과 지적인 분위기를 한껏 활용한 프낙의 전략이 적중한 것이다.

"천금 부자는 하늘이 내린다"라는 말이 있다. 큰 성공은 그만큼 얻기가 어렵고, 노력이나 실력으로 거둘 수 있는 성과는 한계가 있어 운이나 기회가 함께 뒷받침되어야 한다는 의미이기도 하다. 그 운이나 기회는 곧 병법에서 말하는 천시天時와 지리地利를 포함한다. 그러나 아무리 좋은 환경에 놓여 있다 해도 만약 그것을 적극적으로 활용하지 않으면 아무런 이득도 얻을 수 없다. 그러므로 주어진 자원을 주의 깊게 관찰하고 분석하여 그것을 개척하고 활용하는 사람만이 유리한 조건을 갖게 되고 그것이 곧 경쟁에서 앞서갈 수 있는 무기가 된다.

남들이 가지지 않은 장점을
최대한 부각하라

군대는 위험한 상황에 처해야 패배를 면할 수 있고, 사지에 빠진 뒤
라야 살아날 수 있다. 무릇 장병들은 그러한 위험스러운 상황 속에
서만 분투하여 승리할 수 있다. 전쟁을 한다는 것은 적이 의도하는
바를 속속들이 파악하는 데 있고, 작전을 세워 적을 한 방향으로 유
인하여 치고, 천 리 밖에 있는 장수를 죽이는 것이다. 이를 교묘한 용
병으로 능히 일을 성취한다고 하는 것이다.

(投之亡地然後存, 陷之死地然後生. 夫衆陷於害, 然後能爲勝敗. 故爲兵之事,
在於順詳敵之意, 并敵一向, 千里殺將, 此謂巧能成事者也.)

– 《손자병법》 '구지九地' 편에서

최근 중국에서는 바이지우(白酒, 수수(고량)를 주원료로 증류하여 만든 술) 시장
을 둘러싼 경쟁이 매우 뜨겁다. 맥주와 양주가 시장을 주도하는 상황
에서 바이지우가 도전자로 나선 양상이다.

수이징팡(水井坊) 바이지우는 쓰촨의 취안싱(全興) 그룹이 짧은 시간 내

병법에서 경영의 지혜를 배우다

에 집중적으로 키워낸 브랜드다. 독특한 마케팅에 힘입어 성장한 수이징팡은 바이지우 업계의 기적이자 브랜드 신화의 연구 대상이 되었다.

1998년 8월 취안싱 그룹은 청두(成都)시의 한 곡주曲酒 공장에서 친환경 개조 작업을 하다가 뜻밖에도 고대의 양조장인 수이징 주방酒坊의 유적지를 발견했다. 전문가들의 감정 결과 이 주방은 원대 말기 명대 초기에 지어져 여러 차례 보수를 거치면서 600년 넘게 명맥을 이어왔던 곳으로, 현재까지 발견된 중국 고대의 양조장 가운데 가장 오래되었다.

취안싱 그룹은 수이징 주방의 발견이라는 절호의 기회를 살리기로 결정했다.

취안싱 그룹은 먼저 중국과학원의 청두 생물연구소, 칭화대학과 연계하여 첨단 미생물 기술을 이용해 수이징 주방에서 추출한 특수 미생물 '수이징팡 1호균'으로 '수이징팡 바이지우'를 만들어 대량 생산에 들어갔다.

수이징팡의 마케팅을 위해 취안싱 그룹이 핵심 콘셉트로 잡은 것은 600년 역사다. 그래서 '전국 문물 보호 대상' '가장 오래된 양조장에서 만들어진 술' '최근에 이뤄진 전국 10대 고적지 발굴 중의 하나' '중국 명주' '기네스북에 오른 술' 등의 광고 카피를 만들어 냈다.

그다음으로 수이징팡의 세계적인 품질을 문화적 전통에 접목했다. 한정 생산, 원대부터 청대까지의 양조장 역사, 수징팡 1호균 등을 품질 보장의 상징으로 내세우면서 고급 브랜드로 포지셔닝했다.

결국 수이징팡은 이것을 마시는 사람은 럭셔리한 삶을 즐기는 것으로 인식되어 고가 브랜드로 자리 잡았다. 소비자들은 고급 바이지우를 마시면서 자신의 경제력에 흐뭇해하지만, 그보다도 정신적으로 더 큰 만족감을 얻는 것이다. 독특한 브랜드 전략으로 인해 수이징팡 바이지우는 다른 바이지우들과 현저히 다른 위상을 차지하게 되었다. 따라서 취안싱 그룹은 수이징팡 바이지우를 참신하게 포장하고 광고했다. 중국의 뿌리 깊은 주도를 알리기 위해 수이징팡 전용 술잔을 만들어 예술적인 향취를 더했다. 수이징팡 브랜드의 핵심적인 마케팅 전략은 우아한 문화와 고품격 이미지를 소비자의 뇌리에 각인시키는 것이다.

취안싱 그룹의 이러한 전략에 힘입어 수이징팡은 빠른 시간 내에 고급 브랜드로 정착했다. 취안싱 그룹이 수이징팡을 고급 바이지우의 상징으로 만들 수 있었던 이유는 '색, 향기, 맛, 품격'을 갖춘 것뿐만 아니라 다른 바이지우와 차별화한 문화적 색채를 주입하고, 소비자들의 역사와 술 문화에 대한 관심을 불러일으켰기 때문이다.

수이징팡은 하루아침에 형성될 수 없는 유구한 역사성을 강조함으로써 바이지우를 고가의 상품으로 부각시켰다는 데 그 성공의 의미가 크다. 오래된 양조장을 우연한 기회에 발견하고 그것을 성공의 발판으로 삼은 것은 마케팅 성공 사례로 오래도록 기록될 것이다.

상대의 심리를 장악하는 것이
유리한 고지에 서는 길이다

잘 정비된 군대로 혼란스러운 군대를 대적하고, 군기를 엄격히 해서
적의 해이함을 공격하는 것이 심리를 다스려 이기는 방법이다.

(以治待亂, 以靜待嘩, 此治心者也.)

— 《손자병법》 '군쟁軍爭' 편에서

시카고의 부유한 자선사업가인 존스는 심장병 연구에 거액을 출연
했다. 그가 한번은 심장병기금재단 발족을 위한 타당성 조사를 하는
상원 위원회로부터 증언을 해 달라는 요청을 받았다. 존스는 의회에
나가기 전에 준비를 하기 위해 전문가들에게 자문을 구했고, 그들은
의원들에게 제출할 문건을 작성해 주었다. 의회 청문회에 나간 존스는
여섯 번째로 발언을 하기로 되어 있었는데, 앞의 다섯 명은 저명한 의
사, 과학자, 공공부문 전문가들이었다. 위원회는 증언자들에게 질문을

하던 중 갑자기 "당신의 발언 원고는 누가 작성했습니까?"라고 물었다. 존스는 의학 지식이 없는 의원들이 전문가들의 발언을 반신반의하면서 엉뚱한 질문이나 하고 있음을 눈치챘다.

발언 순서가 되어 의원들 앞에 선 존스가 당당하게 소신을 밝혔다. "저는 발언할 원고를 준비했지만 그대로 읽지 않겠습니다. 그 이유는 제가 조금 전에 고견을 피력하신 전문가들과 비교할 수 없이 수준이 떨어지기 때문입니다. 그들은 의원님들에게 심장병기금재단 설립에 필요한 사실과 논거를 모두 제시했습니다. 하지만 저는 의원님들의 이익에 도움이 되는 호소를 하려 합니다. 의원님들은 이 나라의 엘리트로서 중대한 책무를 수행하고 있고, 나라의 운명을 결정합니다. 현재 의원님들은 인생의 가장 중요한 시기에서 왕성하게 활동하고 있습니다. 밤낮으로 나라를 위해 일하고 있고, 그로 인해 극심한 스트레스에 시달리고 있습니다. 바로 그렇기 때문에 의원님들의 심장은 아마도 심한 손상을 받고 있을 것입니다. 다시 말해, 의원님들은 심장병의 희생자가 될 가능성이 아주 높습니다. 자신의 건강을 위해, 가정에서 의원님들을 위해 기도하는 부인과 자녀를 위해, 의원님들을 의회로 보내준 유권자들을 위해 이 안건에 찬성표를 던져 달라고 정중히 부탁 드립니다!" 존스의 간절하고 진심 어린 설득에 의원들은 그대로 무너졌다. 얼마 후 정부에서 전국 심장병기금재단을 설립했고, 존스는 초대 의장이 되었다.

존스의 연설이 성공한 이유는 자신의 건강을 최우선으로 하는 의원들의 심리를 파고들었기 때문이다. 누구도 자신할 수 없는 건강 문제에 대한 불안과 우려에 대해 존스가 진정성을 가지고 대응 방안을 제시했으므로 재단 설립에 확신을 가지지 못했던 의원들이 찬성으로 돌아선 것이다.

'잘 정비된 군대로 혼란스러운 적을 대하는(以治待亂, 以靜待嘩)' 전술, 즉 상대의 심리를 잘 파악하여 적절히 대응하면 주도권을 쥐게 되어 쉽게 목적을 달성할 수 있다. '심리'라는 요소는 경영에서도 성공과 실패를 가르는 중요한 무기 중의 하나다.

1815년 6월 18일, 영국과 프랑스 간의 '워털루 전쟁'이 발발했다. 이 전쟁은 두 나라의 정치적 운명을 결정했을 뿐만 아니라, 주식 시장도 이 폭풍을 피해갈 수 없었다. 영국의 입장에서 볼 때 승리한다면 국채 가격이 폭등할 것이고, 나폴레옹이 승리하면 국채가 휴지 조각이 될 것이 뻔했기 때문이다.

런던의 증권거래소에서는 많은 사람들이 초조하게 전쟁 소식을 기다리고 있었다.

전투지인 워털루는 벨기에의 수도 브뤼셀의 남부에 소재한 지역으로 런던에서 멀리 떨어진 곳이다. 이때는 전신, 비행기, 열차와 같은 통신 수단이 없었으므로 소식은 파발마나 선박을 통해 전해졌다. 그래서 전쟁 결과를 바로 알 수 없고 기다려야 했다.

6월 19일 오전, 증권거래소에 나타난 네이선 로스차일드는 국채를 팔기 시작했다. 평소에 로스차일드의 행동은 주가 변동의 바로미터나 다름없었기 때문에 많은 사람들이 그의 이 결정에 주목했다.

"네이선이 모두 팔았다!" 누군가가 고함을 지르자 사람들의 시선이 네이선에게 집중되었다.

"네이선이 채권을 매각했다!"

네이선 로스차일드가 국채를 포기했다는 소식이 거래소에 퍼지자 사람들은 영국이 패배했다고 생각해 미친 듯이 국채를 팔아 가격이 급락했다. 이때 로스차일드는 자신의 대리인을 시켜 바닥을 친 국채를 조용히 사들였다.

그러나 다음 날 워털루에서 영국이 승리했다는 소식이 전해지자 국채는 수직으로 상승했다.

정신을 차린 사람들이 채권을 판 것을 후회했지만 이미 한발 늦은 뒤였다. 로스차일드는 이미 정보원을 통해 영국의 승전 소식을 알고 있었기 때문에 사람들이 내던지는 국채를 헐값에 매수해 하루 만에 2억 3천만 파운드를 벌어들였다.

로스차일드는 돈을 버는 '도道'를 알고 있었다. 도에도 여러 가지가 있지만, 그중의 하나는 정보를 선점하는 것이다. 다시 말해, 남보다 먼저 전쟁의 승부를 알아낸 수완이 바로 그의 '도'였던 것이다. 네이선 로스차일드는 일찍이 유럽에서 방대한 정보 네트워크를 형성하여 정치, 군사, 사업상의 정보를 수집했다. 그는 자신의 정보망을 이용해 워털루 전쟁의 승전보를 누구보다 먼저 알아냈고, 그것을 사람들의 심리를 움직이는 데 활용해 막대한 이익을 얻어낸 것이다.

투지는 경쟁에서
승리를 이끄는 견인차다

적군의 사기를 저하시키고 적장의 심리를 동요시킬 수 있다.

(三軍可奪氣, 將軍可奪心.)

― 《손자병법》 '군쟁軍爭' 편에서

전쟁이나 비즈니스에서 상대의 사기를 떨어뜨리고 불안하게 만드는 강력한 수단은 위협이다. 삶과 죽음의 기로에 선 전쟁터에서 느끼는 두려움은 대뇌 신경이 순간적으로 외부의 엄청난 자극을 받아 심리적 혼란과 비정상적인 상태에 빠졌을 때 나타나는 현상이다. 두려움, 즉 공황상태는 큰 위험성이 내포되어 있다. 가벼울 경우에는 정상적인 사고와 자신을 조절하는 능력을 잃게 되고, 두려움이 클 경우에는 정신 붕괴나 이상 행동을 보이고, 심하면 전투력을 완전히 상실한다. 두려움이 군대의 사기를 크게 저하시키므로 공포감 조성은 심리전에서 중요한 전술이다.

　공포심을 불러일으키는 전술은 나치 독일이 독보적이었다. 1938년 3월에 히틀러는 공포 전술로 오스트리아를 강제 합병했다. 히틀러는 오스트리아의 수상 쿠르트 슈슈니크와의 회담에서 역사상 보기 드문 협박과 기만술을 동원했다. 슈슈니크가 히틀러의 숙소로 찾아왔을 때 히틀러는 구석진 곳에서 한참 기다리게 한 후 불러들였고, 마치 법정에서 피의자를 다루듯 위압적으로 대했다. 악수조차 청하지 않은 히틀러는 목청을 높여 슈슈니크를 '살인자' '음모꾼'이라 부르는 모욕을 주었고, 수시로 주먹을 휘두르는 거친 행동을 했다. 슈슈니크에게 담배를 피우지 못하게 하고, 앉지도 못하게 한 다음 히틀러는 벨을 눌러 장군들을 들어오게 했다. 그리고 문건을 슈슈니크에게 건네준 뒤 장군들에게 명령을 내렸다. "슈슈니크가 나의 최후통첩을 읽고 나면 당신들은 그를 다른 방으로 데려가 오스트리아를 점령할 계획을 알려주시오!" 슈슈니크는 두려움에 떨며 히틀러에게 굴복했다. 피 한 방울 흘리지 않고 오스트리아를 집어삼킨 히틀러는 또다시 공포의 화살을 유럽 중부의 소국 체코슬로바키아로 돌렸다.

　오스트리아와 체코슬로바키아에 대한 심리적 위협이 노골적인 공격이었다면, 노르웨이에 대한 협박은 덜 직접적이었다. 1940년 4월, 독일이 노르웨이를 침략하기에 앞서 오슬로의 독일 대사관에서는 성대한 영화 시사회가 열렸다. 시사회에서 상영한 영화는 독일에서 제작한 〈불의 세례〉라는 다큐멘터리였다. 초대된 사람들은 노르웨이의 군 수뇌부와 재계의 거물들이었다. 영화의 내용은 독일이 전격적으로 폴란

드의 200만 대군을 격파한 과정으로 특별히 수천 대의 전투기, 2,800
대의 탱크, 6,000개의 대포가 몇 시간 동안 바르샤바를 폐허로 만드는
장면이 인상적이었다. 영화가 끝나자 독일 대사는 전쟁과 평화 중 하
나를 선택하라는 협박성 연설을 했다. 독일의 끔찍한 전술을 생생히
목격한 노르웨이 당국은 심리적으로 저항을 포기했다. 다음 날 새벽,
독일 해병대 1,500명이 오슬로에 상륙했다. 그들은 승리의 행진곡을
부르며 총 한 번 쏘지 않고 노르웨이의 수도를 점령했다. 뒤이어 독일
군은 중립국 노르웨이 영토 전체를 집어삼켰다.

훗날 히틀러는 적나라하게 상대를 위협하여 공포감과 스스로 굴복
하게 만드는 심리 전술을 '신경전'이라 부르며 자신의 독창적인 아이
디어라고 선전했다.

'적장의 심리를 동요시키는' 전략에서 경영자가 배울 점은 어떤 상대
를 만나든지 그 결심을 바꾸기만 하면 자신의 목적을 실현한 수 있다
는 것이다. 무협 소설 《몽환공화夢幻空花》에 나오는 "한 사람의 투지를
꺾는 것은 무력으로 무릎을 꿇리는 것만큼 효과적이다"라는 표현은 현
실에서 쉽게 증명된다.

'적군의 사기를 저하시키고 적장의 심리를 동요시킬 수 있다'는 손자의
지적은 군대 전체와 장수의 공략 방법을 각기 다르게 보는 것이지만, '적
장의 심리를 동요시키는' 것은 군사들의 사기를 저하시키는 것보다 훨
씬 의미가 있다. 적장의 마음을 흔드는 데 성공하면 굳이 군사 전체를 움
직이는 수고를 덜 수 있기 때문이다. 따라서 적군의 사기를 떨어뜨리는
데 주력하는 것보다는 먼저 적장의 마음을 뒤흔드는 것이 효율적이다.

일본의 야마하는 세계 굴지의 피아노 제조회사다. 1980년대 들어 세계적으로 피아노에 대한 수요가 급감했지만 야마하는 영향을 받지 않았다. 많은 가정에서 피아노를 산 뒤에 별로 치지를 않아 피아노는 덩치 큰 애물단지나 장식품으로 전락하곤 한다. 피아노를 구매한 뒤 방치하는 소비자가 늘어나면 마케팅 전략이 아무리 좋아도 판매량이 늘어나기 어렵다. 야마하는 문제의 단서를 찾자 잠재적인 고객들에게 피아노의 가치를 알리기 위해 광학과 디지털 기술을 결합한 정밀한 장치로 건반에서 나는 강약이 다른 음들을 식별한 뒤 개인 컴퓨터의 디스켓에 기록할 수 있게 했다. 이 시스템으로 비디오처럼 실제 연주를 녹음할 수 있고, 대가의 연주곡들을 자신의 피아노에 입력할 수 있다. 또한 다른 악기와 합주를 할 수도 있다. 제품이 시장에 나오자 침체되었던 피아노 수요가 활기를 띠었고, 피아노를 배우는 사람들이 늘어났다. 야마하는 전자피아노를 개발함으로써 피아노를 치는 사람들의 수를 늘렸고, 이제 전통적인 피아노보다 더 많은 수요를 창출했다.

야마하가 기술력으로 침체된 시장을 살려 낸 전략은 동종업계에서의 악성 경쟁을 피하면서 고객을 발굴하고 제품의 가치를 높였다는 점에서 큰 의미를 가진다.

경쟁 상대가 의욕적으로 공세를 펼칠 때에는 움직이지 않고 상대의 투지를 약화시켜야 한다. 이렇게 하면 상대는 오래지 않아 피로감에 휩싸이고 행동이 둔해진다. 이때가 바로 공격의 가장 좋은 시점이다.

혼다와 야마하는 일본의 양대 모터사이클 제조사다. 야마하가 업계 1위인 혼다에 '도전장'을 내놓으면서 두 회사는 격렬한 전쟁을 벌였다.

1년 뒤 야마하는 판매량은 늘어났지만 후유증에 시달려야 했다. 가격을 대폭 인하하여 판매했기 때문에 10억 달러의 적자가 났기 때문이다. 혼다를 밀어내려다 오히려 부채의 늪에 빠진 야마하가 얻은 교훈은 적을 공격하기 전에 반드시 자신의 전력을 확실히 굳혀야 한다는 것이었다.

상대를 공략하는 전술에서의 관건은 이해득실을 잘 따지는 것이다. 단지 상대의 이익을 노리고 공격을 한다면 자신이 피해를 입을 수 있기 때문이다.

미국의 한 항공회사가 뉴욕에 대규모 공항을 건설하기로 결정한 뒤 콘에디슨 전력회사에 전력을 싸게 공급해 달라는 제의를 했다. 콘에디슨 측은 공공서비스 위원회가 비준하지 않는다는 이유를 들어 협력을 거부했다. 항공사는 협상을 중단하면서 발전소를 지어서 자체 공급을 하는 편이 낫다고 큰소리를 쳤다. 그러자 콘에드슨은 거액의 수익을 날릴 수 없다는 판단에 따라 입장을 바꿔 전력 가격을 할인해 주겠다고 했다. 이 거래에서 불리한 입장에 처했던 항공사는 교묘하게 '풀을 두드려 뱀을 놀라게 하는' 전략으로 유리한 고지를 점령하는 목적을 달성했다. 이른바 '상대의 기를 죽이고 심리를 동요케 하는(奪氣攻心)' 병법의 원칙을 효과적으로 운용한 것이다.

기업의 내부 경영에서도 심리전은 큰 효과를 발휘한다. 조직 전체가 한마음으로 투지를 불태우며 시장의 경쟁에서 승리를 거두게 하려면 반드시 심리적으로 직원들을 감동시키고, 그들의 바람과 이익을 충족시켜야 한다. 강한 팀워크를 가진 기업만이 치열한 싸움에서 승리할 수 있기 때문이다.

명분이 아닌
실리를 따라 행동하라

그러므로 용병의 원칙은 다음과 같다. 고지를 점령하고 있는 적은 공격해서는 안 되며, 언덕을 등지고 있는 적을 맞이하여 싸우지 말며, 도망치는 척하는 적을 쫓아가지 말고, 정예 부대를 공격하지 말며, 미끼로 유인하는 적병에게 넘어가지 않고, 철수하는 부대를 막지 않고, 적군을 포위할 때는 반드시 달아날 여지를 남겨 두고, 막다른 궁지에 몰린 적을 지나치게 몰아세우지 말아야 한다.

(故用兵之法, 高陵勿向, 背邱勿逆, 佯北勿從, 銳卒勿攻, 餌兵勿食, 歸師勿遏, 圍師必闕, 窮寇勿迫, 此用兵之法也.)

— 《손자병법》 '군쟁軍爭' 편에서

미국 의회에서 시장 독점행위나 거래의 제한을 목적으로 하는 기업합동을 제한한 반트러스트법antitrust laws을 통과시키자 다수의 대기업들이 해체되었다. 당시 재계 1, 2위를 다투던 록펠러 그룹의 석유회사 모빌Mobil도 기소되었지만, 정계와 사법계를 움직인 결과 경영을 계속

할 수 있게 되었다.

　록펠러의 경쟁자들은 모빌사가 해체되지 않자 시기심과 경계의 끈을 놓지 않고 록펠러에게 불리한 여론을 만들어 냈다. 이와 동시에 국회, 언론, 사법계를 통해 록펠러에게 압력을 행사했다. 이런 상황에서 모빌사는 완강하게 20년을 버텼고, 의회는 여론에 밀려 모빌사를 제소했다. 막대한 경제적 손실이 예상되자 록펠러는 여러 차례 이사회를 열어 대책을 논의하고 여러 채널을 통해 로비를 했지만 해결 방법을 찾을 수 없었다.

　맥이 빠진 록펠러에게 법무 전담 로펌의 한 변호사가 면담을 요청했다. 록펠러는 기분이 좋지 않았지만 예의상 젊은 변호사 덜레스를 불러들였다. 덜레스는 단도직입적으로 "저에게 회사를 살릴 묘안이 있습니다"라고 말했다. 록펠러는 애송이 변호사에게 처음부터 관심이 없었지만 자신만만한 모습에 찬물을 끼얹을 수는 없어 "한번 들어 봅시다"라고 대답했다.

　"반트러스트법은 대기업을 견제하는 것이니 우리는 그룹 산하의 회사들이 독립적으로 경영되도록 하면 됩니다." 덜레스의 답은 아주 단순했다. 록펠러는 일리가 있다고 생각했지만, "회사들이 모두 독립하면 우리는 껍데기만 남는 것 아닌가?"라고 문제점을 지적했다.

　덜레스는 미소를 지으며 머리 좋기로 유명한 록펠러도 계산을 잘 못할 때가 있다는 생각을 하며 천천히 설명을 했다. "계열사들이 독립을 선언해도 회장님의 영향력은 전혀 줄어들지 않습니다. 단지 겉으로만 개혁할 뿐이지 본질적으로는 변하는 것이 없습니다. 손해도 전혀 없고, 단지 회장님의 명분에 타격이 좀 있을 것입니다.” 물 한 모금을 마신 덜레스가 말을 이었다. “우리는 각 주에 있는 석유회사들을 계열사로 바꾸면 됩니다. 예를 들어 뉴욕 모빌, 뉴저지 모빌, 캘리포니아 모빌, 인디애나 모빌로 이름을 바꾸고 사장을 임명하지만 사실상 회장님께서 컨트롤을 하시면 됩니다. 그러면 아메리칸 모빌이라는 이름은 사라지지만 실제로는 여전히 존재하게 됩니다. 제가 생각하기에 지금은 이렇게 이름을 버리고 실체를 보전하는 방법으로 난관을 넘어야 합니다.”

록펠러는 연신 머리를 끄덕거리며 “젊은 사람이 대단하군!”이라고 말하며 감탄했다.

마음을 굳힌 록펠러는 즉시 이사회를 소집하여 덜레스의 건의대로 계열사의 독립을 단행했다. 록펠러는 직접 유능한 직원들을 이끌고 불철주야로 계열사들의 재무를 파악한 뒤 상원에 자료를 제출했다. 결국 거대한 모빌사가 사라지고 각 주에 모빌사가 생겨났다. 이후로 의회에서는 록펠러 그룹을 제소할 수 없게 되었다.

덜레스의 개혁안은 실제로는 명분을 버리고 실리를 챙긴 것이다. 기업들은 이런저런 위기에 처해 희생을 감수해야 할 때 이해득실을 치밀하게 분석한 뒤 표면적인 문제에 얽매이지 말고 적극적으로 버릴 것과 지킬 것을 가려서 실행에 옮겨야 한다.

상대를 속속들이 파악할수록
경쟁에서의 승산은 높아진다

적이 실체를 드러내도록 하여 그들이 포진한 지형이 전투에 유리한지,
불리한지를 알아내야 한다.

(形之而知死生之地.)

– 《손자병법》 '허실虛實' 편에서

2001년 항저우(杭州)시의 쉬에쥔(學軍) 고등학교는 필기시험 대신 추천을 받아 선발하는 학생들을 시험하기 위해 특별한 문제를 냈다. 문제는 교실 입구에 빗자루와 쓰레받기를 거꾸로 놓고 선생님들이 학생들을 관찰하는 것이었다. 그 결과 많은 학생들이 문제의 '함정'에 빠졌다. 30퍼센트 정도의 학생들만 빗자루와 쓰레받기를 바로 놓았을 뿐, 나머지 학생들은 눈길도 주지 않았던 것이다. 다른 문제에 대한 결과도 크게 다르지 않았다. 먼저 선생님들에게 예의 바르게 인사를 건넨

수험생은 95퍼센트, 시험이 끝나고 책상을 정리한 학생은 70퍼센트였다. 이런 시험을 한 의도는 학생들의 평소 태도를 파악하기 위해서였다. 우수한 학생이라면 지, 덕, 체를 골고루 갖추어야 한다. 그러나 일부 학생들은 학과목은 충분히 준비했지만 평소 예절에 대한 공부에는 전혀 무심했다. 이 시험은 '학교, 학부모, 사회가 청소년을 어떻게 교육해야 하는가' 하는 과제를 던져 주었다.

2001년 초, 선전(深圳) 시 뤄후(羅湖) 공안국은 사복 경찰을 인력 시장에 보내 취업을 하도록 하는 실험을 했다. 실험에 참가한 70명의 경찰 가운데 단 한 명만이 페인트공으로 취업했고, 나머지는 일자리를 구하지 못했다. 이 사실이 알려지자 한 시민이 자신의 소감을 밝히는 글을 신문에 기고했다. 첫째, 구직 실험은 사법 경찰관이 법을 집행하는 사람으로서 사회 저변을 더욱 깊이 이해하고 책임을 실감케 했다는 점에서 의미가 있다. 더욱이 여간해서는 해직되지 않는 '철밥통'인 경찰이 구직의 어려움을 체험함으로써 자신의 직업에 대해 긍지와 애착을 갖게 한 점도 높이 살 만하다. 둘째, 70명의 피실험자 중에서 한 명만이 취업에 성공한 것은 경찰의 특수성을 감안하더라도 취업에 필요한 지식이 너무 부족하다는 인상을 지우기 어렵다. 이를 계기로 공안 당국은 경찰들의 지식과 자질을 높이는 데 많은 노력과 투자를 해야 한다. 셋째, 취업난이 심각한 요즘 취업자들은 자신의 일을 아끼고 최선을 다해야 한다. 선전 시 공안국의 실험 역시 '적이 실체를 드러내도록 하는' 병법의 일환으로, 적은 아니지만 조직 구성원의 실상을 이해하는 적절한 조치였다고 하겠다.

병법에서 경영의 지혜를 배우다

한 양복점이 사장의 뛰어난 상술 덕분에 나날이 매상이 늘자 세무서에서 세금을 더 내라는 고지서를 보냈다. 하지만 사장은 소문과 달리 장사가 잘되지 않는다며 납부를 거부했다. 여러 차례 찾아갔다가 문전 박대만 당했던 세무서 직원이 또 찾아가 사장에게 은근한 말투로 물었다. "쏠쏠한 거래를 할 수 있는데 한번 해 보지 않겠습니까?" 사장은 반색하며 "장사꾼이 마다할 리가 있나요! 주문을 얼마나 하시려고요?" 라고 물었다. "주문을 하려는 것이 아니라 납품을 하려고요. 200벌입니다." 두 사람은 가격 흥정을 하다가 한 벌에 180위안으로 하고 10퍼센트 할인을 해 주기로 했다. 세무서 직원이 2달 내에 대금을 치를 수 있냐고 걱정스럽게 묻자 사장은 큰소리를 쳤다. "나를 어떻게 생각하기에 그렇게 말하십니까? 두 달 안에 200벌을 못 팔 것 같아요?" "그래도 3만 위안이나 되는데요." "그건 껌 값이지요. 올해 들어 아무리 못 팔아도 한 달 매출이 2만 위안은 됐어요." "잘 됐네요. 그럼 먼저 몇 달 동안 안 낸 세금을 먼저 내시죠!" 결국 양복점 사장은 세무서 직원의 꾀에 넘어가 내부 사정을 다 드러내고 말았다.

불가능은 못 하는 것이 아니라
안 하는 것이다

빨리 전투를 끝내면 생존할 수 있으나 그렇지 못하면 죽음을 면치 못하는 곳을 사지라고 한다. 그러므로 산지에서는 전쟁을 해서는 안 되고, 경지에서는 주둔하면 안 된다. 쟁지는 공격하지 말아야 하며, 교지에서는 부대 간에 연락이 끊겨서는 안 된다. 구지에서는 제3국과 외교관계를 맺어야 하며, 중지에서는 병참을 현지 조달해야 한다. 비지는 빨리 통과해야 하며, 위지에서는 계략을 써서 빠져나와야 한다. 사지에서는 전력을 다해 싸워야 한다.

(疾戰則存, 不疾戰則亡者, 爲死地. 是故散地則無以戰, 輕地則無止, 爭地則無攻, 交地則無絕, 衢地則合交, 重地則掠, 圮地則行, 圍地則謀, 死地則戰.)

– 《손자병법》 '구지九地' 편에서

일본의 기업들은 죽기를 각오하고 싸우면 이긴다는 '필사즉생必死則生'의 경영 방식을 신봉한다. 1930년대 세계 각국이 정도는 다르지만 경제 불황과 위기에서 고전을 하고 있을 때 일본의 히타치사도 예외는 아니었다. 파산의 위기에서 벗어나기 위해 히타치의 사장은 직원들의 임금을 여러 차례 삭감하면서 위기에 직면했다는 소문을 내며 긴장된 분위기를 형성했다. 이와 동시에 직원들에게 단결을 호소하면서 회사에 유익한 건의를 하도록 유도했다. 얼마 후 정말로 심각한 위기가 발생한 몇 년 동안 다른 회사들이 도산할 때 히타치는 오히려 흑자를 기록했다.

일본 전국 시대(1467~1573년)에 키요스의 성벽이 태풍으로 무너지자 오다 노부나가(織田信長)는 부하 야마구치에게 복구하라고 명령했다. 야마구치는 별 생각 없이 한 달은 걸린다고 보고했다. 오다 노부나가가 다시 부하 기노시타 도키치로(木下藤吉郎)에게 성벽 복원에 며칠이나 걸리겠냐고 묻자 5, 6일이면 충분하다고 대답했다.

기노시타는 야마구치와는 달리 먼저 성벽을 꼼꼼히 둘러보고 상세한 수리 계획을 세웠다. 금이 간 120곳에 투입해야 할 인력을 계산해 보니 한 곳을 수리하는 데 3명의 인부가 필요했다. 하루에 30명의 인부를 동원하면 10군데, 300명이면 100군데를 수리할 수 있다. 만약 하루에 120곳을 수리하려면 360명의 인부를 고용해야 한다. 매일 70명의 노련한 인부를 쓰면 대략 5일 내에 성벽을 완전히 복구할 수 있다.

견적을 낸 기노시타는 인부들을 소집하여 자기의 계획을 밝힌 뒤 의견이 있으면 서슴없이 말하라고 했다. 인부들은 그의 소탈하고 친근한 모습에 좋은 인상을 받았다. 이어서 기노시타는 깜짝 놀랄 만한 제의를 했다. "하루 임금은 100엔인데, 만약 공사를 하루에 마치면 30일분 임금인 3,000엔을 지급하겠소." 그러나 모두의 생각에 하루 만에 공사를 마치기란 불가능했다.

"하지만 만약 6일 내에 공사를 끝내면 하루에 500엔씩 지급하고, 5일 안에 끝내며 하루 임금은 600엔이 됩니다. 달리 말하면, 빨리 공사를 마칠수록 임금은 많아지니 잘 생각해 보기 바랍니다." 높은 임금에 자극을 받은 인부들은 생각할 여지도 없이 고개를 끄덕였다. 기노시타는 공사가 순조롭게 진행되도록 필요한 지원을 아끼지 않았고, 현장에서 지휘하면서 인부들을 격려했다. 문제가 생기면 그 자리에서 해결하고, 휴식 시간에도 일하는 인부들에게는 돈을 더 주었다. 마침내 인부들은 계획한 시간 내에 공사를 마쳤고, 기노시타는 '불가능을 가능케 한 사나이'가 되었다.

말로만 '파이팅'을 외친다면 능률이 향상되지 않는다. '하늘이 무너져도 솟아날 구멍은 있다'거나 '죽으려 하면 살 수 있다'는 태도로 노력할 때 불가능한 일도 가능해진다. 또한 '재난 구조' 식의 관리가 기업을 구하고 살릴 수 있다.

어느 시대이든 시행착오를 겪으면서 성공하는 인물이 등장한다. 어떤 분야를 택하든 간에 포부와 야심을 가지고 도전한다면 전문성이 부족해도 생각지 못한 대단한 성공을 이룰 수 있다.

홍콩에서 인쇄 분야에서 대성한 리리(李立)는 얼떨결에 창업을 했다가 백만장자가 된 인물이다.

리리는 처음 홍콩에 왔을 때 무일푼인 데다 내세울 학력도 없었으므로 육체노동으로 겨우 입에 풀칠만 하며 생활했다. 건설 현장에서 일하던 그가 한번은 공장에서 미장일을 하게 되었다. 그런데 이 공장 총책임자와의 만남으로 리리의 인생이 완전히 바뀌게 될 줄 누가 알았겠는가. 공장 총책임자는 원래 인쇄회로기판 printed circuit board을 제작하는 회사의 관리자였다. 그는 사적으로 돈을 벌고 싶은 욕심에 개인 돈으로 기계를 사들여 창업하려고 했지만 무슨 이유인지 정부가 허가를 하지 않아 자금난에 빠져 있었다. 친지들에게 손을 벌렸지만 여의치 않았던 사장은 우연히 리리에게 하소연을 하다가 자신의 기계를 살 의향이 있는지 물어보았다. 만약 리리가 기계를 사 주면 전폭적으로 돕고, 고객을 소개시켜주는 등 적극적으로 돕겠다고 약속했다. 리리는 인쇄에 대한 지식이 전혀 없는 데다 학습 능력도 뛰어나지 않은 자신이 잘할 수 있을까 고민했다. 하지만 그는 창업을 하여 돈을 벌고 싶은 욕심이 생겨 용기를 내서 제안을 받아들였다. 5년 동안 건설 노동자로 일하면서 저축한 돈을 모두 털어 기계와 설비를 산 그는 인쇄업에 뛰어들었다. 예상과 달리 리리의 사업은 봄바람 불 듯 순탄하게 성장을 거듭했다. 첫해에 10만 위안을 벌었고, 이후로 승승장구한 리리는 홍콩의 인쇄업을 석권했다.

물론 리리에게 용기와 성실성이 없었다면 성공의 신은 다가오지 않았을 것이다. 비록 전문 지식이나 경험은 없었지만, 오히려 그것이 그를 더욱 분발하고 열심히 뛰도록 만드는 원동력이 되어 그는 한 발 한 발 자신을 키워 나갈 수 있었던 것이다.

"배수의 진을 친다"라는 말이 있다. 더 이상 물러설 수 없는 막다른 곳에서 죽음을 각오하고 싸우는 것을 의미한다. 한의 대장이었던 한신은 1만 군사에게 강을 뒤로하여 진을 치게 했다. 당시 물을 뒤로 두는 포진은 가장 어리석은 책략이라는 것이 상식이었다. 그런데도 한신은 감히 그러한 비상식적인 포진을 했다. 한신의 군대는 조나라 군대와 맞붙자 목숨을 걸고 결사 항전을 하여 조나라 군대를 크게 무찔렀다. 전투가 끝나자 부장들은 한신에게 물었다. "병법에는 산을 등지고 물을 앞에 두고서 싸우라고 했는데 왜 물을 등지고 싸우게 한 것입니까?" 그러자 한신이 대답했다. "병서에서 이르길, 군대를 사지死地에 몰아넣음으로써 살 길을 찾을 수가 있다고 하지 않던가? 만약 이 병사들을 생지生地에 두었다면 모두 패주했을 것이다."

인간은 사력을 다할 때 자신도 알지 못하는 힘을 발휘하기도 한다. 그렇게 되면 불가능한 일도 가능하게 만드는 것이다.

병법에서 경영의 지혜를 배우다

《손자병법의 지혜 명언 고사》, 張頌之 편저, 齊魯書社, 2004. 5

《손자병법과 군사모략》, 陳才俊 편저, 蘭州大學出版社, 2002

《백화 손자병법》, 黃朴民 주해, 岳麓書社, 1991. 6

《손자병법과 CEO의 지혜》, 施藝華 지음, 學林出版社, 2001

《손자병법 중의 31개 경영 준칙》, 高陽 편저, 中國三峽出版社, 2003. 5

《손자병법과 기업 경영의 도》, 李志明, 霞廷滿 지음, 四川大學出版社, 2001

《손자병법과 기업 관리》, 李世俊, 楊先擧 지음, 廣西人民出版社, 2004. 12

병법에서 경영의 지혜를 배우다

샹루 지음
황보경 옮김

발 행 일 초판 2쇄 2013년 4월 30일
발 행 처 평단문화사
발 행 인 최석두

등록번호 제1-765호 / 등록일 1988년 7월 6일
주   소 서울시 마포구 서교동 480-9 에이스빌딩 3층
전화번호 (02)325-8144(代) FAX (02)325-8143
이메일 pyongdan@hanmail.net

ISBN 978-89-7343-376-6 03320

ⓒ 평단문화사, 2013

※ 잘못된 책은 바꾸어 드립니다

이 도서의 국립중앙도서관 출판시도서목록(CIP)은
서지정보유통지원시스템 홈페이지(http://seoji.nl.go.kr)와
국가자료공동목록시스템(http://www.nl.go.kr/kolisnet)에서
이용하실 수 있습니다.
(CIP제어번호: CIP2013001685)

저희는 매출액의 2%를 불우이웃 돕기에 사용하고 있습니다.